KB200875

겨울에 꿈꾸다

한 신앙인이 들여다본 그분의 곳간

나남
nanam

나남신서 1899

겨울에 꿈꾸다

한 신앙인이 들여다본 그분의 곳간

2017년 5월 31일 발행
2017년 5월 31일 1쇄

지은이   김백준
발행자   趙相浩
발행처   (주) 나남
주소   10881 경기도 파주시 회동길 193
전화   (031) 955-4601 (代)
FAX   (031) 955-4555
등록   제 1-71호 (1979.5.12)
홈페이지   http://www.nanam.net
전자우편   post@nanam.net

ISBN 978-89-300-8899-2
ISBN 978-89-300-8655-4(세트)

겨울에 꿈꾸다

한 신앙인이 들여다본 그분의 곳간

김백준 지음

추천사

오지영 신부, 전 가톨릭 평화방송·평화신문 사장

"세례를 받으면 으레 받는 것이려니 하고 덥석덥석 받은 수많은 은총의 결실들을 내 자신만을 위해 맛본 데 대한 작은 성찰이 일기 시작했다. … 지금까지 나의 신앙이 어떤 신앙이었고 앞으로 남은 생의 시간은 어떤 신앙으로 채워 갈지, 진지하게 생각해야 할 때가 왔음을 깨닫는다."

이 책의 시작과 끝을 가늠하게 해주는 대목입니다. 성직자도, 수도자도, 교회학자도 아닌 일반 신자가 인생의 종장을 바라보며 한 올 한 올 엮어 낸 신앙고백이며 백서입니다. 따라서 이 글을 읽음에 있어서 학술적 접근이나 평가는 피해야 합니다.

저자가 다룬 항목 하나하나는 학자들이 평생을 연구하여 엄청난 분량의 책을 쓰고도 남을 것들입니다. 학자들이 쓴 책은 일반적으로 너무 난해해서 일반 신자들이 접하기도, 읽고 생활에 접목하기도 쉽지 않습니다. 일반 신자들이 쉽게 믿고 따르던 것도 학자들이 손을 대고 나면 어려워져 안다고 생각했던 것도 헷갈려 모르게 되는 경우가 비일비재합니다.

여기에 이 책의 소중함이 있습니다. 오랫동안 가톨릭 신앙을 가져 온 한 신앙인이 자기 성찰을 바탕으로 공부하고 묵상하여 실천 신앙으로 가는 길을 펼쳐 보였습니다. 교회도 변하고, 성직자도 변하고, 신자들도 변해야 한다는 것입니다. 모두가 자기 본연의 일부터 성실하게 하는 것입니다. 좋은 일이라도 경계를 넘어 남의 영역을 침범하기보다는 아무리 사소해도 자기 본연의 일부터 신앙인으로 대하는 것입니다.

"날마다 자신의 신앙을 솔직하게 들여다보는 깊은 묵상에 따라 신앙의 태도를 정하고 실천 방법을 찾는 것이야말로 신앙의 집을 아름답게 꾸미는 것이다."

이 책을 읽고 저는 제 자신을 되돌아보며 신앙인으로 또 사제로 얼마나 부족한지를 느끼며 부끄러웠습니다. 이 책은 참 신앙인으로 살려는 사람에게는 신분에 관계없이 많은 도움이 되리라 믿습니다.

오 지영 신부

추천사

황의각 고려대 명예교수

고희(古稀)를 훌쩍 넘어 산수(傘壽)를 바라보던 어느 날, 반재(磐齋) 김백준 仁兄은 홀로 지난 세월을 돌아보다가 다사다난했지만 비교적 무탈하게 한생을 살아왔음을 깨닫는다. 그리고 그것이 우연이 아닌 하느님 은총이었음을 깨닫고 신앙인으로서의 자신의 영적 여정을 성찰하며 남은 날들의 꿈을 책으로 엮어 냈다.

반재 仁兄은 성령의 인도를 따라 인생의 봄, 여름, 그리고 가을이 지난 마지막 계절인 겨울 중턱에 서서, 여전히 막막하고 갈급한 심정으로 하느님 말씀을 사모하며 글을 썼다. 지나온 삶을 성찰할 줄 아는 영혼, 겨울이 되어서도 하느님을 바라보며 꿈을 꿀 수 있는 영혼은 여전히 봄을 준비하는 청년이다.

저자는 50년의 신앙생활을 해오는 동안 예수 그리스도의 삶을 묵상하고 기도를 통해 그분을 닮고픈 열망을 자신 나름의 이해를 기초로 담담하게 쓰고 있다.

저자는 《구약성경》의 하느님의 우주 창조 섭리와 통치가 《구약성경》의 예수 그리스도의 십자가 사건을 통한 인류 구원의 진리로 이어지는 맥락을 잡아 기술하고 그 연계를 풀어 주는 두 인물로 구약 시대의 모세, 신약 시대의 사도 바오로에 대해 많은 지면을 할애하였다.

특히 주목할 만한 내용은 신앙생활을 통해 체험한 영성(靈性)의 다양한 내용을 깊이 있게 다루고 있다는 점인데, 그는 가톨릭 신앙의 핵심 교리인 영성을 '영성의 마중, 영성의 질료, 영성의 결실, 영성의 효용'이라는 체감언어로 표현, 다소 무거운 영성의 이해를 쉽고 편하게 안내한다. 또한 영성의 시대별 흐름을 사도 교부들의 시대로부터 오늘에 이르기까지 비중 있게 다루었을 뿐만 아니라, 특히 낭만주의 시대 이후 영성의 재건, 확산, 수난, 회귀를 분석적으로 취급하고 있어 흥미롭다.

영성이 시대상황에 따라 진화 발전하기도 하고 침잠하기도 하는 과정을 밟아 왔으며 아울러 각 개인에 있어서도 다양한 영적 체험을 통해 하느님의 신성한 영, 곧 성령이 다양한 빛깔로 발현된다고 들려준다. 저자의 영성에 관한 깊은 성찰은 이 추천사를 쓰는 필자에게도 많은 깨달음과 생각할 여지를 제공해 준다.

반재 仁兄은 마지막 4부에서 "교회, 어디로 가고 있나?"라는 질문을 던진다.

이는 개신교, 가톨릭 할 것 없이 오늘의 교회가 당면한 문제이자 해답을 얻어야 할 현안이다. 그는 오늘날 도처에서 나타나는 교회의 지나친 세속화, 대형화에 대해, 하느님보다 세상 권세와 마몬(부정한 이익)을 숭상하는 풍조에 대해, 또 교회 내 조직의 권위주의적 태도에 대해 걱정과 염려를 솔직하게 피력한다. 나아가 자신을 포함, 그리스도 신앙을 가진 모든 신앙인들이 그리스도 예수의 참 생명에 동참하기 위해 어떻게 힘써야 할 것인가에 대해 고뇌한다.

긴 시간 가톨릭 신앙을 간직하고 살아온 반재는 한국 가톨릭교회의 현주소에 대해서도 자신의 생각을 내비치고 교회의 나아갈 길을 제시한다.

모든 하느님 백성은 열심히 하느님을 찾아 나서야 한다. 이 세상에 살면서 하느님을 발견하지 못한다면 하늘에서도 그분을 찾을 수 없다. 또한 교회가 세상에서 하느님보다 우월한 어떤 가치가 있다고 착각해서도 안 될 것이다.

바로 지금 여기에서 묵상과 회개와 보속의 삶을 살고파 하는 반재 김백준, 황혼기의 시간을 그냥 흘려보내지 않고 한생의 신앙 생활을 토대로 꿈을 제시한 仁兄의 노고에 한없는 존경과 사랑을 담아 부족한 글로 축하를 드린다.

들어가며

어느 날 문득

어느 날 문득 하나의 생각 꼬투리에 사로잡혔다. 그 꼬투리는 지나간 시간을 습관적으로 돌아보던 반복적 태도에서 좀더 깊은 묵상으로 나를 이끌었다. 바로 젊은 날, 가톨릭 신앙의 초대를 받아 한생을 무난히 살아온 내 자신을 발견한 것이다. 세례를 받으면 으레 받는 것이려니 하고 덥석덥석 받은 수많은 은총의 결실들을 내 자신만을 위해 맛본 데 대한 작은 성찰이 일기 시작했다. 그리고 살아가는 동안 인내와 기다림을 일깨워 주고 분별과 이해, 용기와 희망에 눈뜨게 해준 그 은총의 수원지(水源池)가 하느님의 영성임을 포착하기에 이르렀다.

한 걸음 한 걸음 내 앞에서 손을 내밀어 주기도 하고 영차! 영차! 하며 내 등을 떠밀어 험한 길을 오르게도 해준 그 선한 손길이 바로 성령(聖靈)의 인도임을 이제야 조금 감지한다. 그러나 솔직히 아직 막연하다. 지금까지 나의 신앙이 어떤 신앙이었고 앞으로 남은 생의 시간은 또 어떤 신앙으로 채워 갈지, 진지하게 생각해야 할 때가 왔음을 깨닫는다.

그동안 세상에 머물면서, 조금은 세상일을 더 우선하여 살아온 날이 많았고 내면의 소리에는 귀를 덜 기울였던 점을 솔직히 인정하지 않을 수 없다. 이제는 나의 삶에 반전(反轉)이 있어야겠다는 자각이 들었다. 지나간 삶과 오늘의 삶, 내일의 삶을 평행선상에 놓고 조용히 반추하면서 직시해 본다.

독서와 묵상, 신학의 담론, 성경학자들의 강의를 통해 조금씩 아주 조금씩 영성의 샘터를 찾아 나서기로 한다. 이제 겨우 걸음마 단계이지만 이 여정 가운데서도 여전히 많은 것을 받고 있음을 알아챈다. 파종하고 키우고 수확하는 봄·여름·가을의 삶이 지나고 이제 겨울의 삶 한복판에 내가 섰다.

꿈은 계절을 편애하지 않는다. 꿈은 사랑스러운 봄, 힘찬 여름, 탐스런 가을, 그리고 하얀 설원의 겨울을 모두 사랑한다. 그래서 꿈은 항상 벅찬 그 무엇이다. 이제 나의 계절인 겨울의 보이지 않는 뿌리에서 다시 봄·여름·가을을 틔우는 힘이 돋아나기를 꿈꾼다. 그 꿈은 곧 나를 불러 주신 그리스도, 예수의 삶을 닮고 싶은 꿈이기도 하다. 막연한 꿈이 아니라 좀더 구체적인 꿈의 실체를 잡고 싶다. 테레사 성녀(聖女)의 말씀처럼 나를 만나는 모든 사람이 나와 헤어질 때 더 나아지고 더 행복해질 수 있도록 힘

쓰고 싶다.

　세상에 너무 늦은 꿈은 없다. 내 한생 삶이 은총 속에 잠긴 덕분에 온화했고 은총이 생명보다 더 소중한 것임을 알게 된 지금 은총의 수원지인 영성을 찾아 나선다. 이제 세상으로부터 조금씩 멀어질 때가 오고 있다. 영성의 실천적 삶을 살기 위한 마지막 준비를 해야 할 때다. 그것이 내 겨울의 꿈이다. 그리고 그 꿈이 삶의 끝자락에서 다시 한 번 달구어지는 은총의 꿈이기를 소망한다.

　신앙의 깊이를 신앙을 가진 시간으로 가늠할 수는 없겠지만 50여 년의 내 신앙생활을 돌아보며 '참 부실하구나' 혼자 생각을 했다. '이건 아닌데' 싶어 바쁜 중에 교리신학원의 통신교리를 받았다. 그것이 계기가 되어 《성경》을 체계적으로 읽고 신앙인으로서 가져야 할 보편적 진실, 공동체적 삶의 자세 등 가톨릭 영성에 대한 통사적 고찰을 했다. 영성과 맞물려 시대별 영성가들의 모범적 사례를 통해 그들이 어떻게 교회 공동체를 이끌며 그리스도 신자들의 영적 여정을 인도해 왔는지도 살펴보았다.

　글을 쓰면서 읽었던 책의 키워드를 묵상하고 《성경》 가운데 유독 다가온 인물이나 사건들을 살펴보고 그분들의 탁월한 영성의 근원도 톺아보았다. 특별히 《구약성경》의 모세와 《신약성경》의 바오로, 두 인물에 대해 매력을 느껴 다양한 접근의 책을 구해 보았다.

무엇보다 글의 초점은 예수 그리스도다. 그리스도 예수가 이 글의 주인이다. 시작의 첫 장, 1부를 그리스도 예수로 시작한 것도 그런 이유다. 예수는 팔레스타인 사람이다. 그리고 훗날 유대인이 세운 나라 이스라엘의 국민이다. 예수의 생애를 소개하기 위해 예수 이전의 이스라엘, 예수 이후의 이스라엘을 살펴본 다음 역사 속의 예수, 신앙 안의 예수, 교회 안의 예수를 살펴보았다.

이어서 2부는 예수의 모든 것을 보여 주는 "《성경》 엿보기"다. 굳이 《성경》을 '제대로 보기'가 아닌 '엿보기'로 말한 것은 보아도 보아도 제대로 볼 수가 없어서였다. 《성경》을 온전히 이해하고 삶 안에 그대로 대입하기란 도저히 불가하다는 생각이 들어 주저하는 맘으로 엿보는 데 그쳤다는 생각을 그렇게 말한 것이다.

3부 주제는 영성이다. 예수 시대부터 오늘에 이르기까지 교회는 세속의 삶에 깊이 관여하며 사회정의, 곧 하느님 뜻의 실천 장이 되어 왔다. 하느님이시면서 인간으로 세상에 오신 분의 일념이 세상을 사랑으로 하나 되게 하고자 함임을 간파한 사도·교부들은 교회를 통해 공동체적 삶의 연대를 끊임없이 일깨워 주었다. 교회 구성원 각자는 하느님의 은총으로 얻게 된 향주덕, 곧 신(信)·망(望)·애(愛), 삼덕의 신앙을 자발적으로 가꾸고 성장시켜 공동체 활성화에 기여하는 영성을 실천할 의무가 있음을 설파했다.

영성을 조금 쉽게 접근하고자 영성 마중, 영성의 질료, 영성의 결실, 영성의 효용과 그 예화(〈욥기〉) 같은 체감 용어를 써보았다. 아울러 영성의 시대적 흐름도 훑어보았다.

4부 제목은 "교회, 어디로 가고 있나?"이다. 다소 도전적인 제목처럼 보일지 모르나 꼭 던져 보고 싶은 질문이었다. 이는 극심한 개인주의로 갈피조차 잡기 힘든 다원주의 안에 도사린 냉담과 외면, 집단 이기주의와 환경파괴 같은 문제들 앞에서 신앙인만큼은 용기를 가졌으면 하는 소망에서 비롯된 것이다.

떠밀리듯 '우리'라는 '우리'(울)에 휩쓸리지 말고 '내'가 주체가 되어 스스로 책임지는 용기가 필요한 때다. 책임을 회피한 채 '우리' 속에 들어가 다수의 피켓에 힘을 실어 주거나 '나'의 자리에 타인을 대입시켜 세상의 문제를 해결하려는 순수하지 못한 의도로부터 우리 모두 자유로워져야 할 때이다.

세상을 바라보는 신앙인의 잣대는 바로 자신 안의 영성의 가동이다. 이해, 인내, 용서, 배려, 사랑 같은 영성의 질료들을 모두 가동하여, 영성의 주인이신 예수가 인도하는 영적 여정을 떠나야 할 것이다. 우리는 역사 속에서 교회가 세상과 힘겨루기를 하고 교회 안에서 서로 힘겨루기를 하다가 전쟁이 나고 자연이 파괴되고 수많은 사람이 하느님 뜻과 상관없이 목숨을 잃는 것을 보아왔다.

나아가 오늘 우리 교회의 영성은 또 어떠한가. 양적 팽창과 반비례하는 교회의 질적 부실의 실태도 통계를 통해 소개했다. 그와 관련하여 "항해하는 그리스도교", "오늘의 교회", "미래의 교회"라는 타이틀로 오늘의 가톨릭, 한국의 가톨릭을 들여다보았다. 다소 주관적일지 모르나 보고 느낀 대로 담담하게 풀었다. 그리스도 신자들이 세상으로부터 격리된 삶을 살아도 안 되지만 세상 속에 함몰되어 겉만 그리스도 영성으로 포장하고 세상을 선과 악, 이분법으로 구분하는 우를 범하지 말아야 할 것이다.

영성은 신앙인의 불씨다. 사회정의는 영성실천의 장이다. 싸움에 칼과 방패가 있듯 영성에도 정의의 칼과 측은지심의 방패가 있다. 누구보다 예수님이 그것을 우리에게 똑바로 알려 주셨다. 방대한 《성경》 말씀, 버겁고 벅찬 일이지만 이해할 수 있는 만큼 이해하고 묵상하면서 남은 내 생의 나침반 하나를 얻고픈 충정으로 이 글을 썼다. 그것도 나 혼자 힘이 아니라 여러분들의 충고와 격려, 친절한 안내에 힘입어 상재할 수 있었음을 고백한다. 이 자리를 빌려 깊이 감사드린다. 아울러 주저하며 들이민 글을 너른 품으로 받아 활자의 옷을 입혀 준 나남의 조상호 회장과 직원들에게도 고마운 마음을 전한다.

2017년 4월 16일 부활절에

김백준

겨울에 꿈꾸다

한 신앙인이 들여다본 그분의 곳간

차 례

제 2부 《성경》 엿보기

제1부

역사 속의 예수

제1장

예수 이전의 이스라엘

모세의 뒤를 이은 여호수아의 영도로 팔레스타인에서 자리를 잡은 이후 200여 년 동안 이스라엘은 12지파 체제를 유지하면서 주변의 압력과 도전에 대항했다. 지파 간의 독립체제로 평화를 유지하면서도 단합된 행동을 한 것이다. 그러나 씨족 간에 분쟁이 발생하고 결속력이 떨어지자 하느님이 판관과 예언자들을 보내주어 어려움에서 이스라엘을 방어해 주었다. 그럼에도 호전적인 블레셋인들의 침략은 끊이지 않았으며, 그나마 지파 동맹의 구심점이었던 성막사와 계약의 궤를 빼앗기고 말았다.

이에 하느님이 보내 주신 예언자 사무엘이 지파동맹의 한계를 의식했다. 그래서 베냐민 출신인 사울을 이스라엘왕국의 제1대 왕으로 추대했다. 사울은 기원전 1020년부터 1000년 사이 8~10년 정도 왕국을 다스린 것으로 알려져 있다. 정치적으로는 이스라엘을 대표하는 왕이었으나 중앙 통솔권을 갖지 못하고 지파들의 군 통솔권만 가진 '군대의 왕'이었던 사울은 블레셋과의 전쟁에서 한때 빼앗긴 영토를 되찾기도 했지만 쉬지 않고 대적해 오는 블레셋인들과의 전쟁으로 한생을 보내다시피 했다.

사울 밑에서 유능한 군인으로 성장한 다윗의 등장으로 이스라엘은 새로이 지도자를 맞았다. 유다지파의 후손으로 왕이 된 다윗은 맨 먼저 예루살렘을 수도로 삼고, 지파 연합의 상징인 계약의 궤를 예루살렘으로 가져와 이스라엘의 결속력을 확고히 했다. 다윗은 기원전 1010년부터 970년까지 40년간 이스라엘을 다스리면서 팔레스타인의 여러 도시국가와 민족들을 흡수했다. 그의 통치기간 중 이스라엘 영토는 팔레스타인의 전 지역을 커버할 만큼 광대해졌다. 하지만 재위 말년에 아들들의 반란으로 이스라엘은 다시 혼란에 빠졌다. 그러나 열 번째 아들 솔로몬이 왕이 되면서 비로소 이스라엘은 정치적 안정을 얻게 되었다.

기원전 971년부터 931년까지 왕국을 다스린 것으로 알려진 솔로몬은 먼저 도성과 외곽의 성들을 우선하여 보수하고 혼인관계를 통해 주변국과 협정을 체결, 국토방위의 위험요소들을 최소화하는 데 주력했다. 또한 농업과 목축업 위주의 이스라엘을 산업과 교역으로 이끌어 부를 축적하는 데 공을 세웠다.

그럼에도 대제국을 위한 무리한 꿈이 국민들의 반발을 사고 이민족을 국가조직에 끌어들이는 무리수를 놓자, 백성들 사이에 반

예루살렘 성전이 위치해 있는 성전산(聖殿山)의 전경.

발이 거세게 일었다. 게다가 다윗의 셋째 아들 압살롬(Absalom)이 아버지에게 대항해 반란을 일으켰을 때 이를 진압하고 그와 연루된 사람들을 선처해 준 것이 북부지파 사람들에게 편애로 받아들여졌다. 이로 인해서 북부 베냐민지파 사울 가문과 남부 유다지파 다윗 가문 사이에 갈등의 골이 깊어지고 마침내 왕국이 북부 이스라엘과 남부 유대, 둘로 나뉘었다.

북왕국 이스라엘의 여로보암 2세 말기에는 아시리아가 융성하였다. 기원전 722년 아시리아 왕 샬마네세르 5세의 공격으로 북왕국 이스라엘은 분열 이후 200여 년 만에 멸망했다.

북왕국 이스라엘의 멸망을 지켜본 후 처음에는 아시리아에 협조적 태도를 보였던 남왕국 유대가 아시리아의 내분을 틈타 경쟁국 이집트와 동맹을 맺자 아시리아 왕 산헤립이 침공, 예루살렘을 제외한 모든 도시들을 파괴했다(이사야 1:4~9). 유대 왕 히즈키야는 산헤립에게 항복, 엄청난 양의 조공과 선물을 바치며 명맥만 유지해 갔다. 이후 유대의 새 왕 요시아가 유대에 잠시 번영을 가져다주었지만 이집트 왕 느고와 영토분쟁을 하다 전사, 유대는 다시 이집트의 지배를 받는 형국이 되고 말았다.

그러나 이집트의 지배는 오래가지 못했다. 이집트 왕의 죽음으로 주도권은 새로운 지배세력 바빌론으로 넘어갔다. 여호야킴을 이어 여호야긴이 유대 왕이 되었을 때 바빌론의 느부갓네살이 예루살렘으로 쳐들어왔다. 여호야긴이 항복, 포로로 잡혀가고 시드

기야가 왕이 되면서 이집트의 도움을 받아 바빌론의 속박에서 벗어나려 기도했으나 도리어 화근이 되어 바빌론의 재침공을 받고 1년 반을 버티다가 완전 함락되었다. 이때가 기원전 587년이다.

그나마 바빌론의 인도적 관용정책에 따라 유대왕국의 왕족과 귀족, 장인들, 그 외에 민족주의자들은 비인간적 대우를 받지는 않았다. 이주민들은 유배지에서 비록 제사는 지낼 수 없었지만 일정한 장소에 모여 기도와 찬미를 드리고 율법을 낭독하고 해석했다. 이 모임 장소를 시너고그(synagogue, 회당)라고 했다. 이 시기 대표적 예언자는 에제키엘과 이사야였다.

바빌론 유배는 48년이나 지속되었다. 그런데 또 새 강자가 나타났다. 페르시아 왕 키루스 2세가 바빌론을 점령하고 유배생활을 하던 모든 유대인들에게 고향으로 돌아가도 좋다는 칙령(2역대 36:22~23, 에즈 1:1~4)을 반포했다. 그래서 키루스 2세는《성경》에서도 "페르시아 왕 고레스, 페르시아 황제 고레스"(2역대 36:22~23, 에즈 1:1~4)라고 존경을 받는다.

유배에서 돌아온 유대인들은 우선 성전을 재건하고 예루살렘 도성의 성벽을 다시 쌓았다. 정치적으로는 페르시아 속주였던 유대인 공동체는 겨우 예루살렘 성전을 중심으로 민족의 명맥을 유지하고 있을 정도였다.

이어 그리스 왕 알렉산드로스(재위 기원전 336~323)가 기원전

332년 페르시아의 다리우스 3세의 군대를 대파하고 시리아로 진군, 이스라엘 땅에 이어 이집트, 마침내 페르시아제국 전체를 차지했다. 끊임없는 외침으로 전화(戰禍)에 시달린 유대인들은 자진해서 알렉산드로스에게 충성을 다짐했다.

기원전 323년 '알렉산더 대왕'이라고도 하는 알렉산드로스 3세가 기원전 323년에 열병으로 죽은 후 그가 점령했던 영토는 4명의 장군에게 돌아갔다. 4명의 장군은 곧 4명의 왕이었다. 그중 한 명, 인문적 소양이 깊었던 왕인 프톨로메우스(프톨레마이오스)가 알렉산드리아의 유대 원로들에게 히브리어 성경의 번역을 지시하였으며, 그 결과물이 '칠십인역'(Septuaginta)이었다. 초기 그리스 지도자들은 유대인들의 종교문화에 비교적 호의적이어서 '토라'를 그들의 국법으로 인정하고 성직집단에 대해 면세를 해주었다.

그러나 이는 오래가지 않았다. 안티오쿠스 4세(재위 기원전 175~164)는 자신이 다스리는 왕국 전체에 그리스 문화와 종교·제도를 강압적으로 이식하기 시작했다. 예루살렘을 점령하고 도성의 성벽을 허물고 거스르는 유대인들을 고문하고 매로 다스렸다. 이로 인해 유대인들이 격분, 독립전쟁을 일으켰다.

마타디아와 그의 아들 유다를 중심으로 일어난 독립전쟁에서 유다는 스스로 지휘관이 되어 대적, 기원전 164년에 예루살렘을 되찾고 성전을 정화했다. 유다의 뒤를 이은 요나단은 특히 그리스 스파르타인들뿐 아니라 로마인들과도 두터운 친분관계를 유지, 팔레스타인 통치를 국제적으로 확약받았다. 요나단의 뒤를 이은 시몬에서부터 다시 대사제 중심의 통치구조가 왕국으로 바뀌게 되었다. 하스모네아 왕조이다. 이 왕조에 이르러 유대왕국은 갈릴레아, 사마리아, 요르단 동쪽 지역을 통치, 남북 분단 이래 가장 넓은 지역과 국력을 회복했다.

기원전 64년, 또 하나의 제국이 이탈리아반도에서 융성했다. 로마의 폼페이우스는 시리아를 로마의 속주로 만들고 팔레스타인을 시리아에 편입시킨 다음 예루살렘을 점령했다. 이후 팔레스타인 전 지역은 로마에 세금을 바치는 식민지가 되었다. 기원전 37년 헤로데가 로마인의 후광을 업고 유대와 사마리아의 왕이 되었다. 이도메네아의 부유한 유력 가문에서 태어난 헤로데는 그동안 황폐해진 사마리아를 '세바스테'로 개명, 정비하고 항구도시 가이사리아를 건설해서 로마 황제에게 바쳤다. 그의 사후, 세 아들이 나누어 통치했는데, 황제 티베리우스(재위 14~37)는 헤로데의 큰아들이 다스리던 속주 유대와 사마리아를 직속 속주로 삼았다.

이 무렵에 세례자 요한이 활동하고 예수 그리스도가 등장했다. 세례자 요한은 티베리우스 황제 치세 15년인 27~28년에 유대지방 요르단 강과 그 동쪽에 있는 베다니아에서 물로 세례를 주며 하느님 나라가 가까이 왔으니 회개하라고 설교하며 예수의 앞길을 닦고 있었다.

제 2 장

예수 이후의 이스라엘

기원후 44년 로마는 헤로데의 남은 아들들에게 주었던 영토도 모두 로마 직속령으로 삼고, 클라우디우스 황제(재위 41~54)는 숫제 유대인들을 로마에서도 추방해 버렸다.

로마의 조세부담과 심한 가뭄, 기근이 겹쳐 팔레스타인에서 반란이 일어났다. 이집트계 유대인 종족의 민중폭동이 일어난 데다 갈릴레아인의 피살사건으로 사마리아와 유대 사이에 전투가 벌어졌다. 마지막 로마의 유대 총독 플로루스(재임 64~66)의 유대인 억압이 자심해지자 대다수 유대인들은 로마에 대한 깊은 증오심과 함께 좌절에 빠졌다.

기원후 66년 성전 금고의 돈을 요구하는 로마제국, 현지 행정관의 부패와 불의에 맞서 제 1차 유대독립전쟁(66~67)이 일어나고 예루살렘에 유대인 정부가 들어섰다. 그러나 로마의 정규군이 곧장 진압에 나서 결국 로마의 티투스 장군에 의해 예루살렘이 점령되고 성전은 불태워졌다. 이 전쟁에서 전사자만 11만 명이나 됐다. 이렇게 해서 유대는 로마 황제의 직속 속주가 되고 모든 특권을 박탈당했다.

성전이 사라지면서 유대인들을 이끌던 대사제들과 사두가이파, 에세네파, 젤롯당이 사라지고, 일부 바리사이파와 율법학자들이 로마에 투항, 유대인 사회의 기틀을 다시 닦았다. 그들은 '랍비'(Rabbi)라는 이름으로 새로운 지도층의 권위를 갖고, 유대교는 '랍비의 유대교'가 되었다.

유대인의 삶이 피폐해지는 가운데 토지를 빼앗긴 유대인들은 다시 할례금지법과 주피터 신전 건설을 반대하며 제2차 유대독립전쟁(132~135)을 일으켰다. 이 전쟁 역시 대패, 유대인 85만 명이 목숨을 잃었다. 이후 예루살렘에도 유대인 거주 금지령이 내려져 유대인들은 팔레스타인을 떠나야 했다.

기원후 136년 이후 예루살렘을 비롯한 팔레스타인의 도시들은 번성하지 못한 상태로 이어졌다. 이에 반해 팔레스타인을 떠난 디아스포라 그리스도인들은 가는 데마다 그리스도 신앙을 널리 알렸다. 특히 기원후 70년 예루살렘 성전 파괴사건을 기점으로 그리스도교가 유대교로부터 분리, 로마제국 전체로 퍼져 갔다. 30년 예수의 죽음과 승천, 부활사건을 계기로 일어난 일종의 신흥종교인 그리스도교의 활약이 눈에 띄게 커지면서 유대계 그리스도인뿐 아니라 이방계 그리스도인들의 수 또한 크게 늘어났다. 그리고 새로운 하느님 나라로 초대하는 그들의 복음은 때로 유대교와 미묘한 갈등과 충돌을 빚기도 했다.

그것은 이스라엘의 정통성 문제에 대한 갈등이었고, 정통 유대교 신자였다가 개종한 바오로가 일생 고뇌하던 화두이기도 했다. 바오로는 이방인들을 위한 선교에 전념하면서도 늘 이스라엘에 대한 성찰을 촉구했다. 그러나 기원후 초, 로마제국 전역으로 퍼져 나간 그리스도교가 드디어 국교로 선포되면서 기념성당과 성지 보호를 위한 새로운 건축이 활발해지자 순례자들이 많아지고 팔레스타인도 활기에 넘치게 되었다.

문제는 이스라엘이었다. 그리스도의 구원사건이 일어난 곳이 이스라엘이고 가장 먼저 구원의 선포를 들은 사람도 이스라엘인이었다. 초대교회 사도들의 활동 역시 이스라엘인만을 대상으로 했다. 예수 부활 이후 복음도 이스라엘에게 먼저 선포되었다. 구원에도 일정한 순서가 있었다. 바오로의 지적대로라면, 하느님의 선민인 유대인, 즉 '이스라엘 사람'(로마 9:4)이 먼저 초대받고, 그 후에 다른 백성들이 초대받는다(로마 1:16, 2:9~10). 그런데 이 '선택된 백성'인 이스라엘 사람, 곧 유대인은 예수 그리스도를 주님으로도, 구원자로도 받아들이지 않았다. 역으로 이스라엘인들이 거부한 예수를 이방인들이 받아들였다.

도대체 왜 이방인들이 받아들이는 예수를 대다수 이스라엘인들은 거부하는 것일까? 이 질문에 아직까지 그 누구도 명쾌한 답을 내놓지 못하고 있다. 이 사안을 '다름'과 '틀림'의 시각으로 바라본다면 이스라엘인들에게 그리스도교는 '다름'이 아니라 '틀림'이다. 그리스도 신앙은 모두를 끌어안는 신앙이다. 그러기에 수많은 다름들, 다른 민족, 다른 문화, 다른 사고들이 다 함께 모여 '저마다 다른 빛깔로' 조화로운 빛을 발하고 '저마다 다른 소리'로 아름다운 화음을 만들어 낼 수 있다. 모두 함께 모여 다양한 세계를 만들어 갈 수 있는 것이다. 그것이 태초의 하느님의 뜻이고 그리스도 신앙의 요체이다. 그러나 '틀림'은 아니다. 함께할 수 없는 빛깔과 소리인 것이다.

하느님 사랑을 독차지하고 있다는 '선민의식'으로 굳어진 이스라엘인들의 작은 동심원 안에 "모든 이에게 모든 것이 되었던"(1코린 9:22) 그리스도의 커다란 동심원은 들어갈 수 없다. 긴 역사를 통해 하느님에게 끊임없이 불충하고 예언자에게 불충했던 이스라엘인들, 그럼에도 그들에 대한 예수의 구원사업은 여전히 이어지고 있다. 여전히 이스라엘은 "약속의 자녀"(로마 9:8)이고 하느님이 결코 몰라라 할 수 없는 "미리 뽑으신 당신의 백성"(로마 11:1)인 것이다.

거기서 끝나지 않는다. 아니 그 백성의 역사(《구약》)를 통해 하느님은 이미 예수의 신약 시대를 예시해 두고 있었다. 하느님이 예수의 이스라엘을 통한 구원의 실현이 전 인류 역사와 연계되도록 한 것부터가 심상치 않다. 구약 시대 예언자들이 약속했던 새 이스라엘의 모습이 예수 그리스도에게 실제로 나타난다. 이제 하느님은 예수로 하여금 옛 이스라엘의 12지파처럼 열두 제자들을 택해 새로운 계약을 맺고(히브리 8:8~10) 열두 제자들로 하여금 교회를 세우고 거룩한 도읍, 천상 예루살렘을 보여 주도록 역사하기 시작했다. 제자들은 이스라엘에 말한다.

> 이제 육적인 옛 이스라엘(1코린 10:18)에 속한 것만으로는 "하느님의 백성 이스라엘"(갈라 6:16)에 속할 수 없습니다. 왜냐하면 율법에 의해 의화된다고 믿으면서 그리스도의 복음을 받아들이지 못한다면 "이스라엘 사람이라고 해서 다 이스라엘 사람은 아니기"(로마 9:6) 때문입니다.

그러나 개종된 이스라엘인도 분명 있다. 그들은 《구약성경》에 예언되어 있는 '살아남은 자'를 이루는 참 이스라엘(요한 1:48)이다. 하느님이 옛 이스라엘을 결정적으로 버리진 않겠지만 그들이 복음을 제대로 이해하지 못할 때 하느님은 그들에게 질투를 보일 것이고(로마 10:19), 역으로 이방인들이 모두 회개하면 온 이스라엘도 구원받을 것이다(로마 11:26). 참으로 애틋한 이스라엘 사랑이다. 바오로는 결국 하느님이 모든 것을 이룰 수 있는 하느님의 커다란 동심원 안에 이스라엘도 끌어들여 구원받도록 할 것이라고 장담한다. 왜냐 하면 하느님은 모든 사람을 구원으로 이끌기를 바라기 때문이다(로마 10:12~15 참조).

　이스라엘인 하면 최근세사까지도 디아스포라 민족으로 통한다. 디아스포라는 바빌론 포로 시절을 계기로 팔레스타인을 떠나온 세계에 흩어져 유대교의 규범과 관습을 지키며 사는 유대인 또는 그 거주지를 말한다. 제 2차 독립전쟁 후 다시 디아스포라가 된 이스라엘인은 수 세기 동안 예루살렘 성전 탈환과 메시아의 도래 사이의 희망에 매달려 흩어진 곳에서 극단적 시온주의의 양상을 보이며 배타적 삶을 살아갔다. 그러나 다른 한편, 종교·문화적 활동에 있어 디아스포라 유대교가 팔레스타인 본토 유대교보다 훨씬 적극적이었고 유대교 신학과 종교, 철학 등의 발전에도 중추적 역할을 해냈다. 유대교 전례 발전의 면으로 보아서는 디아스포라 유대교의 공헌이 자못 크다 하겠다.

　7세기, 신생 종교 이슬람이 소아시아 전역을 점령하고 예루살렘에 바위의 돔을 세웠다. 이후 400여 년 동안 팔레스타인은 이슬람의 땅이 되었다. 11세기 말 예루살렘 성전 탈환을 목표로 유럽에서 십자군운동이 일어나고 이 지역은 다시 전쟁의 소용돌이에 휘말렸다. 제 1차 십자군전쟁(1096~1099) 때 예루살렘이 함락되고 많은 무슬림과 유대인이 학살당했다. 이후 총 7차에 걸친 원정으로 십자군은 팔레스타인 해안을 따라 여러 봉건령을 포함, 예루살렘왕국을 세웠다. 그러나 이슬람 지도자 살라딘(Saladin, 재위 1169~1193)이 분열된 이슬람 세계를 통일, 대규모 공격을 감행, 다시 예루살렘을 점령했다.

이후 살라딘의 후계자들인 아윱 왕조가 이 지역을 통치하다가 1260년 이후에는 맘루크의 통치를 받았다. 1516년 이후 팔레스타인은 오스만제국의 지배를 받았다. 그 사이 프랑스 나폴레옹(Napoléon) 군대의 침략을 받고, 이집트 무함마드 알리의 통치를 잠시 받기도 했으나 1840년까지 오스만제국의 지배 아래 있었다.

19세기 말, 팔레스타인에 새로운 변화가 일기 시작했다. 러시아 황제의 암살을 빌미로 유대인에 대한 학살이 자행되자 러시아 유대인들이 팔레스타인으로 이주하기 시작한 것이다. 1914년까지 260만여 명의 러시아계 유대인들이 이주해 왔다. 이어 히틀러의 박해로 유대인의 팔레스타인 이주가 급속도로 늘어나면서 유대인과 아랍인의 관계는 악화일로로 치달았다.

제2차 세계대전 후인 1947년 미국의 '시온주의' 옹호 속에 국제연합이 팔레스타인 분할을 결의했다(1947년). 다음해 이스라엘의 건국이 선포되었다. 이후 이스라엘은 주변의 아랍 국가들과 여러 차례 전쟁을 치르며 영토를 넓히고 때로 자국의 이익에 치우쳐 팔레스타인 자치정부를 침공, 영토를 점령하고 양민을 괴롭히기도

했다. 이스라엘과 주변국 간의 갈등은 지금도 사활을 건 팽팽한 긴장 속에 현재 진행형으로 남아 있다.

유대인의 팔레스타인 복귀와 이스라엘 건국으로 그리스도 교회는 일시 혼란에 빠졌다. 그동안 교회는 국가나 공식적인 기구를 갖지 못한 유대인에게 익숙해 있었다. 그들에게 '새 계약으로 그리스도 교회가 옛 이스라엘을 대체했다'거나, '하느님의 선민, 이스라엘의 구원을 위해 그리스도인이 되어야 한다'고 강조했던 기존 교리의 설 자리가 흔들릴 판이다. 제2차 바티칸 공의회에서 계약의 연속성과 유연성에 대한 입장을 공식 발표하였으나 정작 이스라엘 국가와 영토 문제에 대한 언급은 없었다.

교회의 공식 문헌은 이스라엘과의 신학적·종교적 문제와 영토적·국가적 문제를 구분해 놓고 있다. 이에 대해 미국의 장로교회가 선을 그어 주었다. 즉, 땅에 대한 약속을 담은 하느님과 이스라엘의 계약은 오늘날 모든 민족에 대한 하느님의 보편적 약속이다. 즉, 약속된 땅은 지역적으로 제한할 수 없으며 억압과 착취를 피해 보호받을 수 있는 지상의 모든 지리적·정치적 장소다. 따라서 현재 이스라엘의 영토, 곧 땅은 국가 형태를 갖춘 한 나라의 국민이 가정과 생계수단과 개개인의 부(富)를 이룰 수 있는 어떤 장소를 의미한다는 해석이다. 이 해석은 '하느님의 방법은 하느님의 방법으로 받아들여야 하며 지상의 국가정책과 혼동하지 말아야 한다'는 뜻을 내포하고 있다. 이것은 이스라엘이 차지한

땅만이 하느님의 구원을 받을 수 있는 땅이 아니라는 뜻이다.

1994년 교황청과 이스라엘 간의 외교관계가 수립되고, 이어 1997년 교회는 이스라엘에 대한 법적 지위를 얻었다.

제 3 장

역사 속의 예수

나자렛 예수는 역사상 구체적인 한 인간이다. 예수는 히브리인이다. 그리고 이스라엘 12지파 가운데 유다지파의 후손이다. 예수는 로마 황제 아우구스투스(루가 2:1)와 유대지방의 분봉 왕 헤로데 때 태어났다. 헤로데가 로마 건국 750년, 즉 기원전 4년에 예리고의 별궁에서 병사(病死)했다는 기록이 있으니 예수는 적어도 그보다 앞서 탄생했다는 계산이 나온다. 또 아기예수를 잡으려 했던 헤로데를 피해 예수 일가족이 이집트로 피란을 갔다 돌아온 시간이 증발되고 있다. 두 사건의 시간을 합해 대략으로 계산해도 예수는 기원전 7~6년경 탄생했으리라고 본다.

예수의 탄생일도 의견이 분분하다. 로마의 그리스도인들이 신앙의 자유를 얻고 예수 탄생일을 기념하려는데 언제인지를 몰라 당시 로마 시민이 경축하던 '불멸의 태양탄일'인 12월 25일을 예수성탄일로 정했다고 한다. 그런가 하면 이집트에서는 예수가 5월 20일에 태어났다고 하고, 동방교회에서는 1월 6일을, 아르메니아정교회에서는 1월 17일을 예수성탄일로 정해 기념한다.

인자(人子)로서 세상에 온 예수는 호적상 양부 요셉과 생모 마리아의 독자(獨子)다. 아버지 요셉의 직업이 목수였는데 당시는 직업이 세습되던 때라 예수의 이 세상 직업도 목수 혹은 나무와 돌을 모두 다루는 건축기능공이 아니었을까 짐작한다. 그리고 나자렛에는 일거리가 많지 않았지만 동북쪽으로 조금 떨어진 곳에 당시 헤로데가 새 수도 티베리아를 건설 중이어서 일감이 많았을 것이라 짐작한다.

예수 사건은 정치적으로 그리 중요하지 않은 로마제국의 한 변방인 팔레스타인에서 일어났다. 그러나 이 팔레스타인은 그냥 가볍게 볼 땅이 아니다. 나일 강·유프라테스 강·티그리스 강 유역의 열강들이 각축을 벌이던 곳이다. 예수는 이 조그만 땅 팔레스타인 출신, 그것도 갈릴레아 북부 출신 유대인이다. 나자렛 예수는 신화의 주인공이 아니다. 기원전 624년 지금의 네팔 지방에서 태어난 붓다(Buddha)나 기원전 551년 중국에서 태어난 공자(孔子)보다도 생생한 역사적 실체다. 로마 역사가 타키투스(Tacitus, 56~120)가 예수의 생을 기록으로 남긴 것만 보아도 알 수 있다. 그만큼 예수의 역사는 뚜렷한 시대성을 갖고 있다. 그럼에도 예수는 단지 피조물 인간으로 살지 않았다.

예수의 교육수준에 관심을 갖는 이가 많다. 예수가 정식교육을 받았다는 기록은 없다. 그저 제자들의 '복음서'를 보면 "회당에 들어가 《성경》을 읽고"(루가 4:16~30), "손가락으로 땅바닥에 무엇인가 쓸"(요한 8:1~11) 정도의 초보 교육수준이었다. 그럼에도 예수가 내로라하는 율법학자들과 당당하게 논쟁한 근거로 보면 예수는 상당한 지적 내공을 갖고 있었음이 분명하다.

예수의 출가(出家)는 세례자 요한에게 물로 세례를 받는 데서부터이다. 당시 예수가 세례를 받고 요르단 강에서 올라온 순간, 하늘의 영이 비둘기처럼 내려오고 이어 하늘로부터 말씀이 들려왔다.

> 그 무렵에 예수께서는 갈릴레아 나자렛에서 요르단 강으로 요한을 찾아와 세례를 받으셨다. 그리고 물에서 올라오실 때 하늘이 갈라지며 성령이 비둘기 모양으로 당신에게 내려오시는 것을 보셨다. 그때 하늘에서 "너는 내 사랑하는 아들, 내 마음에 드는 아들이다" 하는 소리가 들려왔다. (마르 1:9~11)

비둘기는 예나 지금이나 전서구(傳書鳩)라 해서 통신의 역할을 하는 새로 알려져 있다. 예수에게도 비둘기는 전서구였다. 하느님 아버지의 거룩한 기운이 내려오는 시각 체험을 하고, 하느님 아버지의 사랑을 듬뿍 받는 '귀한 아들'이라는 청각 체험을 하면서 예수가 하느님의 전서구한테서 받은 메시지는 그냥 축하 메시지가 아니라 하느님의 사명을 부여받는 메시지였다.

가족은 예수의 출가를 이해할 수 없었다. 그러나 그것은 가족이 관여할 몫이 아니었다. 예수는 청천벽력 같은 말을 하며 가족의 개념을 깨뜨렸다. 그리고 현실 속 가족으로 남기를 단호히 거부했다.

> 하늘에 계신 내 아버지의 뜻을 실천하는 사람이면 누구나 다 내 형제요 자매요 어머니이다. (마태 12:50)

예수는 세례를 받은 후 갈릴레아 북쪽으로 가서 복음을 선포했다. 그리고 시계 방향으로 갈릴레아 영지의 수도인 티베리아, 마리아 막달레나의 고향인 막달라, 예수가 배를 타고 와서 뭍에 내린 게네사렛 평야, 빵 다섯 개와 물고기 두 마리로 5천 명을 먹였다는 타브가, 가파르나움, 가파르나움 북쪽의 코라진, 시몬 베드로와 안드레아, 필립보의 고향 베싸이다, 이방인 미치광이를 고쳐 준 게르게사 등이 예수의 주 활동무대였다.

예수의 정치적 배경을 훑어보면, 기원전 63년 로마군 사령관 폼페이우스가 예루살렘을 점령한 다음, 이두메아 출신 이방인 안

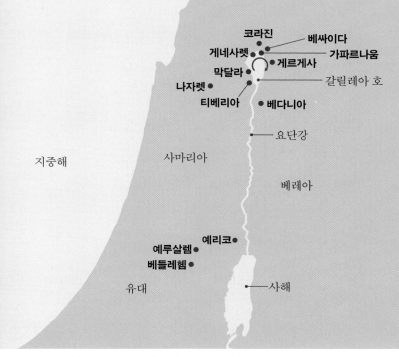

코라진
베싸이다
게네사렛
가파르나움
막달라
게르게사
나자렛
갈릴레아 호
티베리아
베다니아
요단강
지중해
사마리아
베레아
예리코
예루살렘
베들레헴
사해
유대

예수의 주요 활동지역 (아래 지도의 확대 부분)

우크라이나
루마니아
세르비아
흑해
불가리아
이탈리아
코소보
알바니아
터키
마케도니아
그리스
시리아
레바논
지중해
이스라엘
리비아
이집트
요르단

티파테르가 로마의 환심을 사서 팔레스타인에서 실권을 행사하고 있었다. 기원전 43년 안티파테르가 암살당하고 그의 아들 헤로데가 로마 원로원으로부터 '유대와 사마리아의 왕'이라는 칭호를 받았다. 그는 기원전 37년 로마군의 지원으로 예루살렘을 점령하고 약 33년 동안 팔레스타인 전역을 다스렸다. 그러다 기원전 4년 과월절을 앞두고 병사했다. 헤로데의 아들 셋이 아버지의 영지를 나누어 다스렸으나 나중에는 모두 로마의 직속령이 되었다.

예수는 세례를 받고 두 해 반쯤 공적인 생활을 하고 30년 4월 7일 금요일 처형되었다고 한다. 예수 시대 이스라엘에는 여러 당파가 난립해 있어 종교적 배경 또한 복잡했다. 이스라엘 백성의 신심 중심지 예루살렘 성전에서는 아침과 저녁 두 차례 정기적으로 제사가 올려졌다. 예수 시대 성전에서 일하는 사제들과 보조 레위인들의 수가 무려 1만 8천여 명이나 되었다고 한다. 사제들은 24개 조로 나뉘어 한 주간씩 돌아가며 제사를 바쳤다.

《성경》에 자주 나오는 사두가이파는 사제들의 우두머리인 대사제와 측근 사제들이 귀족과 야합, 사두가이 당파를 형성했다. 이들은 기득권에 연연, 평신도 당파인 바리사이파와 늘 대립관계였다. 이들은 구전설화의 《성경》 이야기를 부정하고 천사의 존재와 영혼의 불멸, 부활을 부정했다. 오직 '모세오경'만을 인정했다. 예수는 사두가이파와는 자주 부딪히지 않았지만 상인들을 쫓아낸 성전 정화사건이 악재가 되어 예수를 죽음으로까지 내모는

데 주동이 된 것으로 추측된다.

율법 중심의 바리사이파는 마카베오 독립전쟁 때 현실정치에 동조한 경건주의자들이 하나의 정파를 형성, 발전했으며, 《성경》과 더불어 구전이야기도 중시했다. 이들은 천사들의 존재와 죽은 이들의 부활을 믿었다(사도 23:6~8). 예수는 주로 이들과 논쟁을 많이 했는데 이는 달리 말해 예수가 그만큼 바리사이들과는 자주 어울렸다는 반증이기도 하다.

에세네파는 전쟁을 승리로 이끈 하스모네 왕조가 대사제직까지 겸직하는 데 분개, 사해 서북쪽 쿰란으로 가서 기도와 단식, 수련으로 하느님의 영성을 추구했다. 에세네파는 묵시문학에 빠져 종말전쟁·종말잔치를 기대하며 종말에 구원받고자 엄격한 규율을 지키고 몸과 마음을 정결하게 하려고 노력했다.

그리고 《성경》에서 가끔 '열혈당원'이라고 나오는 '혁명당원'(마르 3:18, 루가 6:15)은 젤롯당의 일원으로, 그 유래와 활동은 유대인 역사가 요세푸스가 지은 《유대전쟁사》(Bellum Judaicum, 75~79)에 언급되어 있다. 기원후 6년 로마 황제 아우구스투스가 황제 이름으로 징세하려고 호구조사를 실시했다. 그때 갈릴레아 호수 북쪽에 자리 잡은 천연 요새 가믈라 출신 유다가 이스라엘 성지의 주인은 하느님 한 분뿐이라는 기치를 내걸고 호구조사와 납세 거부운동을 벌였다. 그들 중에는 로마인들과 로마에 동조하는 동족을 죽이는 극렬분자들도 있었다. 예수의 열두 제자 가운데도 활약했던 제자가 있다. "예수를 팔아넘긴 가리옷 사람 유다"(마태 10:4)가 바로 그다.

사실 예수는 정치에 관심이 없었다. 경제적인 문제에 대해서도 무심했다. 다만 노예 문제에 대해서는, 그것도 노예제도의 부당함에 관해서가 아니라 노예의 인간적 처우에 관해 완곡하게 이야기했을 뿐, 그 외에 음악이나 문학, 예술에 대해서도 특별히 관심을 보이지 않았다. 예수는 일생을 오직 하느님 나라와 하느님 뜻을 세상에 전하는 데 진력했다.

기원후 30년 4월 6일 목요일, 예수는 예루살렘 시내 어느 이층집에서 저녁식사를 한 다음 홀로 겟세마니(Gethsemanei)로 갔다. 가톨릭에서 겟세마네라고 하는 겟세마니는 히브리어로 '기름 짜기'란 뜻이다. 예루살렘 성전 동쪽, 올리브나무가 무성한 곳, 어쩌면 기름을 짜는 기름틀집이 있는 마을이 있었을지도 모르는 그곳에서 예수는 다가오는 죽음을 예감하고 두려움에 떨고 있었다.

전능하신 아버지에게 죽음을 거두어 주기를, 그러나 어디까지나 아버지의 뜻이 우선임을 전제하며 간절히 기도를 올렸다. 그리고 예수는 체포되었다. 자신의 삶을 하느님에게 돌려주는 것이 아버지의 뜻임을 확신한 예수는 이후 대사제 가야파의 심문을 받았다. 어이없게도 그의 죄목은 '하느님을 모독한 죄'였다.

율법(레위 24:16, 민수 15:30)에 따라 사형에 처해야 하는데, 그

황금률을 가르치고 하느님 나라를 선포한 예수. 칼 블로흐, 〈산상설교〉, 동판에 유채,
104×93cm, 1877년.

일은 총독만이 집행할 수 있어 다음날인 7일 아침에 빌라도 총독 관저로 압송되었다(마태 27:2). 가이사리아에 상주하는 총독 빌라도(Pontius Pilatus)가 마침 해방절을 맞아 예루살렘으로 올라와 헤로데 궁전에서 정무를 보고 있었다. 그런데 대사제가 빌라도에게 넘기면서 고발한 죄목은 신성모독죄가 아닌 정치적 죄목이었다. 말인즉, 예수가 로마 황제의 허락도 없이 '유대인의 왕'으로 자처했다는 것이다. 종교재판과는 상관도 없는 총독 앞에서 예수의 사형 결정을 얻어 내기 위한 대사제의 꼼수였다. 로마인 총독 빌라도는 예수가 정치와는 거리가 멀다고 간파하고 있었지만 유대 최고회의의 사주로 조작된 민의에 밀려 사형집행을 명했다.

예수는 그렇게 억울한 재판을 받고 죽음으로 가는 길을 순순히 따랐다. 기원후 30년 4월 7일, 예수는 총독 관저인 헤로데 궁전에서 예루살렘 북쪽 성곽 밖에 있는 골고타 형장으로 스스로 십자가를 지고 올라간다. 골고타(골고다)는 '해골산'이라는 뜻이다.

로마 군인들이 예수를 마취시키려고 포도주에 몰약(향유)을 타서 마시게 했으나 예수는 거절했다. 맑은 정신으로 최후를 맞겠다는 의지의 표명이었다. 그리고 아침 아홉 시, 예수는 십자가에 못 박혀 매달렸다(마르 15:22~24).

오후 세 시에 예수께서 큰 소리로 "엘로이, 엘로이, 레마 사박타니?" 하고 부르짖으셨다. 이 말씀은 '나의 하느님, 나의 하느님, 어찌하여

나를 버리셨나이까?'라는 뜻이다. (마르 15:34)

이는 〈시편〉 22장 2절의 구절로, 곤경에 처한 의인들이 자주 바치는 간구이다. 하늘과 땅 사이에 외롭게 매달려 마지막 숨을 아끼며 〈시편〉 간구를 드렸을 예수를 지금 여기서 상상해 보는 것만으로도 숨이 막힐 것 같다. 세례자 요한에게 세례를 받고 공생활을 시작한 지 두 해 반 만이다.

제 4 장

신앙 안의 예수

예수는 《성경》의 주인공이다. 드라마에 주인공이 있듯 예수는 《성경》이라는 대하드라마의 주인공이다. 하느님이 각본을 쓰고 직접 연출을 맡은, 만고불변의 진리가 하느님 아들 예수의 주연으로 세상의 빛을 보게 된 것이다. 예수 드라마를 관람하면서 인류는 참 많은 영육 간의 선물을 받았다. 선물에 맛이 들려 급기야 예수 드라마에 함께 출연하는 조연이 등장하고 그들의 연기에 빠져든 마니아들이 생기기 시작했다. 120여 명으로 시작된 다락방 그리스도인이 수십억 그리스도인으로 불어났다.

"2015 세계 기독교 통계" 자료에 따르면, 세계 인구 약 73억 명 중 가톨릭, 개신교, 정교회 등을 포함한 그리스도교 신자가 약 24억 명가량 된다. 다음으로는 이슬람교가 약 17억 명, 힌두교가 약 10억 명, 불교가 약 5억 명 순이며, 유대교 신자는 약 14만 명 정

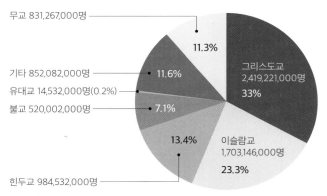

2015년 세계 종교 통계

2015년 세계 전체 인구 7,324,782,000명

무교 831,267,000명 —— 11.3%

그리스도교
2,419,221,000명
33%

기타 852,082,000명 —— 11.6%

유대교 14,532,000명(0.2%) ——

불교 520,002,000명 —— 7.1%

13.4%

이슬람교
1,703,146,000명
23.3%

힌두교 984,532,000명 ——

자료: "Status of Global Christianity, 2015", *International Bulletin of Missionary Research*, 39(1).

도이다.

예수 드라마의 주인공 예수의 설교 주제는 하느님 아들답게 한 결같이 '하느님 나라'에 관한 것이다. 그가 말하는 하느님 나라는 하느님의 종말왕정(終末王政)이다. 그의 종말은 당시 세례자 요한과 대다수 유대인들이 두려워했던 심판을 염두에 둔 종말이 아니라 구원을 전제로 하는 종말이다. 그런데 예수가 종말 이야기를 꺼내면서 사탄이 지배하는 역사와 하느님의 왕정이 지배하는 역사를 대비한 것을 보면 예수도 당시 유행하던 묵시문학의 영향을 받은 것 같다.

묵시문학은 기원전 2세기경부터 기원후 1세기경까지 이스라엘에서 유행한 종교문학이다. 이스라엘 민족이 이집트에서의 종살이, 바빌론 유배에 이어 로마의 압제에 시달리고 있을 때, 묵시문학 저자들은 묵시적 표현을 통해 암울한 미래에 초현실적 세계를 제시, 백성들에게 희망적 메시지를 주고자 애썼다. 그들은 세상을 '지금 이 세상'과 '앞으로 올 세상'으로 양분해서 이 세상은 아담의 원죄 이후 사탄의 지배를 받는 세상, 올 세상은 하느님의 대리자에 의해 재개편될 세상이라고 구분한 다음 다가올 세상에 대한 희망을 심어 두었다. 우주적 파국의 종말을 맞고 나서 구원된 선민만이 새 하늘, 새 땅, 새 예루살렘에서 지복을 누리게 된다는 것이 묵시문학의 큰 줄거리다.

물론 예수의 종말 설교(마르 13장, 마태 24~25장, 루가 17:20~37)가 다분히 묵시문학적 표현이긴 하지만 예수와 제자들은 결코 묵시문학의 맹목적 종말론에 빠져들지 않았다. 막연한 기대로 현실을 외면하도록 호도하지도 않았다. 종말에 구원받을 사람에 대해 제자들이 물었을 때, 예수는 "사실 많은 사람들이 구원의 문으로 들어가려고 하겠지만 들어가지 못할 것이다. 그러니 좁은 문으로 들어가도록 있는 힘을 다하여라"(루가 13:24)라고 말했다. 현실이 신산(辛酸)해도 지금 여기, 주어진 상황에서 회개를 하며 탄탄대로가 아닌 좁은 문을 향해 걸어가라고 촉구했다. 한시적인 세상, 어둡고 복잡한 세상에 살면서도 하느님 말씀을 신뢰하고 영원한 생명에 대한 희망을 갖기를 당부한 것이다.

예수는 그런 삶을 살아가기 위한 지혜를 단 한마디로 압축해 말했다.

너희는 남에게서 바라는 대로 남에게 해주어라. (마태 7:12)

조용하면서도 가히 혁명적인 황금률(黃金律)의 선포다. 강자가 선(善)을 대신하고 지배권을 정당시하는 로마, 한 사람의 통치자를 위해 모든 사람이 노예화되는 역사를 그대로 보아 넘기려는 정의롭지 못한 사회를 규탄하고 호화생활을 하면서 로마의 세력과 공존하는 유대교 사제들을 향한 예수의 일갈이었다.

또한 종교가 인간을 위해 있음에도 불구하고 인간이 종교를 위해 존재하는 것으로 착각하는 이스라엘인들의 배타적 민족성에 대한 정면 도전이다. 예수의 생각은 단호했다. 자신의 뿌리인 이스라엘, 곧 《구약》의 민족주의적 신앙을 인류 보편신앙으로 승화시키고자 예수는 수많은 비방과 모욕 앞에서 자기보존 대신 자기희생의 길을 택했다. 그 길을 혼자 가지 않고 함께 가고자 제자들을 뽑았다. 뽑기 전, 아버지가 원하는 선택을 하도록 도와 달라고 밤새워 기도했다. 뿐만 아니라 자신과 제자들을 핍박하는 정통 유대교인이었던 사울을 오른팔로 치켜세워 주었다. 훗날, 이런 예수에 퐁당 빠져 버린 바오로는 초간단 스피치로 그리스도 신앙을 정의했다.

그리스도 신앙이란, "예수가 그리스도임을 믿는 것이다"(사도 5:42, 9:22, 18:5, 18:28).

바오로 같은 지성인에게 어떻게 이런 일이 일어날 수 있단 말인가. 놀랄 수도 있겠다. 이에 대해 김형석 교수가 말했다.

"이른바 지성을 가졌다는 오늘의 그리스도인들 가운데 많은 이들이 예수의 기적적인 능력을 믿는다. 그들이 과학을 몰라서도 아니고 합리적 사고능력이 결여되어서도 아니다. 그것은 다만 한 가지, 자신들의 신앙생활 체험에서 우러나오는 정신적 확증 때문이다."

예수의 가르침을 충실히 따랐을 때 체화(體化)된 감동의 상급이 예수를 참사랑의 실천자로 믿게 한다는 것이다. 합리적 잣대로 쳐도 그렇다. 신앙은 본래 인간의 궁극적인 관심, 곧 근원에 대한 갈급함을 풀기 위한 본질적 문제에서 발원하는 것이다. 그렇다면 그 신앙은 모든 사람이 긍정하고 따를 수 있는 가치관을 가져야 하지 않겠는가. 세상 어느 누가 자기 자신을 두고 "나는 길이요, 진리요, 생명이다. 나를 거치지 않고서는 아무도 아버지께 갈 수 없다"(요한 14:6)라고 만천하에 감히 말할 수 있단 말인가.

예수의 하느님 나라는 미래적 성격과 현재적 성격을 공유하고 있다. 이 미래적 성격과 현재적 성격의 공유는 곧 영원한 삶을 뜻한다. 《성경》의 첫 글귀인 《구약성경》의 〈창세기〉 1장 1절에서

"한 처음에 하느님께서 하늘과 땅을 지어내셨다"라고 한 것처럼 창조된 세상에서 인간은 생명을 이어 왔고, 《성경》의 마지막인 《신약성경》의 〈요한의 묵시록〉 22장 21절에서는 "주 예수의 은총이 모든 사람에게 내리기를"(묵시록 22:21) 소망함으로써 다시 하느님 품으로 돌아가게 된다.

미래의 시간 속 하느님의 나라는 이미 현재의 시간 속 하느님의 사랑 안에서 펼쳐지고 있다. 이생에서 하느님의 사랑으로 해결되지 못할 일이 하나도 없다. 다가오는 그 어떤 불행과 위험, 환난, 핍박, 궁핍도 하느님 사랑에 힘입어 극복할 수 있다(로마 8:31~39). 그리고 극복의 힘이 곧 '구원'이라고 예수는 단언한다. 그것을 믿게 하려고 예수는 몸소 하느님에게 순종한 것이다.

예수는 인간 사랑을 종말론적 미래에 떠넘기지 않으려는 하느님 뜻을 받들기 위해 억울한 누명을 쓰고 십자가에 매달리고 죽음을 맞았다. 이생의 마지막 밤을 보낸 겟세마니에서 그토록 두려움에 떨면서도 하느님 뜻을 죽음보다 윗자리에 놓은 것만 보아도 알 수 있지 않은가.

그리스도 예수는 지금 이 순간에도 우리 모두에게 당신 죽음의 진의를 깨닫기를 절절한 마음으로 호소한다.

예수 스스로 "자신을 낮추어 죽기까지, 아니, 십자가에 달려서 죽기까지 순종"(필립 2:8) 했음을 강조한다. 이것은 하느님의 아들인 예수 자신이 죽음 앞에서도 하느님 뜻에 이렇게 순종하려는 데, 인간들이야 더 말할 나위 있겠느냐 하는 반문이다. 온화함 속의 단호함이다. 예수는 당신의 이 간절한 바람을 그리스도 신자들이 '그것이 진실히, 진실로 이루어지기를 바란다'는 뜻인 "아멘!"(2코린 1:20)으로 화답하기를 소망했다.

예수가 밝힌 하느님 뜻의 세부 항목은 많았다. 그것을 크게 분류하면 최우선으로 사랑에 바탕을 둔 인간의 평등, 인본주의적 사고, 그리고 산상설교(산상수훈)의 대립명제들을 들 수 있다. 즉, 인간은 평등하다. 남녀가 평등하고, 부자와 가난한 사람이 평등하고, 신분이 높은 사람과 낮은 사람이 평등하다. 여기서 평등은 사회적 조건에서의 절대평등이 아니라 인격적 평등을 말한다. 또한 안식일을 지키는 일이 율법을 지키는 일이긴 하나 안식일이 사람을 위해 생겼지, 사람이 안식일을 위해 생긴 것이 아니라고 못을 박는다(마르 2:27). 안식일은 말 그대로 인간의 휴식을 위해 존재하는 법일 뿐이다. 특히 산상설교의 여섯 가지 명제(마태 5:21~48)는 이스라엘 율법 613가지를 커다란 용광로에 넣어 제련, 하느님 사랑과 이웃 사랑으로 응축시킨다고 사도 마르코가 전한다(마르 12:28~34 참조).

예수가 공생활 중에 가장 가까이 한 사람들은 가난하고 굶주린이, 병든 이, 마음을 앓는 이, 배우지 못한 이, 힘없는 여자와 어린이 등 한마디로 소외받은 사람들이었다. 왜 그랬을까? 바로 하느님 뜻을 구현하기 위해서 그랬던 것이다. 햇빛과 비와 바람을 세상 모든 이에게 주시는 하느님의 공평한 사랑이 정작 인간사회 안에서 제대로 실현되지 못해 예수는 마음이 아팠다. 예수는 자신의 아픈 마음을 외면하지 않고 적극적인 치유에 나섰다. 소외된 이들에게 위로를 건네고 믿음을 선사하고자 예수는 필요한 때 필요한 곳에서 이적(異蹟)을 행한다. 치유 이적사화, 구마 이적사화, 소생 이적사화, 자연 이적사화 등을 통해 하느님의 구원능력을 생생하게 보여 주었다. 소외받는 이들에 대한 예수의 관심은 생애 내내 이어지고 그리스도 신자들을 통해 연면히 이어지기를 소망했다.

예수 또한 사랑받기를 원했다. 그런데 그가 원한 사랑은 좀 별난 사랑이었다. 해석이 잘 안 되는 사랑이었다. 배고픈 이와 헐벗은 이, 가난하고 소외된 이웃에게 건네는 사랑이 모두 예수를 사랑하는 것이라고, 그리고 그런 사랑을 더 높은 가치로 쳐주겠다고 했다.

세상에 누가 이런 사랑을 말할 수 있겠는가. 배려를 전제로 한 균등 사랑, 곧 황금률의 사랑을 말해 준 예수가 정작 자신에 대해서는 완전 불균등의 사랑을 자청하고 있는 것이다.

부활은 그리스도 신앙의 터미네이터다. 그리스도 신앙의 최후 보루다. 그리스도 신앙이 예수의 공생애의 여러 설교와 행적에 대한 제자들의 증언과 기록에서 비롯되지만 그 모든 것의 뿌리는 부활신앙에 있다. 무슨 일이든 핵심으로 들어가는 일이 가장 어렵듯이 예수 부활신앙 또한 이해하기 결코 쉽지 않다. 수긍하기란 더욱 어렵다. 사도 바오로도 이를 두고 이렇게 말할 정도이다.

일찍이 눈으로 본 적이 없고 귀로 들은 적이 없으며 아무도 상상조차 하지 못한 일을 하느님께서는 당신을 사랑하는 사람들을 위하여 마련해 주셨다. (1코린 2, 9, 이사야 64:3, 65:16)

장례가 끝나고 무덤에 묻혔다고 굳게 믿었던 예수가 사라지고, 사라진 예수가 여인들에게 나타나고, 제자들에게도 나타나고, 다시 하늘에 올라 겁쟁이 제자들에게 성령을 보내 용기를 선사하는 예수를 주목한다면 우리의 생각은 분명 달라질 것이다. 다가가고 싶은 예수를 만날 것이다. 기대고 싶은 예수를 보게 될 것이다. 이 모든 일이 성령의 역사로 이루어졌다.

예수는 그리스도교 교주(敎主)로서 골고타 형장에서 처형된 것이 아니었다. 그리스도교는 기원후 30년 5월 말, 부활 후 오순절을 맞아 예수의 제자들이 예루살렘에 모여 처음 세운 교회 공동체이다. 예수는 베드로를 교회의 반석으로 삼고(마태 16:18) 부활후 교회를 맡겼다(요한 21:17). 그러니까 그리스도교는 예수 부활신앙의 종교라 할 수 있다. 비겁하고 나약했던 제자들이 부활과 성령강림의 현장을 목도하고 용기백배해 문밖으로 뛰쳐나왔다.

그리고 성령에 이끌려 예수 부활을 알리고 예수와 함께 죽고 예수와 더불어 영원히 사는 길을 걸었다.

　예수 부활신앙에 대한 여러 증언이 《신약성경》에 나온다. 그리스도인들은 오순절 성령강림을 체험한 사도들이 예수의 삶과 죽음과 부활을 증언하는 설교를 듣고 그리스도론적 '신경'(信經)을 만들었다. 그중 가장 핵심적인 신경이 예수의 죽음과 죽음에 잇따르는 부활을 내용으로 한다.

　겁내지 마라. 너희는 십자가에 달리셨던 나자렛 사람 예수를 찾고 있지만 예수는 다시 살아나셨고 여기에는 계시지 않다. (마르 16:6)

　하느님께서는 그분을 죽은 자들 가운데서 살리셨습니다. (사도 3:15)

　그분은 여러분이 십자가에 못 박아 죽였지만 하느님께서 죽은 자들 가운데서 다시 살리신 분입니다. (사도 4:10)

　죽은 자들 가운데서 다시 살아나신 하느님의 아들 예수께서 하늘로부터 다시 오실 날을 여러분이 고대하게 되었다는 것도 그들이 널리 전하고 있습니다. (1데살 1:10)

　이 신경(信經)이 시간이 지나면서 조금씩 확장되어 오늘의 '사도신경'이 된 것이다.

예수 부활을 증언하는 근거가 되어 주는 예수의 발현은 기원후 30년 4월 9일 새벽 예수의 무덤을 찾은 갈릴레아 출신 부인들에게서 처음으로 이루어졌다(요한 20:14~18, 마태 28:9~10). 다음으로 부활한 다음날 갈릴레아에서 우선 게파에게 나타났고, 다음으로 제자들 모두에게 나타났다(1코린 15:5). 게파는 '베드로, 곧 바위'라는 뜻이다. 오순절 낮에 예루살렘에 모인 그리스도인들은 저마다 무아지경의 극적 체험을 했다(사도 2:1~13). 이를 기화로 제자들은 동족 유대인들에게 예수 부활을 힘차게 선포하기 시작했다. 예수의 발현은 그 후로도 이어져 기원후 33년경, 마침내 바오로의 대회심 때까지 계속되었다.

또 한 번에 500명이 넘는 교우들에게도 나타나셨는데 그중에는 이미 세상을 떠난 사람도 있지만 대다수는 아직도 살아 있습니다. 그 뒤에 야고보에게 나타나시고, 또 모든 사도들에게도 나타나셨습니다. 그리고 마지막으로 팔삭둥이 같은 나에게도 나타나셨습니다(1코린 15: 6~8).

예수 부활신앙이 이처럼 수면 위로 드러나면서 역사적 인물이 초월적 인물이 되었다. 부활한 예수는 현상적으로는 부재이나 언제 어디서나 현존한다. 시간을 넘어 영원한 존재로, 공간을 넘어

편재하는 존재로, 생성소멸의 법칙을 넘어 불사불멸하는 존재로 탈바꿈했다. 역사적 인물이 초월적 존재가 되어 현상적으로는 안 계시지만 신앙상으로는 언제 어디서나 현존한다. 사도 바오로는 부활한 예수를 영(靈)이라고 했다(1코린 15:45, 2코린 3:17). 하느님의 성령인 것이다.

이로써 하느님 스스로의 구원 역사에서 아들 예수의 구원 역사로 이어지던 하느님의 구원사업이 성령의 구원 역사로 이어진다. 예수 부활을 계기로 찾아온 성령이 우리에게 건네는 명제 또한 예수 자신의 명제와 같다. 곧 사랑이다. 예수의 사랑은 추상명사에 머물지 않는다. 세상을 이끌어 가는 수레의 두 바퀴다. 두 바퀴의 이름은 각각 하느님 사랑과 이웃 사랑이다.

히포(Hippo)의 주교였던 성 아우구스티누스(Sanctus Aurelius Augustinus, 354~430)는 〈요한의 첫째 편지〉 강론에서 다음과 같이 말한다.

그대는 단 한 가지 짧막한 계명을 받았다. 사랑하라. 입을 다물어도 사랑으로 하고, 말을 해도 사랑으로 하라. 나무라도 사랑으로 나무라고, 용서해도 사랑으로 용서하라. 마음속 깊이 사랑의 뿌리를 내려라. 그 뿌리에서는 오직 선만이 싹트리라.

성 아우구스티누스의 이웃사랑에 대한 명언이다. 사랑에 젖지 않고 하느님을 만날 수 없다는 절창이다. 그러나 예수의 발자취를 따르는 이 사랑 예찬은 결코 호락호락한 일이 아니다. 물질적 손해가 따르고 마음의 부담이 엄습하며 때로는 박해의 고통조차 겪어 내야 하는 다층적 수고로움을 담보로 한다. 사도 바오로의 말을 빌리면 이것이 "그리스도와 그리스도인의 운명공동체"(1코린 15:12~13) 적 운명인 것이다.

그리스도인들은 이제 역사의 예수와 부활한 예수를 가장 위대한 인물로 섬기기로 작정했다. 네 복음사가와 그들의 제자들은 저마다 부활한 예수를 주제로 그리스도론을 펼쳤다. 예수에 대한 가장 높은 존칭은 '주님'이다. 《구약성경》과 유대교 문헌에서는 하느님을 '주님'이라고 했는데, 예수를 '주님'이라고 칭한 것은 《신약성경》 저자들 중 주로 사도 바오로와 복음사가 루가였다.

그 외에 그리스도를 높이는 호칭으로 '구원자', '하느님의 종', '마지막 아담' 같은 것이 있다. 각각의 호칭의 배경이나 영향의 근거가 다르지만 예수의 생애가 모든 호칭의 근원에 있음은 분명하다. 그리스도를 섬기려고 부르는 호칭들이 이처럼 많지만 그중 가장 많이 불린 호칭은 '그리스도'이다. 그리스도(Kristos, Christ)란 '기름 부음 받은 자'란 뜻의 히브리어 '메시아'(Messiah)에 해당하는 그리스어 호칭으로, 예수에 대한 최고 존칭이다.

예수 시대의 유대인들은 다윗의 후손 가운데 다윗보다 더 위대한 메시아가 태어나기를 고대하고 믿었다. 그것은 오랫동안 질곡의 역사를 이어 오면서 자연스레 갖게 된 보편적 소망이었다. 그러나 문제는 예수가 메시아는 메시아지만 유대인들의 소망에 부응하는 메시아는 아니었다는 것이다. 다행히 예수의 수난과 부활이후 사도들과 예루살렘의 그리스도 신자들은 예수를 정치적 차원의 메시아가 아닌 신앙 차원의 메시아로 받아들이고 그 메시아가 다른 사람이 아닌 바로 하느님의 아들이라는 것을 믿었다.

특히 이스라엘 사람들은 이스라엘 백성의 대표인 왕, 의인 등 하느님과 가까운 존재들을 '하느님의 아들'이라고 말하기도 했다. 유대계 그리스도인들도 이러한 문화의 영향이 없지 않았을 것이다. 또 묵시문학의 영향을 받은 흔적도 있다. 기원전 2세기경부터 기원후 1세기경까지 이스라엘에서 유행한 묵시문학에도 '사람의 아들'이라는 초월자가 등장한다(에녹 34~69). 가톨릭에서 '외경'이라 하는 〈에녹서〉에서 '사람의 아들'은 하늘에 있다가 종말때 세상에 와서 하느님을 대리하여 세상을 심판하고 이스라엘 선민을 구원하는 초월자를 뜻했다. 그러나 '복음서'에서 '사람의 아들'은 오직 예수만을 지칭하는, 교회에서 드리는 존칭이며, 현재와 미래를 모두 통솔하는 분이다.

제 5 장

교회 안의 예수

베드로를 중심으로 사도들이 오순절에 성령을 받고 예수의 부활을 선포함으로써 시작된 그리스도인의 공동체 교회는 기원후 35년경 스테파노의 순교 후 유대 공동체에서 헬레니즘 문화권으로 이동했다. 더욱이 기원후 70년, 예루살렘 성전 파괴로 유대계 그리스도 공동체의 영향력은 약화되었고, 사도 바오로가 이끈 이방인 선교 노력으로 이방계 그리스도 공동체의 활약이 현저히 늘어났다.

2세기에 이르러 열두 사도의 시대가 끝나고 사도로부터 물려받은 그리스도 신앙이 교회 안에서 다양한 형태로 발전을 거듭해 로마제국뿐 아니라 제국 밖으로까지 전파되었다. 사도들에 이어 충직한 교부들이 그리스도의 계시신앙을 학문적으로 체계화하고 주요 전례를 만들어 교회를 이끌어 감으로써 교회는 예수를 현양하

벤저민 웨스트, 〈오순절에 설교하는 성 베드로〉, 미국 BJU Museum and Gallery 소장.

고 형제적 친교를 나누는 성전이 되었다.

그러나 일신교인 그리스도교와 로마의 다신교의 충돌은 불가피했다. 그로 인해 로마제국 황제들의 혹독한 박해가 이어지고 교회 안에서조차 이단 논리가 등장해서 그리스도 공동체에 대한 오해와 증오가 증폭되기도 했다. 그럼에도 불구하고, 그리스도 신자들은 예수의 만민 평등사상, 형제적 사랑, 영웅적 순교의 용기에 힘입어 자신의 신앙을 지켜 나갔다.

전쟁 중에 십자가의 환영(幻影)으로 하느님의 계시를 받은 로마 황제 콘스탄티누스(Constantinus, 재위 306~337)의 밀라노 칙령에 따라 313년 그리스도교가 공인되면서 그리스도 신자들은 마침내 신앙의 자유를 얻었다. 나아가 392년에는 황제 테오도시우스 1세(Theodosius, 재위 379~395)가 그리스도교를 제국의 국교로 선포하기에 이르렀다. 교회 안의 예수가 이제 발을 뻗고 편히 쉴 수 있게 된 것이다.

모든 것을 다 할 수 있는 그리스도이지만 세상의 질서와 시간에 얽매이지 않고 끝까지 인내하는 모습을 보여 준 예수에게 마침내 로마 황제들이 전폭적인 지지를 보냈다. 교회는 로마제국으로부터 많은 물질적 특혜와 법적 특권을 받았다. 로마 한복판에 대성전이 지어지고 예루살렘에는 무덤성당이, 베들레헴에는 예수성탄성당이 건립되었다.

한편, 박해가 끝나자 박해시대의 순교 신심도 바뀌었다. 속세를 떠나 고행과 극기(克己)의 생활로 예수를 닮은 삶을 살고자 하는 사람들이 생겼다. 이들은 교회 안에서 예수를 만나기보다 교회 밖에서 예수를 만나고 싶어 했다. 자기 자신을 하느님에게 바치고 금욕과 절제로 공주생활(共住生活)을 하는 수도생활을 했다. 교회는 교회대로 빠르게 성장하는 교세에 맞춰 규율을 제정하였고, 교회 학자, 주교들은 수차례 공의회를 통해 교회의 정통 교리를 지켜 나가기에 매진했다.

5세기 중반 로마인들이 야만인이라고 부르던 게르만족이 대이동을 하면서 곳곳에 게르만왕국이 섰고, 교회 지도자들은 이들에게 예수의 복음을 전파했다. 특히 서게르만 계통의 프랑크족 족장으로서 국왕이 된 클로비스(Clovis, 재위 481~511)의 개종은 서구의 그리스도교 중세를 탄생시키는 발판이 되었다. 카를 대제(Karl 大帝, 재위 768~814)에 이르러서는 주위로 게르만족의 영토를 확장하면서 점령지역 주민을 집단 개종시켜 중세 서구의 그리스도교 제국 형성을 가능하게 했다. 그의 아들 루드비히 1세 때는 이탈리아 영토 일부를 로마교회에 기증함으로써 최초로 교회국가가 탄생했다. 그리고 루드비히 특전을 반포해서 로마교회에 교황 선출권과 교황령 자치권을 승인했다.

그러나 한 왕권이 계속해서 힘을 갖지는 못하는 법, 왕권이 약화되거나 바뀔 때마다 교회의 입지도 흔들렸다. 또한 예수 그리스도를 따르는 교회의 수장인 교황과 국왕들 사이에 갈등이 생기기도 하고, 그 과정에서 예수 성화상이 수난을 당하고 예수 신경(信經)에 대한 논란이 일어나는 등 그리스도교는 크고 작은 분란에 휩싸였다.

교황 그레고리오 7세(Gregorius PP. VII, 재위 1073~1085)는 로마주교의 수위권(首位權)을 재확인하고 교회의 성직 서임권을 되찾기 위해 개혁을 단행했다. 수도회 개혁과 성직자의 생활 쇄신도 단행했다. 사제의 독신생활이 이때부터 의무화되었다.

1095년 이슬람의 셀주크 튀르크가 동로마제국을 침공하자, 교황 우르바노 2세(Urbanus PP. II, 재위 1088~1099)는 서구에 군사원조를 요청했다. 명분은 성지회복과 교회일치의 염원이었다. 유럽 최초의 다국적 기사들이 십자군 원정에 참여하여 '성전'(聖戰)이라는 이름으로 전투를 치렀다. 1095~1270년 사이 7차례의 십자군 원정은 이슬람교의 서구 진출을 저지하고 교황권을 강화하는 데 기여를 했지만, 전쟁으로 원정대는 물론 많은 이슬람교 신자들이 목숨을 잃었다. 종교로 인한 갈등이 전쟁으로 비화하고 소중한 생명을 앗아 가는 것은 결코 예수 그리스도가 바라는 일은 아닐 것이다. 지금도 세계 곳곳에서 종교 간 갈등이 야기한 크고 작은 전쟁이 계속되고 있지 않은가.

십자군전쟁의 후유증은 참혹했지만 긍정적 측면의 달라진 점도 있었다. 신자들이 전쟁에서 참패한 장소를 찾아보려고 《성경》을 읽었고, 《성경》 속 예수의 삶을 따르려고 복음적 청빈(淸貧) 운동을 벌이기도 했다. 또한 탁발 수도회가 탄생해서 수행과 함께 철학적 사고로 하느님의 창조, 인간의 자유의지, 원죄, 육화, 삼위일체 등 그리스도교 계시신앙을 체계화하는 데 힘썼다.

한편 십자군전쟁 이후 서부 유럽에는 중앙집권체제 군주국가가 등장했다. 신성로마제국을 중심으로 한 그리스도의 보편정신이 지역국가의 자국우선주의로 서서히 바뀌기 시작했다. 여기에 더해서 이탈리아에서부터 일어난 르네상스 운동이 주관적, 개인적 경험을 강조함으로써 교회는 기존의 성사적 구원보다는 개인적 하느님 체험을 역설하는 신앙 우위의 새로운 구원관과 마주치게 되었다. 그리스도 예수를 만나는 방법론적 갈래가 생긴 것이다.

그러나 기존의 교회 입장에서는 사도로부터 내려오는 성사적 신앙을 완전히 무시하고 오직 《성경》, 오직 나만으로 얼마든지 예수와 만날 수 있고 예수의 길을 따르는 삶을 살 수 있다는 신앙 우위 구원관에 100퍼센트 동의할 수 없었다.

결국 두 집단은 서로의 입장을 고수하며 상대를 수용하지 않은 채 치열한 공방을 벌이고 전쟁을 불사했다. 전쟁의 '갑'은 주로 가톨릭 쪽이었다. 그러나 교황 클레멘스 5세(Clemens PP. V, 재위 1305~1314) 이후 70여 년간 정통 교황과 대립 교황 간의 분규로 교황권이 약화되고 한쪽에서는 공의회 우위운동이, 다른 한쪽에서는 이단운동이 끊이지 않고 일어났다. 그 발단은 마르틴 루터(Martin Luther, 1483~1546) 였다.

탁발 수도회인 성 아우구스티노 은수자회의 에르푸르트 수도원 수사신부로서, 독일 대학에서 《성경》을 강의하는 신학박사로서 루터는 성 베드로 대성전의 재건을 위해 반포된 대사의 참다운 의미와 가치를 망각하고 대사부(大赦符)를 면죄부(免罪符)로 착각해 남용하는 사실에 충격을 받았다. 그래서 1517년 10월 31일 교구장과 대주교에게 대사 남용에 대해 항의하는 편지에 '95개항의 신학명제'를 작성해 함께 보냈다. 이 신학명제는 가설적 논점으로 대사 자체에 대한 부인이 아니라 《성경》과 신학에 입각해 대사의 올바른 의미와 실천에 대한 견해를 제시해 신학대학에서 논의하기 위해 작성된 것이다. 그러나 루터가 제안한 신학토론은 일부는 받아들여지고, 일부는 받아들여지지 않았다. 이후 루터파는 가톨릭에 저항했다는 뜻의 '프로테스탄트'(Protestant) 라는 이름을 얻게 되었다.

내분은 여기서 끝나지 않았다. 스위스 취리히에서 본당사목을 맡고 있던 사제 츠빙글리(Huldrych Zwingli, 1484~1531)는 교황권 자체를 거부하고 《성경》 유일의 견해를 내세웠다.

프랑스의 종교 개혁자 장 칼뱅(Jean Calvin, 1509~1564)은 제네바에서 신앙고백서를 출간하고 교회법령을 반포해 목사, 교사,

장로, 집사로 구성된 교계 체계를 설정했다. 칼뱅 사상은 프랑스에도 도입되어 갈리아 신앙고백서가 도입되었고, 칼뱅 추종자인 위그노들은 국왕의 박해 속에 약 200년 동안 위그노전쟁을 치르면서 자신들의 종교를 고수했다. 이들은 마침내 1598년 낭트칙령으로 신앙의 자유를 보장받았다.

프로테스탄트 종교개혁이 있기 전, 가톨릭에서도 공의회를 통해 쇄신 움직임이 시도되었다. 그러나 이미 시대사조가 바뀐 르네상스의 교황들에게는 개혁의 역량이 미치지 못했다.

극심한 내분을 수습하고자 1545년 트리엔트 공의회(Concilium Tridentinum, 1545~1563)가 25회기에 걸쳐 진행되었다. 이 자리에는 프로테스탄트 대표들도 참석, 가톨릭 주교들과 프로테스탄트 신학자들이 모여 가톨릭교회의 정통 교리를 두고 서로의 주장을 내세웠다.

좋은 결론을 얻지는 못했지만 트리엔트 공의회를 계기로 가톨릭 안에서 개혁운동이 전개되었다. 고질화된 옛 폐단들을 과감히 청산하고 초대교회의 정신으로 돌아가 전인적 사랑의 주체인 예수 그리스도를 모시는 교회가 되고 수도회가 되고자 힘겨운 노력을 했다. 때마침 가톨릭 국가들의 세계 탐험이 시작되었고 교황청은 이곳에 선교사들을 파견, 토착화 선교방법으로 그리스도 신앙을 전파했다. 정치집단의 지배욕이 신앙의 본의를 훼손하는 일이 없지 않았지만, 그런 가운데 하느님의 선한 뜻을 몸으로 실천한 사목자도 적지 않았다.

트리엔트 공의회 이후, 가톨릭교회는 다시 교황청 중심의 교회가 되었다. 교황청은 교황대사를 통해 지역교회를 감독하고 종교적 도전 앞에서 단호하게 대처하고자 했다.

하지만 이어지는 유럽제국의 정세는 결코 가톨릭교회에 우호적이지 않았다. 1789년 프랑스 혁명은 가톨릭교회에 또 한 번 전환점을 가져다주었다. 봉건체제의 붕괴에 따라 교회재산이 국유화되고 성직자의 특권이 상실되었다. 독일에서도 정교분리(政敎分離)의 원칙에 따라 국가에 쏠렸던 커다란 공동체 의식이 작은 공동체 의식으로 넘어오고, 교회는 자체 정화와 함께 신심생활을 돈독히 했다.

19세기 들어서 교회는 다시 혼란에 빠져들었다. 합리주의적 사고방식을 주창하는 계몽주의 사상과 자유·인권을 우선하는 프랑스 혁명이념에 근거한 자유주의와 절대군주체제의 복귀를 지향하는 보수주의가 첨예하게 대립하는 상황에서 후자와 제휴, 상실된 교회 특권을 회복하고자 했다. 그러나 그로 인해서 다시 저항을 받았다.

위협받는 전통 가톨릭신학을 새롭게 정리하고 이탈리아 민족주의 통일운동으로 위기를 맞은 교황권을 회복하기 위해 제1차 바티칸 공의회(Concilium Vaticanum, 1869~1870)가 열렸다. 공의회에서는 사도로부터 내려오는 계시신앙의 교령인 '하느님의 아들' 예수와 교황의 무류권(無謬權)을 정의한 헌장 〈영원한 목자〉를 반포하여 근대주의의 교회 침입을 차단했다.

그럼에도 현실 역사는 교회에 대한 도전을 멈추지 않았다. 교황청이 있는 이탈리아는 민족주의자들에 의해 완전 점령되고 로마가 새로운 수도(1871)가 되는 등, 국내정세가 급변하고 있었다. 이에 앞서 1870년 이탈리아왕국의 군대가 로마와 교황령을 점령했다. 영원한 목자 예수의 현세 거처가 침공을 받은 것이다. 거처를 방어해 주던 프랑스도 자국 내 문제로 철수한 상태에서 교황은 부당하다고 항의했으나 이탈리아 정부는 양보하지 않았다. 이 일로 인해서 이탈리아왕국과 교황청은 이후 50여 년간 대립, 이른바 '로마의 문제'를 야기했다.

엎친 데 덮친 격의 일이 또 일어났다. 마르크스의 반가톨릭적 사회주의가 자본주의에 의해 착취와 억압을 받는 노동자들에게 새로운 자유를 선사하겠다고 선전했다. 가톨릭 내 자유주의자들은 대응책으로 가톨릭 사회운동을 일으켰고, 교황 레오 13세(Leo PP. XIII, 재위 1878~1903)는 〈노동 헌장〉을 반포, 마르크스 사회주의 확산의 급한 불을 끄느라 전전긍긍해야만 했다.

20세기 들어 교황 비오 10세(Pius PP. X, 재위 1903~1914)는 그레고리오 성가를 포함한 교회음악 개혁, 성무일도(聖務日禱) 개정 등 제1차 바티칸 공의회 때 실현하지 못한 개혁들을 실행했다. 그러나 보수적 권위주의자로서 교회를 시대에 맞춰 가려는 데는 소극적이었다.

이어 교황 베네딕토 15세(Benedictus PP. XV, 재위 1914~1922)는 '평화의 교황'으로 알려져 있다. 그는 비오 10세처럼 근대주의를 배격하고 근대주의자를 색출하는 일들을 금지하고 분열된 교회 안에 평화를 회복하는 일에 몰두했다. 또한 제1차 세계대전 당사국 양쪽에 모두 평화통첩을 보내 적대감을 해소하고 조정위원회를 제의, 국제평화를 이룩하는 데 노력했다. 그의 제의 내용은 나중에 미국 대통령 우드로 윌슨이 발표한 '평화 14개항' 내용과 비슷했다. 또한 교황 베네딕토 15세는 전임 교황이 파기한 국교를 재개하고 많은 국가들과 외교관계를 수립함으로써 정치와 종교의〔政敎〕화해를 이룩했다.

무엇보다 오랜 숙제로 남아 있던 로마 교황청의 문제를 해결하기 위해 이탈리아 정부와 대화를 시작했다. 마침내 후임 교황 비오 11세(Pius PP. XI, 재위 1922~1939)에 의해 협상테이블이 마련되었고, 1929년 2월 11일 교황청과 이탈리아왕국은 로마 라테란 궁전에서 재정적 협의와 종교 협약을 맺었다. 이것이 '라테란 조약'(Lateran 條約)이다. 라테란 조약으로 교황청의 숙원이던 '로마의 문제'가 해결되었다. 여기서 라테란 조약에 관해 좀더 언급이 필요하겠다.

1922년, 밀라노 대교구장 레티 추기경이 교황(비오 11세)으로 선출되면서 '로마의 문제'를 해결하기 위한 본격적인 움직임이 일어났다. 교황 비오 11세는 "그리스도의 나라에서 그리스도의 평화를"이라는 종교적 사명을 수행하는 데 필요한 최소한의 영토 통치권을 이탈리아 정부에 요구했다. 파시즘의 승리로 권좌에 오른 무솔리니(Benito Amilcare Andrea Mussolini, 1883~1945)가 이 '로마의 문제'를 해결하려는 의욕을 표명함에 따라 이탈리아 정부와 수차례에 걸친 협의와 회합 끝에 1929년 2월 11일, 라테란 궁전에서 교황청 대표 카스피 추기경과 이탈리아 정부 대표 무솔리니가 조약에 서명했다.

이 라테란 조약으로 '바티칸 시국'(Vatican 市國, State della Citta del Vaticano)이라는 새로운 교회국가가 탄생했다. 교황은 명실상부하게 완전한 통치권을 회복했다.

조약 제1조 "사도로부터 이어 오는 로마 가톨릭교만을 국교로 한다"는 1848년 공포된 이탈리아왕국의 기본법 원칙을 재확인한 것이고, 제2조는 당시 국제사회에서 인정한 교황청의 주권을 이탈리아 정부가 승인한 것이다. 그 외에 교황청이 갖는 절대적 권한, 최고의 사법권, 절대적 소유권을 명시하였고, 교황은 신성불가침의 사명을 지닌 신분이므로 교황을 모독하는 죄는 이탈리아 법에 따라 처벌된다는 조항 등이 들어갔다.

이 조약으로 이탈리아는 바티칸 시국을 이탈리아 안에 있는 독립국가로 인정했으며, 도시국가 규모지만 국민국가처럼 외교사절을 파견하고 받아들이는 등, 국제관계에서도 교황청이 절대 독립의 주권을 행사할 수 있게 되었다.

또한 가톨릭을 이탈리아의 국교로 인정하고, 0.44제곱킬로미터(약 13만 평)의 영토와 이탈리아 내 산재한 주요 건물들에 대해 치외법권을 인정했다. 대신 교황청은 로마를 수도로 하는 사보이 왕조의 이탈리아왕국을 정식으로 인정했다.

이로써 오랫동안 대립하던 교황청과 이탈리아 사이의 문제가 해결되었고, 교황은 이에 대해 "이탈리아는 하느님에게 다시 돌아왔고 하느님도 이탈리아에 돌아왔다"고 말할 정도로 이 조약에 만족감을 보였다. 라테란 조약은 파시스트당과 왕국이 물러나고 1944년 이탈리아 공화국이 성립된 후에도 새로운 헌법에 의해 채택됨으로써 법적 효력을 지속했다. 다만 양국 간 합의에 따라 로마 가톨릭교회를 이탈리아의 국교로 존속시키지 않기로 했다.

이로써 바티칸 시국은 세속의 실정법으로 예수 그리스도가 소유주인 지구상의 단 하나 나라가 되었다. 8세기 중엽 교황의 세속적 지배권이 미쳤던 영토인 교황령이 1870년 프로이센과 프랑스의 보불전쟁(普佛戰爭) 후 이탈리아에 병합된 지 60년 만에 전 세계 가톨릭 신자들의 본향으로 탄생한 것이다.

인구 842명(2014년 현재)인 바티칸 시국은 로마 가톨릭교회의 본산으로서 이탈리아 로마 시내 테베레 강 서쪽에 위치해 있으며, 세계에서 가장 작은 도시국가로 독립주권을 세계 각국으로부터 인정받는다. 교황은 교황직 수락과 동시에 바티칸 시국의 입법·사법·행정상의 모든 권한을 가지며 다른 국가와 외교관계를 맺을 때 바티칸 시국을 대표한다. 말하자면 바티칸 시국은 교황의 세속 주권이 인정되는 유일한 곳이며, 그와 더불어 전 세계 가톨릭교회에 대한 영적 권한을 갖는 유일한 국가다.

이 나라의 왕은 표면상으로는 교황이지만 실제로는 예수다. 교황이 행사하는 모든 권한이 오직 예수의 가르침을 수행하는 것이기 때문이다. 그리스도교 2천 년 동안 교황의 이름은 교회 안의 교의, 전례, 교회법 등의 체제 수호자요, 모든 신앙과 도덕과 계율의 보증인으로 너무나 자주 입에 오르내리는 익숙한 이름이 되었다.

예수를 앞세워 교회 안에서, 교회 밖에서 현세의 문제를 해결하고자 노력하는 교회 수장으로서의 교황에 대한 그리스도 신자들의 신뢰는 거의 절대적이다. 그러나 분명한 것은 예수의 이름을 아무리 부른다 해도 예수가 로마 세속권력과 헬라 세속문화에 매료된 성직자·정치가들처럼 될 수는 없다는 점이다.

사실 예수는 그리스도 신앙 조직의 수장을 맡거나 스스로 사제의 직분을 갖지도 않았다. 예수를 "영원한 사제"(히브 5:6, 7:17, 7:21)로 설명하는 〈히브리인들에게 보낸 편지〉는 예수 부활 후의

바티칸 광장과 바티칸 시국의 모습

사후 해석일 뿐이다. 예수는 보편신자를 지향한 하느님 사상의 전도자였다. 말하자면 예수는 될수록 자신의 신분을 감추고 현세에 발을 딛고 내세의 평화를 보여 주며 보편적 사랑을 제시한 보편신자 운동가였다. 따라서 예수의 추종자들도 보통 사람들이었다. 위계적 질서 속의 교회와 사회 기성체제를 수호하는 그런 사람들이 아니었다.

이것은 교회의 수장인 교황에서부터 일반 사목자들까지 꼭 인식해야 할 덕목이다. 아직도 교황직을 세속의 권력직과 혼동하는 사목자와 신자들이 없지 않기 때문이다.

과도기에 교황으로 선출된 요한 23세(Ioannes PP. XXIII, 재위 1958~1963)는 1545년부터 1563년까지의 트리엔트 공의회(교황청 중심의 강력한 중앙집권시대) 정신에 근거한 교회생활에 종지부를 찍고, 이단 색출이나 교리 논쟁 같은 방어적 태도를 지양하며, 현대 감각에 맞는 사목지침을 만들어 교회사의 새 시대를 열고자 힘썼다. 무엇보다 칭찬할 일은 교회 밖의 세계에 문을 열고 갈라진 그리스도인들에게 우호적 태도를 보였다는 것이다. 교황은 그리스도교 일치와 교회 현대화를 목표로 제 2차 바티칸 공의회를 소집했다.

공의회 제 2기를 준비하던 중에 요한 23세가 서거하고 바오로 6세(Paulus PP. VI, 재위 1963~1978)가 새 교황으로 선출되었다.

바오로 6세 역시 전임 교황의 뜻을 이어 현대 감각에 부응하는 참신한 방법으로 교회법을 개정하고 과거의 무조건적인 가톨릭교회 일치운동 원칙에서 벗어나 새로운 자세를 정립했다. 공의회에는 참관인 자격으로 동방교회와 프로테스탄트 대표들을 초대하고 그들도 이를 수락, 의견을 제시했다. 잠깐이지만, 그래도 오래 몸담고 있던 큰집 교회 안으로 들어온 헤어진 자녀들을 보는 예수의 마음이 흡족했을 것이다. 교황은 팔레스타인 성지를 순례하고 예루살렘에서 동방교회 콘스탄티노플 총대주교와 1054년의 상호파문을 철회하는 공동 성명서를 냈다.

바오로 6세에 이어 선출된 요한 바오로 1세 (Ioannes Paulus PP. I, 재위 1912~1978) 는 '미소 짓는 교황'으로 유명하다. 교황으로서 첫 강복을 주기 위해 발코니에 나타난 그의 모습을 두고 한 말이다. 그러나 1978년, 요한 바오로 1세의 갑작스러운 서거로 폴란드 출신 카롤 유제프 보이티와 (Karol Józef Wojtyła) 가 새 교황으로 선출되었다. 456년 만에 비 이탈리아인 교황이 선출된 것이다.

교황 요한 바오로 2세 (Ioannes Paulus PP. II, 1978~2005) 는 제2차 세계대전 중 지나친 민족주의, 국가주의의 이름으로 인류가 얼마나 잔혹해질 수 있는지를 깨닫고 지하신학교에 입학해 1946년 사제 서품을 받았다. 대학에서 윤리신학을 가르치던 교황은 1960년대 부상한 낙태와 인공산아제한 같은 현안 문제에 특별한 관심을 갖고 《인간생명》이라는 회칙을 선포했다.

교황에 선출된 후 요한 바오로 2세는 그리스도교 일치와 제 2차 바티칸 공의회의 가르침 실현에 앞장섰으며, 전 세계 117개국을 방문하여 인간의 존엄성과 생명의 가치, 특별히 가정의 소중함에 대해 역설했다. 무엇보다 요한 바오로 2세는 범그리스도교 일치를 위해 성공회, 정교회, 개신교 등 종교지도자들과 만나 대화를 이어 갔다. 교황은 또한 가톨릭교회의 과거 잘못을 인정하고 용서와 화해를 구한 전방위적 일치의 사목자였다. 교회질서를 다시 보수적 방향으로 돌렸다는 평이 있긴 하지만, 동시에 국제적 교회 행사나 사목 방문을 통해 교황청과 지역교회 간의 유대도 소중히 지켜 갔다.

교황 베네딕토 16세(Benedictus PP. XVI, 2005~2013)는 학자 사제였다. 본명은 요제프 알로이지우스 라칭거(Joseph Aloisius Ratzinger)이다. 고삐 풀린 경제, 황금만능주의 등 정신없이 빠른 속도로 내달려 도덕적 방향까지 잃어버린 오늘의 사회문제들을 두고 교황 베네딕토 16세는 정연한 논리로 교회와 사회의 위기를 진단하고 시급한 문제들부터 해결하려고 노력했다.

이어서 제266대 교황으로 새로 선출된 프란치스코(Franciscus PP., 재위 2013~)의 본명은 호르헤 마리오 베르고글리오(Jorge Mario Bergoglio)이다. 프란치스코는 그리스도교 역사상 최초의 아메리카 대륙 출신 교황이면서, 최초의 예수회 출신 교황이다. 새 교황 프란치스코는 공적으로나, 사적으로나 늘 검소하고 겸손

2014년 8월 서울을 찾은 교황 프란치스코. 대한민국 가톨릭 신자들의 마음이 모인 곳이다.

하다. 그러면서도 사회적 소수자들, 특히 가난한 사람들에 대한 관심과 관용을 촉구하며, 다양한 배경과 신념, 신앙을 가진 사람들 사이에서 소통이 오갈 수 있게 대화를 강조하는 데 헌신적인 노력을 하는 것으로 잘 알려져 있다.

제2부

《성경》 엿보기

제 6 장

《성경》의 개요

《성경》(聖經)은 예수 그리스도(Jesus Kristos, Jesus Christ)에 의해 창설된 교회가 공적으로 인정해서 쓰는 《신약성경》(新約聖經)과 《구약성경》(舊約聖經) 전체를 이르는 말이다. 《성경》의 뼈대는 이스라엘의 역사와 그리스도 이야기이다. 하느님의 영감을 받은 사람들이 직접 또는 구전이나 전승 등의 루트를 통해 얻은 하느님 말씀과 그리스도의 행적을 기록한 책으로서 피조물에 대한 하느님의 역사(役事)를 기록한, 하느님의 인간 사랑 이야기이다.

가톨릭교회에서는 《성경》을 하느님 말씀이라고 정의하고 교의와 신앙의 원리를 가르치는 원천으로 삼는다. 그러나 그것은 교회 안의 정의이고, 《성경》은 교회 밖에서도 역동적이고 보편적인 진리로서 인정받고 있다. 이는 《성경》이 오랜 시간 동안 인류의 역사 안에 머물며 인본주의 의식을 일깨워 주고 그것을 실현하는 유일한 방편으로서 '사랑'의 실천적 사례들을 보여 주기 때문이다. 다시 말해 《성경》은, 하느님의 선민인 이스라엘 민족이 하느님의 뜻에 순종했을 때와 거슬렀을 때 뒤따르는 축복과 고통의 이분법을 통해, 그래도 다시 또 들려주는 용서와 사랑의 코러스를 통해, 인류에게 올바른 삶의 표양을 제시한다.

모름지기 그리스도 신자가 《성경》을 읽으며 하느님의 거룩한 뜻과 사랑을 알아챌 수 있다면 더없이 큰 은총을 입게 되는 것이다. 《성경》이 인간에게 우주생성의 원리와 지구를 선사한 하느님의 참뜻을 전해 줄 뿐 아니라 생의 시작에서 마지막까지 우리 삶의 내비게이션이 되어 줄 것이기 때문이다. 특히 《구약성경》을 읽어 본 사람이면 누구나 그 무한한 스토리텔링에 놀라게 될 것이다. 《구약성경》은 이스라엘 민족에게는 역사 이야기지만 다른 이에겐 상상력의 보고라 할 만하다.

《성경》은 크게 《구약성경》과 《신약성경》으로 나뉜다. 《구약성경》은 천지창조를 하신 하느님이 이스라엘 민족을 택해 계약을 맺고 그들의 역사에 개입한 이야기를 기록한 책이고, 《신약성경》은 하느님이 그리스도 예수를 통해 새로 맺은 계약의 말씀과 행적들을 사도들과 그들의 제자들이 기록한 책이다.

《구약성경》은 히브리어로 쓰인 39권과 희랍어로 쓰인 7권('외경'이라고도 한다), 총 46권이고, 《신약성경》은 '4복음서'와 〈사도행전〉, '서간', 〈요한의 묵시록〉 등으로 총 27권이다.

2세기 중엽 이후 그리스도교의 저술들이 나오면서 《성경》이라는 명칭으로 불리자 유대교 경전은 '계약'이라는 의미를 살려 《구약성경》이라는 이름을 내놓았다. 그에 따라 그리스도교의 저술들은 자연스레 《신약성경》이 되었다. 엄밀히 말해 '구약'과 '신약'은 그리스도적 시점에서 만들어진 명칭이라 하겠다. 유대교에서는 오직 '구약'에 해당하는 《성경》만이 있을 뿐이다.

　《구약성경》과 《신약성경》을 모두 아우르는 '성경'에 해당하는 그리스어는 '바이블'(*bible*)로, 이는 그리스에서 이집트산 파피루스를 수입했던 고대 페니키아 '비블로스'(Byblos) 항구에서 유래한 이름이다. 헬레니즘 시대의 유대인들이 그들의 경전을 '비블로스'라고 칭하던 것이 후대에 와서 '신약의 경전'도 함께 가리키게 된 것이다.

　오늘날 《성경》은 2, 167개 언어로(세계성서공회연합회 1997년 발표) 번역되어 그리스도교 신자들에게는 신앙의 길잡이로, 비 그리스도인에게는 정신적 가치를 고양시켜 주는 고전 중의 고전으로 자리매김하고 있다. 그 한 증거로 오래전부터 세계에서 가장 많이 팔리는 책으로 여전히 《성경》이 꼽힌다.

제 7 장

《구약성경》

1. 이스라엘의 역사, 《구약성경》

초기 《구약성경》은 대부분 히브리어로 쓰였다. '율법서'인 '모세 오경'(Moses五經)이 가장 먼저 집성되었고(기원전 400년경), '예언서'는 기원전 180년경에, 그리고 '시와 지혜서', '역사서'와 같은 '성문서'가 가장 늦게 집성되었다. 기원전 538년 바빌론 유배에서 돌아온 뒤 구전으로 전승되어 오던 하느님 말씀을 사제와 율법학 자들이 함께 기록하기 시작한 것이다.

기원전 3세기 들어 팔레스타인의 12지파에서 6명씩 선발된 총 72명의 율법학자들이 72일 동안 히브리어로 된 '모세오경'을 그리 스어로 번역했다. 이들은 각자 떨어져서 번역작업을 했는데 한 치의 오차도 없이 일치했다고 한다. 이 '모세오경'의 그리스어 번역을 '칠십인역본' 또는 '칠십인역'(七十人譯, *Septuaginta*, LXX)이라고 한다. 이후 남은 것도 번역해서 《구약성경》 전체의 옛 그리스어 번역본을 '칠십인역'이라고 부르게 되었다.

이로써 그리스어를 쓰는 디아스포라(Diaspora) 유대교인들은 이 '칠십인역'을 전수받았고, 초대 그리스도교인들도 이 '칠십인역'을 《신약성경》 안에서 자유롭게 인용하곤 했다. 디아스포라란 '흩어진 사람들'이라는 뜻으로, 팔레스타인을 떠나 온 세계에 흩어져 살면서 유대교의 규범과 생활 관습을 유지하는 유대인을 이르던 말이다.

말하자면 '칠십인역'은 유대교의 '히브리어' 정경이 '유대교 경전'에 국한되지 않고 '그리스도교 구약의 정경'으로 확장되게 한 공로가 있다. 특히 '칠십인역'이 의미를 갖는 것은 '히브리어 정경'에 포함되어 있지 않은 그리스어로 쓰인 책들이 '칠십인역'에 대부분 들어 있기 때문이다. 그것 또한 성령의 인도로 쓰인 하느님의 말씀이므로 오늘날 가톨릭교회에서도 '칠십인역'을 따라 이 '그리스어 성경'을 《구약성경》에 '제2경전'으로 두었다.

《구약성경》은 하느님과 인간의 관계 설정에서부터 이야기의 문을 연다. 하느님이 어떤 분이고 인간이 누구인지를 밝히고 당신의 선민인 이스라엘 민족의 삶과 믿음의 행로를 추적한다. 하느님은 이미 오래전부터 이스라엘을 지켜보고 있었다. 그리고 단련을 시켰다. 오랫동안 강대국들 틈에서 생존을 위협받으며 근근이 버텨 온 약소민족 이스라엘, 물과 목초지를 찾아 이동하면서 생활하는 유목민들에게조차 홀대를 받던 정처 없는 히브리 종족을 마침내 모든 민족 위에 우뚝 세워 당신 계획을 펼쳐 간다.

하느님의 대변자 모세의 인도를 따라 팔레스타인에 자리를 잡은 이스라엘 민족은 왕정시대 이전까지 200여 년 동안 12지파가 주변의 압력과 도전에 대항하는 한편, 지파 간의 독립체제로 평화를 유지하며 단합된 행동을 보였다. 그러나 시간이 흐르면서 씨족 간 분쟁이 발생하고 결속력이 떨어졌다. 이민족의 침공을 받아 유배를 가거나 포로로 끌려가는 수모를 겪기도 했다. 어려움이 닥치고 슬픔과 고통 속에 헤맬 때마다 하느님의 도움이 내려왔다. 판관을 세워 주고 예언자들을 보내 주었던 것이다.

이것이 《구약성경》의 하느님이다. 《구약성경》의 하느님이 이스라엘 백성들에게 끊임없이 호소하는 것은 공동체 안의 약자를 돌보고 공동체적 책임을 지는 삶을 살라는 권고다. 비록 예수 그리스도를 따르는 일에 동참은 하지 않지만 오늘의 유대인들도 자선을 의인의 기준으로 삼는다. 이런 전통은 《신약성경》에 들어서 그리스도의 복음에 녹아들었다. 그리스도가 "내가 율법이나 예언서의 말씀을 없애러 온 줄로 생각하지 마라. 없애러 온 것이 아니라 오히려 완성하러 왔다"(마태 5:17~18)고 선포한 것이 바로 《구약성경》의 하느님과 맥이 닿아 있는 반증이다.

《구약성경》과 《신약성경》 사이에는 분명 강이 놓여 있다. 그러나 그 강은 건너지 못할 강이 아니다. 성군으로 추대받은 왕 다윗(David)의 후예 가운데 미래의 성군 메시아가 탄생하리라는 믿음이 오래전부터 내려왔다는 이야기(미가 5:1)가 《구약성경》에 이미 나와 있다. 그것도 다윗왕의 고향인 베들레헴에서.

이처럼 《신약성경》의 하느님, 곧 예수와 《구약성경》의 하느님 사이에는 끊으려야 끊을 수 없는 튼튼한 다리가 놓여 있었다.

《구약성경》의 구성은 총 46권으로, 이를 '모세오경', '역사서', '시와 지혜서', '예언서' 네 가지로 분류한다. '모세오경'은 〈창세기〉, 〈출애굽기〉(〈탈출기〉), 〈레위기〉, 〈민수기〉, 〈신명기〉로 총 5권이다. '역사서'는 〈여호수아기〉, 〈판관기〉, 〈룻기〉, 〈사무엘상〉, 〈사무엘하〉, 〈열왕기상〉, 〈열왕기하〉, 〈역대기상〉, 〈역대기하〉 등으로 총 14권, '시와 지혜서'는 〈욥기〉, 〈시편〉, 〈잠언〉, 〈전도서〉, 〈아가〉, 〈지혜서〉, 〈집회서〉로 총 7권이다.

끝으로 가장 많은 분량을 차지하는 '예언서'로는 〈이사야〉, 〈예레미야〉, 〈애가〉, 〈에제키엘〉, 〈다니엘〉, 〈호세아〉, 〈요엘〉, 〈아모스〉, 〈오바디야〉, 〈요나〉, 〈미가〉, 〈나훔〉, 〈하박국〉, 〈스바니야〉, 〈하깨〉, 〈즈가리야〉, 〈말라기〉, 〈바룩〉, 〈마카베오상〉, 〈마카베오하〉로, 총 20권이 있다.

2. 유대교의 창시자, 모세

《성경》의 거룩함은 하느님과의 관계에서 유래한다. 이 관계는 하느님의 절대적 주도 아래 지속되고 하느님은 그가 선택한 백성을 통해 역사(役事) 한다.

형들의 시기와 모함을 받고 이집트로 팔려간 요셉(Joseph)과 기근을 계기로 아브라함(Abraham)을 시조로 하는 히브리인들은 이집트로 가서 정착했다. 그곳에서 약 400년 동안 살면서 민족의 수를 늘렸다. 그러나 좋은 파라오(Pharaoh) 밑에서의 잠깐의 평화를 빼고는 줄곧 노예로 살아가야 했다. 더하여 히브리 민족의 폭발적 증가에 위협을 느낀 이집트 왕이 히브리 아기들을 살해하라는 명령을 내렸다.

한 어머니가 자기 아기를 파피루스 바구니에 담아 나일 강에 띄워 보냈다. 아기는 둥둥 떠다니다 이집트 공주에게 발견되었다. 아기는 공주의 양아들이 되어 이집트 궁궐에서 성장을 하며 궁중의 교육을 받고 헌걸찬 젊은이가 되었다. 이 젊은이가 훗날 하느님의 부름을 받아 히브리 민족을 구한 모세(Moses)다. 그리고 하느님을 믿고 아들을 살리려 파피루스 바구니에 담아 나일 강에 띄워 보낸 여인은 바로 모세의 어머니 요게벳(Jochebed)이다.

힘겨운 노역에 시달리는 히브리 민족에게 모세는 하느님의 명을 따라 영원한 자유인으로서의 새 삶을 제안한다. 히브리인들은

홍순무, 〈모세의 10계명〉, 캔버스에 유채, 227.3×181.8cm, 2003년, 전주 인후동성당 소장.

모세를 따랐다. 출발은 순탄했다. 백성들의 순명을 보고 하느님은 그들 편에 서서 긴 여행에 함께하겠노라 약속했다.

그러나 얼마 지나지 않아 여정에 지친 백성들이 모세에게 등을 돌렸다. 비록 노예의 삶이지만 이집트에서의 안이한 생존에 미련을 버리지 못하고 우상을 만들어 하느님을 진노하게 했다. 모세는 참담함 속에서, 어리석은 백성들을 용서해 달라고 하느님께 간구했다. 이에 하느님은 그의 간구를 들어 주셨다.

이집트를 떠날 때만 해도 히브리인들은 민족공동체의 개념이 없는 씨족집단에 지나지 않았다. 미디안 광야에서 첫 소명을 받은 모세는 탈출한 지 약 1년이 지난 어느 날, 다시 하느님의 부르심을 받고 시나이 산에 올랐다. 하느님은 모세에게 당신이 선택한 백성들 가운데 거처할 '성막사'(聖幕舍)를 세우라고 명했다. 또한 그곳에서 백성들이 당신에게 정성스레 제사를 올리고 당신을 기쁘게 하라고 명했다. 산에서 내려온 모세는 곧바로 실행에 들어갔다. 그동안 씨족 단위로 이동하던 이스라엘 12지파를 하나로 묶고 하느님을 장엄하게 경배할 수 있도록 따로 사제직을 뽑았다. 이어 하느님의 인도에 따라 율법을 제정·반포하고 하느님을 경배하는 여러 가지 전례 규범을 만들었다. 마침내 민족공동체의 조직과 체계가 갖춰지고 민족의 정체성이 확립되기 시작했다.

사제직의 총책임을 맡은 모세의 형 아론(Aaron)은 레위지파 사람이다. 레위(Levi)는 바로 야곱(Jacob)과 레아(Leah) 사이에서 셋째 아들로 태어난 야곱의 12형제 중 한 사람이다. 그러니까 모세와 아론은 레위 할아버지의 후손들이었다. 레위지파는 모든 이스라엘 12지파 맏아들의 대리인으로 그들의 근무처는 오직 성전뿐이었다. 모세는 하느님이 명한 대로 그의 형 아론을 대사제로 삼고, 아론의 아들들을 사제로 임명했다. 그 후 이 성직은 대대로 레위 집안에서 이어 갔다.

사제는 백성들에게 '토라'(tôrāh)라고 하는 율법을 가르치고 때로 계시의 중재자, 소송사건의 재판관 역할도 했다. 하느님의 선민인 이스라엘 민족공동체는 이처럼 대사제를 정점으로 하는 성직체제로 다스려졌다. 훗날, 위대한 이스라엘의 왕 다윗과 솔로몬(Solomon), 그 후손들로 이어지는 왕조체제를 거치긴 하나 바빌론 유배지에서 귀환한 다음에는 다시 성직체제로 돌아갔다. 대사제는 왕과 같은 위치가 되어 왕처럼 기름 부음을 받고 왕관을 썼다(레위 8:9~12).

사제직 선출에 이어 모세는 성막사를 짓기 시작했다. 성막사를 꼼꼼하게 설계하고 성막사에서 이루어지는 제사에 관해서도 세세하게 기록을 남겼다. 성막사의 설계도는 훗날 이스라엘 제2대 왕다윗의 아들이며 이스라엘 제3대 왕인 솔로몬에게 전해져서 약 7년의 대역사 끝에 지어진 예루살렘 성전으로 이어졌다. 광야시대의 단순하고 소박한 하느님의 성전인 성막사가 화려한 성전으로 바뀐 것이다. 그리고 성전이 파괴되고, 다시 재건되고 또 다시 파괴되는 와중에도 성전의 궤는 이스라엘의 역사와 늘 함께했다.

제사상 위에 12지파의 빵과 포도주를 올리고 거룩한 등불을 밝혀 감사했던 '구약'의 이스라엘 하느님은 '신약'에서 누룩 없는 빵과 포도주로, 파스카(Pascha) 축제의 주인이신 예수 그리스도로 이어졌다. 말하자면 이스라엘 백성에 국한됐던 하느님의 구원 역사가 인류 보편의 구원 역사로 확대된 거룩한 계승인 것이다.

성막사의 건축은 두 가지 의미를 내포한다. 하나는 하느님이 당신 백성 안에 거처하면서 백성을 보호하고 인도한다는 것이다. 또 하나는 그럼에도 하느님은 지존하신 분이므로 경외하고 순종하는 예식과 예의 또한 갖춤으로써 축복을 받을 수 있다는 것이다. 이와 같은 모세의 철저한 하느님 순명 작업들은 '신약'의 그리스도에 대한 거룩한 제의와 교회의 전례(Liturgia)에서 맥을 잇는다. 다시 말해, 모세가 만든 '구약'의 성막사는 훗날 예수 그리스도를 통한 하느님의 구원 의지와 사랑의 역사를 드러내기 위한 교회의 예시라고 할 수 있다. 그러나 한 가지 다른 점이 있다. '구약'의 성막사는 사제가 아니면 들어갈 수 없었지만, 오늘의 교회는 누구나 들어갈 수 있다는 점이다. 들어가 감실 안 성체도 뵐 수 있다. 성막사에서의 속죄의 제사가 끝나고 하느님의 친교제에 초대받아 함께 음식을 나누며 서로 평화를 빈 뒤풀이 잔치 또한 '신약'에서의 성체성사, 신자들 간의 친교와 상통하는 면이 있다.

한편, 모세가 하느님의 소명을 받고 행한 모든 일이 시나이 반도에 퍼졌다. 미디안족의 사제이며 모세의 장인인 이드로(Jethro)가 모세의 아내와 아들들을 데리고 왔다. 사제 이드로는 모세의 하느님을 참 하느님으로 모시고 함께 번제물을 바치고 제사도 올렸다. 이로써 모세는 지도자로서의 경험이 풍부한 장인 이드로와 광야의 지형·지리에 밝은 이드로의 아들 호밥의 안내를 받으며 가나안 대장정을 위한 준비작업에 박차를 가했다.

가나안 정복에 나서기 전에 모세는 군대를 각 지파 단위로 편성해서 지휘체계를 정비하고 12지파에서 선발한 정찰대를 가나안에 보냈다. 그런데 상반된 보고가 들어왔다. 정찰대원 중 여호수아(Jehoshua)와 갈렙(Caleb)을 제외한 나머지 10명이 부정적 보고를 한 것이다. 백성들이 다시 술렁거렸다. 무모하게 진격했다가 실패하는가 하면 사제직을 넘보는 반역을 꾀하기도 했다. 모세는 인내심을 갖고 백성을 달래는 한편 주님에게 용서를 청했다. 하느님이 모세의 청을 또 들어 주었다.

참으로 길고 긴 불평과 불목, 불순종에 모세는 지칠 대로 지쳤다. 하느님의 소명을 받기 전 40년의 이집트 준비기간, 장인 이드로의 일꾼으로 목동 일을 하면서 하느님을 만난 수련기간 40년, 그리고 하느님의 백성을 이끌고 광야에서 보낸 40년, 도합 120년의 삶을 오직 하느님의 소명을 따라 살아왔다. 그러나 노 영도자, 모세의 시대는 저물고 있었다. 모세는 마치 유언처럼 마지막 설교로 자신의 대장정의 막을 내리고 느보 산에 올라 눈부신 태양빛에 싸인 젖과 꿀이 흐르는 약속의 땅을 바라보면서 여호수아에게 민족의 영도권을 넘겼다.

모세는 위대한 영도자였다. 약 400년 노예살이에서 동족을 끌어내고, 부족한 것투성이인 광야의 척박한 환경에서 숱한 고초를 겪으며 40년을 버티어, 마침내 굳건한 민족공동체로 만들어 준 모세는 엄격하면서도 가슴 따뜻한 참 지도자였다. 후세의 역사가들은 이런 모세를 '민족해방의 영도자, 유대교의 창시자, 히브리 민족국가의 창설자'라고 말한다. 모세가 그 일을 해낼 수 있었던 것은 치밀한 하느님의 준비가 있었던 덕분이다.

모세는 당시 선진국 중에 선진국이었을 이집트, 그것도 최고통치자가 사는 왕궁에 살면서 다양한 지식을 습득할 수 있었다. 그는 정치·사회·문화 등 각 방면에 조예가 깊고 오래된 법전이나 사료, 역사·지리적 정보에도 밝은 당대 히브리 민족 가운데 보기 드문 지성인이었다. 그런가 하면 광야에서 40년을 보내면서 날씨·기후 등 자연의 변화에 민감했고, 여러 종류의 동식물을 관찰하면서 먹으면 유익한 것과 해로운 것들을 분별할 줄 아는 지식과 지혜도 고루 갖출 수 있었다. 그는 이교도들의 문화를 자주 접하면서 우상의 제물에 어떤 것이 있는지, 우상 숭배가 얼마나 허망한 것인지를 알게 되었고, 민족의 결집을 위해 이를 단호히 금지했다. 이 또한 오늘까지 이어져 이스라엘 민족에게 정결한 동물과 부정한 동물을 철저히 구분하고 《성경》의 일정 사건(창세

32:33)을 근거로 각종 금기사항을 지키도록 규정했다.

모세의 뒤를 이른 여호수아 역시 지혜와 용기를 가진, 하느님이 세워 주신 이스라엘 민족의 지도자였다. 여호수아는 모세에게 안수를 받았다. 모세가 주님이신 하느님이 명한 모든 일을 수행한 것처럼 여호수아도 충실히 실천했다. 그가 이룬 혁혁한 행적은 '역사서'인 〈여호수아기〉에 모두 기록되어 있다.

3. '모세오경'과 축제, 속죄의식과 안식일

1) '모세오경'

'모세오경'은 히브리인을 이집트에서 탈출시킨 이스라엘의 영도자 모세가 하느님의 명을 받은 율법을 후대 사람들이 기록으로 남긴 책이다. 모세를 통해 전달되고 실행되었다고 해서 '모세의 율법'이라고도 한다. '오경'은 다섯 개의 경전을 말한다. 유대인들은 '율법'이란 의미의 히브리어 '토라'(הרוֹת) 라고도 한다. '토라'는 단순히 지켜야 할 법이 아니라 하느님 백성으로 살아가야 하는 '하느님의 가르침', 또는 '하느님의 길'이며 이스라엘 민족이 가야 할 길이다. 따라서 '모세오경'은 《구약성경》 안에서 특별한 위치를 차지한다.

'토라'의 순서는 첫 번째가 세상의 기원에 관한 〈창세기〉이고, 두 번째가 이집트에서 탈출한 이야기인 〈출애굽기〉(〈탈출기〉)이다. 세 번째는 모세가 시나이 산에서 받은 율법을 행하는 내용과 인간이 신에게 다가갈 수 있는가에 대한 가르침, 그리고 사제 집안인 레위 자손들의 제사에 관한 내용이 기록된 〈레위기〉이다. 네 번째가 이스라엘 민족의 인구조사에서 유래한 〈민수기〉이며, 다섯 번째는 율법을 반포하는 모세의 열정적 담론인 〈신명기〉로 되어 있다.

 하느님은 당신이 선택한 모세에게 이스라엘 백성들이 생명과 자유와 인권이 보장되는 공동체가 되도록 두 가지 형태의 계약을 건넸다. 그중 하나는 십계명(十誡命)이고, 또 하나는 율법(律法)이다. 십계명은 이상사회로 가도록 인도하는 생명의 계명이다. 따라서 아무런 전제조건이 붙지 않는 도덕적·종교적 의무의 절대적 명령이다. 율법은 십계명의 시행령이라고 할 수 있다. 다양한 역사적 상황을 맞은 이스라엘 백성들이 그때그때 이상적 공동체 생활을 하도록 인도하고자 구체적인 시행규정을 만들어 준 것이다. 이스라엘 백성들은 모세의 명에 따라 7년마다 성전에서 율법을 낭독하고 실천하겠다고 다짐했다. 말하자면 모세는 하느님에게 받은 십계명과 율법을 이스라엘 민족에게 전달하고 실행토록 한 입법자인 것이다.

 율법은 상당히 많고 또 복잡하다. 주요 규정들을 보면 살인·

상해에 관한 율법, 종에 관한 율법, 사회복지에 관한 율법, 맹세와 서원에 관한 율법 등이 있다. 그 밖에 아버지와 아들의 바람직한 관계, 정의로운 상행위 등에 관한 도덕적 권고사항도 있다. 그리고 그들 규정들은 '모세오경'의 순서와 상관없이 두루 분산되어 있다.

하느님이 직접 당신 선민인 이스라엘 백성의 최고 입법자가 되어 이스라엘 백성들이 준수토록 모세를 통해 일러 준 율법은 이스라엘 민족의 헌법과 같은 것이다. 그리고 그것은 정치적 조직사회를 위한 것이 아니라 평등한 인간사회를 목표로 한다. 따라서 단순히 법조문을 이행하는 율법이 아니라 얼마나 하느님을 기쁘게 해드리느냐 하는 소소한 내면적 정성을 더 중요시했다. 그래서 율법은 내용이 상당히 많고 복잡하다.

《구약성경》의 첫 번째 이야기 〈창세기〉는 하느님의 창조로 시작하는 인류 역사의 첫 기록이다. 총 50장 1,533절로 이루어진 〈창세기〉 앞부분은(1~11장) 우주의 시작, 인류의 시작, 죄의 시작 등 시작에 관한 인간의 원 역사이다. 뒷부분(12~50장)은 믿음의 선조들이 하느님의 일을 수행해 가는 이스라엘 백성의 원 역사라고 할 수 있다. 따라서 〈창세기〉는 세계의 생성 그 자체에 대한 철학적 사색이 아니라 인간의 하느님과의 관계, 이웃과 갖는 관계, 그리고 세상 삶 전반에 관한 관계를 제시한다.

자칫 하느님과 공동체를 이루지 못하는 죄의 역사로 이어질 뻔했으나 하느님은 노아(Noah)와 다시 계약을 맺어 싹쓸이의 홍수로부터 땅과 생명을 지켜 주겠다는 계약의 표징을 내려보내 주었다. 바로 무지개이다. 이어 다시 재구성된 세상에서 하느님은 아브라함이라는 새로운 선민을 찾아냈다. 아브라함을 통해 하느님은 다시금 하느님과 진정한 공동체를 이룰 계약을 맺고 축복을 약속했다. 그 계약과 축복은 아브라함의 아들 이사악(Isaac)으로, 그리고 이사악의 아들 야곱으로 내려갔다. 이로써 아브라함의 하느님, 이사악의 하느님, 야곱의 하느님이라는 이스라엘 역사의 살아 있는 징검돌이 놓이게 되었다.

두 번째로, 〈출애굽기〉는 하느님의 백성 이스라엘 자손이 약 400년간의 이집트 노예생활에서 벗어나 탈출하는 과정의 이야기다. 원 역사에서 드러난 아브라함의 소명이 인간의 죄가 하느님의 개입으로 회복되는 의미가 있다면 출애굽은 하느님이 아브라함에게 말씀하신 약속이 실현되는 장이다. 200만 명이 넘는 히브리인들이 하느님의 계시로 새로운 땅을 향해 나아가는 고단한 여정의 리더는 모세다. 나이 80 노구의 모세는 하느님과의 독대에서 받은 명령을 수행하기 위해 엄청난 용기로 백성들의 탈출을 돕고 이끌었다. 그러나 말이 탈출이지 그 시대의 인구로 보아 웬만한 부족국가의 대이동이었다. 〈출애굽기〉는 하느님이 어떤 분인가 하는 신관을 분명하게 각인시켜 주었다. 현실의 자유와 해방을 얻기 위해 나선 이 사건은 표면적인 현상 너머 '진정한 생명의 길'이 무엇인지를 일깨워 준다. 그것은 곧 '영혼의 자유와 해방'이다.

세 번째로, 〈레위기〉는 성직을 부여받은 레위지파에 대한 이야기다. 주님이 모세를 통해 레위지파 사람들을 선별, 성전에서 근무하도록 따로 세웠다. 이스라엘 12지파 대표들은 모세의 지시에 따라 이스라엘 민족의 맏아들을 대신하여 주님에게 예물로 바친다는 뜻으로 레위인들에게 안수를 했다. 그들은 계약의 궤를 나르는 일, 율법을 가르치는 일, 성막사를 관리하는 일 등의 실무를 하는 한편, 주님의 이름으로 백성들에게 축복을 주는 일, 하느님과 사람 사이의 중재자로서 백성들을 위해 끊임없이 기도하고 죄의 사함을 대신 청하는 일도 수행했다. 〈출애굽기〉에서는 하느님이 시나이 산에서 모세에게 말한다. 그러나 〈레위기〉에서는 '만남의 장막'에서 모세와 말한다(레위 1:1). 인간에게 더 가까이 다가오는 하느님이 마치 '신약'의 예수가 도래한다는 것을 암시하는 듯하다.

네 번째로, 〈민수기〉는 시나이 산과 시나이 광야에서, 카데스 광야와 요르단 강 하류의 모압 벌판에서 일어난 사건들을 기록한다. 전쟁에서 승리하고 패배한 일, 부족들 사이의 갈등, 이스라엘 여러 부족들의 여정 등이 현장감 있게 기록되어 있다. 그들이 다녔던 길은 오늘의 중동 지방 유목민들이 다니는 길과 거의 비슷하다.

특히 〈민수기〉에서는 이스라엘 민족에 대한 특별한 관점을 발견할 수 있다. 하나는, 광야에서 이동하며 살아가는 이스라엘 민족에게는 민족 전체의 삶이 여전히 형성과정에 있는 긴 여정의 삶이라는 것, 그래서 계속해서 노력하며 나아가는 진행형의 삶이라는 것이다. 반면 광야라는 외딴 곳에서 외부와의 접촉이나 영향을 받지 않고 살아온 독자적 삶이라는 것이다. 오늘날 이스라엘 민족의 배타적 태도와 독자적 관습에서 그 지적의 단면을 엿볼 수 있다. 그러나 이 관점은 꼭 이스라엘 민족만을 두고 생각해 볼 관점은 아닐 것이다. 미완의 여정은 모든 개인이나 국가에 다 통용될 수 있으며, 다만 배타적 태도는 역사적 배경 혹은 지정학적 국면에서 야기된 것으로 볼 수 있을 것이다.

다섯 번째로, 〈신명기〉는 마지막 날을 맞은 모세의 유언과도 같은 기록이다. 드디어 가나안 정복을 눈앞에 두고 모세는 먼저 정찰대를 그곳에 파견했다. 그러나 그들 사이 서로 다른 보고가 들어왔다. 하느님은 부정적 보고를 해서 백성들의 사기를 떨어뜨린 정찰대를 벌했다. 이 밖에 가나안에서 타민족과의 격렬한 전투와 승리, 이민족 문화에 대한 경계를 조목조목 적어 두었다.

이집트를 나온 지 40년째 되는 해, 모세는 요르단 강 동쪽 모압 땅의 아리바 광야에서 이스라엘 백성에게 마지막으로 설교했다. 세 번에 걸친 설교를 통해 모세는 선택받은 거룩한 백성으로서 계약을 잘 이행하며 살아갈 것, 우상 숭배를 금할 것, 언제 어디서나 주님을 모시고 생명과 행복의 길을 걸어갈 것 등을 권고했다. 백성들의 불평불만의 업으로 그토록 보고 싶어 한 약속의 땅을 밟지 못한 모세지만 끝까지 백성들을 내려놓지 않고 사랑했다.

모세는 주님인 하느님을 직접 만나고 대화한 유일한 사람이다. 하느님은 모세를 통해 하느님의 실존을 명백히 밝히고 그분을 감각적으로 느낄 수 있게 여러 표지를 선사했다.

2) 축제

모세가 하느님 명을 받들어 이스라엘 민족들에게 강조해 율법과 함께 지키도록 챙긴 것이 또 있다. 바로 축제일과 속죄일, 그리고 안식일이다. 많은 축제일이 있지만 그중에도 과월절과 오순절, 초막절의 3대 축제가 가장 성대하다. 모세는 축제를 통해 이스라엘인들이 민족 공동체로서의 일치를 대대적으로 표명하는 동시에 그 사상을 후손들이 보존토록 하고, 예루살렘 성전에 모여서 치르라고 한다. 3대 축제를 '순례축제'라고 말하는 배경이다.

(1) 과월절

과월절 축제는 본래 고대 근동지방이나 유목민들의 봄 축제였다. 어린 양을 잡아 천막 기둥에 발라 악령으로부터 가족과 가축을 지키기 위해 벌인 축제였다. 기원전 1270년경, 모세의 인도로 이집트에서 탈출할 기회로 삼은 축제가 바로 과월절 축제이다. 하느님이 모세에게 이스라엘 민족이 이집트를 탈출한 '아빕달'을 한 해의 첫 달로 삼고 하느님을 위해 과월절을 지내도록 일러 주었다. 아빕달은 춘분 무렵인 3~4월인데, 바빌론 유배 시기부터는 '니산달'(느헤 2:1)이라고도 했다.

과월절과 잇대어 있는 농경민들의 축제가 무교절이다. 원래 이 두 축제는 연관성이 없는 축제였다. 과월절 밤, 이집트를 급히 탈출할 때 광야에서 누룩 없는 빵만 먹어야 했던 역사적 아픔을 기억하면서 과월절을 지내고, 그 다음 한 주 동안 그때처럼 누룩 없는 빵을 먹으며 지냄으로써 두 축제가 연관성을 갖게 된 것이다.

이에 대한 규정의 실행은 엄정해 과월절 전날 묵은 누룩을 전부 불태우고, 다음날인 과월절에 이어 일주일 동안 '파스카 축제'를 지냈다. 이스라엘의 과월절 축제는 그리스도 강생에서부터 최후 만찬까지 우리의 새로운 파스카 축제로 거행되는 구세사적 의의를 갖는다. 그런데 그 이스라엘 민족이 이집트 탈출 1,300여 년 후 메시아(Messiah)로 온 나자렛(Nazareth) 예수를 고발하고, 예수는 자기 민족의 고발로 최후를 맞았다.

그리고 바로 기원후, 예수는 희생양을 잡아 제자들과 함께 과월절 만찬을 거행하면서 성찬례를 제정했다(마태 26:26~30, 마르 14:22~26, 루가 22:12~24). 그리고 법정에 서서 변론 아닌 변론 끝에 십자가상에서 죽음을 맞았다. 그리고 사흘 후 마침내 부활했다. 사도들로부터 세례를 받은 그리스도 신자들은 이 과월절을 이스라엘 민족의 노예해방에서 더 나아가 인류의 죄악으로부터의 해방으로 확장해서 가장 중요한 축일로 삼는다.

과월절, 곧 해방절은 이스라엘 민족의 최대명절이기도 하지만 그리스도인들에게도 새로운 파스카의 어린 양이 되신 예수 그리스도를 통해 온 인류를 죄악으로부터 해방시켜 주심과 자유인으로 속량해 주심을 영원히 기념하는 날이기도 하다. 그러므로 파스카 축제는 오늘날 미사 전례에서도 핵심 내용이 되었다.

(2) 오순절

오순절은 이스라엘 3대 축제 가운데 하나로 일명 '추수절'이라고도 한다. 본래 오순절은 가나안 농민들이 지냈던 '맥추절'에서 시작된 명절로, 초여름에 수확한 햇보리로 보리빵을 만들어 하느님에게 감사의 마음을 바치는 축제였다. 히브리인들이 가나안 땅에 정착한 후, 가나안 농민들의 축제를 수용한 것이다. 단, 보리 수확 시작 때 하던 것을 밀 수확이 끝나는 때로 옮기고 봉헌물도 보리에서 밀로 바꾸었다. 순수한 농업 축제였던 오순절이 하느님과 이스라엘 사이에 맺어진 계약과 연결되고 하느님과 모세가 시나이 산에서 십계명과 율법을 받은 일과 연결되면서 종교적 축제가 된 것이다.

'신약'에 이르러 오순절은 성령 강림을 통해 그리스도 교회가 공식 창립된 날로 받아들여지며 더욱 큰 의미를 갖게 되었다.

예수님이 승천한 후 첫 오순절을 맞아 제자들은 두려움과 슬픔 속에 잔뜩 주눅이 들어 한곳에 모여 있었다. 그런데 "갑자기 하늘에서 세찬 바람이 부는 듯한 소리가 들려오더니 그들이 앉아 있던 온 집안을 가득 채웠다. 그러자 혀 같은 것들이 나타나 불길처럼 갈라지며 각 사람 위에 내렸다"(사도 2:1~3).

예수님이 성령을 보내 주신 것이다. 과월절 때도 그러하지만 오순절 때도 세계 각지에서 순례자들이 예루살렘으로 모여들었다. 그런데 듣는 사람은 각 지역 사람들인데 모두 제 나라말로 알아듣고 말을 한다. 일종의 언어 축제였다. 마침내 12사도 중에 으뜸인 베드로(Petrus)가 '성령강림'을 선포했다.

회개하시오. 그리고 여러분은 한 사람도 빠짐없이 예수 그리스도의 이름으로 세례를 받고 여러분의 죄를 용서받으시오. 그리하면 성령을 선물로 받게 될 것입니다. 이것은 우리 주 하느님께서 여러분과 여러분의 자녀와 그리고 멀리 떨어져 있는 사람들, 곧 하느님께서 부르시는 모든 사람들에게 하신 약속입니다. (사도 2:38~39)

바로 이날, 3천 명이나 되는 사람이 베드로에게 세례를 받고 그리스도의 사람이 된다. 오순절은 오늘날 가톨릭교회에서 '성령강림 대축일'로 기리고 있으며, 아울러 교회의 생일로 자축한다.

(3) 초막절

초막절은 본래 농경사회의 가을축제였다. 들판에 초막을 짓고 수확을 마친 감사의 의미로 '티슈리(Tishrei) 달' 15일부터 21일까지 거행하는 추수감사제이다. 티슈리달은 양력으로 9~10월에 해당한다.

이스라엘인들은 40년 동안 광야에서 천막생활을 한 역사를 기념, 지붕이나 길가에 천막을 치고 제사를 드렸다. 초막절 축제 때 사제는 매일 아침 물을 길어다 번제 제단에 붓고 군중은 감사의 찬미가를 부르고 춤추고 기뻐했다. 이 또한 예수 시대에도 이어지는 예식이었고, 예수도 참석, "목마른 사람은 다 나에게 와서 마셔라. 나를 믿는 사람은 《성경》 말씀대로 그 속에서 샘솟는 물이 강물처럼 흘러올 것이다"(요한 7:38) 라고 말했다.

(4) 속죄예식

오랜 정화의 역사를 가진 유대인들은 초막절 닷새 전, 티슈리달 10일(양력 9월 10일)을 속죄일로 정하고 대사제의 주례에 따라 속죄예식을 거행했다.

하느님과의 관계에서 이스라엘인들은 스스로 죄인이라는 의식을 늘 갖고 이 속죄예식을 통해 알게 모르게 하느님에게 지은 죄를 용서받는다고 생각했다. 그 의식은 신약 시대로 이어져 예수 그리스도의 대속으로 종결짓는다. 다시 말해 구약 시대 속죄예식은 1년 단위로 계속해서 이어지는 정화예식이었지만 예수 그리스도의 십자가상 보혈은 단 1회로 영구 정화되는 예식인 것이다.

(5) 안식일

《성경》에서 말하는 안식일은 천지창조 때 첫 번째로 언급된다. 하느님이 6일 동안의 창조작업을 마치고 7일째 되는 날 휴식을 취한 것을 기념하여 설정된(창세 2:1~3) 날이다. 따라서 안식일에 쉰다는 것은 이스라엘 민족이 곧 하느님의 백성이라는 계약의 징표였다. 더 나아가 하느님 백성으로서 누리는 자유이기도 했다. 오늘에 와서도 이 안식일 문화는 노동을 하는 인간에게 최소한의 휴식을 보장하는 제도로 세계 곳곳에서 보편화되어 실시된다. 그리스도 신앙의 좋은 유산이라 하겠다.

'7일째 안식'에서 '7'이라는 숫자는 이스라엘인들에게 중대한 의미로 번져 갔다. 1년 중 일곱째 달은 '안식월'이고, 일곱째 해는 '안식년'이며, 안식년을 일곱 번 지낸 다음 해는 '희년'이다. 또한 성막축일과 속죄일은 7월에 있고, 오순절은 과월절 축일로부터 7주간 다음 날이라는 식으로 축제나 절기 구분의 기준이 모두 '7'이

었다. 안식일은 이스라엘인들에게는 경고요, 절제의 삶을 요구
했으나 외국인 노예나 가축들에게는 커다란 혜택이고 보장받은
휴식이었다.

제8장

《신약성경》

1. 메시아로 온 예수

《신약성경》의 복음사가들은 객관적인 예수의 역사를 쓴 것이 아니라 그리스도인의 입장에서 주관적으로 예수에 대한 믿음을 썼다. 그들은 역사의 예수와 신앙의 예수를 구분하지 않았다. 예수의 지상생활의 시작과 끝을 역사적 확신을 가지고 동시대 역사와 연계시켜 구체적 사실들로 기록하였다. 그리스도 예수의 인격과 가르침과 죽음, 그리고 부활을 통해 예수의 역사적 실재를 생생하게 증언한 것이다.

그들은 '예수가 누구인가?'에서부터 복음의 실마리를 풀어 간다. 그들은 우선 메시아로 온 그리스도 예수를 만나기 이전에 인간적인, 너무나 인간적인 예수를 만난다. 자신의 신분을 발밑에

헤릿 판 혼트호르스트, 〈그리스도의 유년〉, 캔버스에 유채, 185×137cm, c1620,
러시아 에르미타주 박물관 소장.

내려놓고 인간 구원을 위해 제자들과 함께 공동생활을 하면서 제
자들 곁에서, 당신을 따르는 사람들 곁에서 조곤조곤 이야기를
들려주는 예수를 만난 것이다. 제자들은 그 예수의 이야기를 경
청했다.

"주님의 성령이 나에게 내리셨다. 주께서 나에게 기름을 부으
시어 가난한 이들에게 복음을 전하게 하셨다. 주께서 나를 보내
시어 묶인 사람들에게는 해방을 알려주고, 눈먼 사람들은 보게
하고, 억눌린 사람들에게는 자유를 주며 주님의 은총의 해를 선

포하게 하셨다"(루가 4:18~19)라고 하면서 가난한 이와 불쌍한 사람들을 도와야 한다는 예수의 가르침들을 한 톨도 허투루 하지 않고 담았다. 예수가 혼신의 힘을 기울여 선포한 하느님 나라의 구체적 표상에 대해 성령의 도움을 받아 가며 정성을 다해 기록으로 남긴 것이다. 그들은 자신이 직접 목격한 내용도 기록했고, 전승 이야기도 기록했다.

《신약성경》은 예수의 행적을 집중해서 기록한 '4복음서'와 〈사도행전〉, '서간', 〈요한의 묵시록〉 등으로 총 27권이다. 특기할 것은 '4복음서'와 〈사도행전〉, 〈요한의 묵시록〉을 빼면 21권이 '서간'이라는 점이다. 그리고 이 '서간' 중 예수의 제자인 베드로(2개)와 요한(Johannes)(3개), 야고보(Jakobus)(1개)와 유다(1개), 그리고 익명의 히브리인이 쓴 것을 제외하면 나머지 13권은 모두 바오로가 쓴 편지다. 예수에 대해 사도 바오로가 쓴 이야기, 바오로에 관한 신약 이야기 분량은 《신약성경》 전체의 3분의 1을 차지한다. 시점이나 내용 등에서 유사 혹은 동일한 것들이 있어 '공관복음'이라는 별도 명칭이 붙은 〈마태오의 복음서〉, 〈마르코의 복음서〉, 〈루가의 복음서〉와 독자적 시각을 가졌다고 하는 〈요한의 복음서〉의 저자들이 각기 쓴 분량과 비교가 안 될 만큼 많다. 바오로의 서간은 바다와 바다, 대륙과 대륙을 잇는 수차례의 전도여행을 감행하면서 발로 뛴 바오로의 그리스도 신앙전파의 현장 보고이므로 그만큼 생생하고 이야깃거리도 많다.

2. '복음서'

1) 〈마태오의 복음서〉(1~28:20)

《신약성경》의 첫 복음서인 〈마태오의 복음서〉를 저술한 마태오 (Matthaeus)는 전직이 세관원으로, 일터에서 예수의 부르심을 받고 응답한 제자다. 그는 유대계 그리스도교 율사로, 유대교 분위기에 익숙한 그리스도인을 위해 집필한 것으로 알려져 있다.

그는 기원후 50~60년대에 쓰인 《예수 어록》과 70년경에 쓰인 〈마르코의 복음서〉을 텍스트로 삼아 예수의 이야기를 썼다. 옮겨 쓰면서 예수의 감정을 드러내는 표현이나 권위와 권능을 낮추는 표현은 삭제하거나 가능한 한 축소하고 수정했다. 그는 예수를 유대인들이 기다리던 메시아로 확신하면서 예수와 메시아의 두 성품을 모두 강조했다. 예수야말로 '구약'의 예언의 성취자이고 율법의 참 해석자라고 말한다. 그가 말하는 진정한 율법은 십일조보다 자비, 황금률, 사랑의 이중계명이다.

그의 설교 가운데 특히 하느님 나라에 관한 다섯 가지 설교는 여러 주제가 하나로 관통하여 하느님 나라를 드러냈다. 곧 '하느님 나라의 의로움'을 깨달은 제자들이 하느님 나라를 선포하고, 그것을 받아들인 그리스도 신자들과 함께 '신비로운 하느님 나라'에 들어가 '하느님 나라의 자녀'가 되는 그런 때가 올 것이라고 했다. 바로 '하느님 나라의 도래'를 강조한 것이다.

〈마태오의 복음서〉에서 예수는 '임마누엘'(1:23)이고, '구약'의 하느님이 이스라엘 백성에게 그랬듯이 세상 끝 날까지 새 백성인 그리스도인들과 함께 있겠다고 약속했다(28:19~20). 임마누엘(Immanuel)이란 '하느님이 우리와 함께 계시다'라는 뜻이다.

예수의 족보로 시작하는 서두에서 "아브라함의 아들이요, 다윗의 아들이신 예수 그리스도의 탄생의 책"이라고 못을 박은 것을 보면 마태오가 보기에 예수의 탄생은 '다윗의 아들'이지만 동시에 '다윗의 주님'으로서의 메시아(그리스도)의 탄생인 것이다. '메시아'는 〈마태오의 복음서〉에서 17번이나 나온다.

예수 시대 12사도를 비롯한 소수 그리스도인들은 독자적 신앙 공동체로 발전했다. 그러나 기원후 70년 로마가 유대인을 노예로 끌고 가고 성전이 불타기 전까지는 그리스도인들도 성전세를 바쳤고(17:24~27), 십일조와 안식일을 지켰으며, 한동안 바리사이들과 율사들의 가르침도 인정했다(12:11~12). 〈구약〉의 예속과 〈신약〉의 자유를 모두 받아들이는 이중적 태도였지만 당시 그리스도 교회의 상황은 그러했다. 마태오가 소속한 시리아 지방교회는 예루살렘 모교회와 바오로의 이방인 교회 사이에서 중도적 입장을 취했다. 또한 율법 전체를 '경천애인(敬天愛人)의 사상'으로 묶은 예수의 새로운 사상을 적극적으로 따랐다. 특히 시리아 교회에서 마태오는 교회의 지도자로서 자리를 잡고 있었다.

시리아 교회뿐 아니라 각 지역 교회들은 자립적으로 교회를 운영하는 가운데 베드로의 윤리적 결정권과 교회규범에 대한 결정권을 인정했다. 그러나 베드로가 그것을 행사할 때는 반드시 공동체의 뜻을 존중한다는 것을 전제로 하였다. 말하자면 베드로를 교회일치의 구심점으로 하되, 공동체로서의 그리스도 정신을 우선하도록 견제장치를 마련해 둔 것이다.

〈마태오의 복음서〉는 예수의 족보에서 시작, 제자들이 예수의 명을 따라 갈릴레아로 떠나는 장면에서 끝난다. 마지막 부분은 이러하다.

> 나는 하늘과 땅의 모든 권한을 받았다. 그러므로 너희는 가서 이 세상 모든 사람들을 내 제자로 삼아, 아버지와 아들과 성령의 이름으로 그들에게 세례를 베풀고 내가 너희에게 명령한 모든 것을 지키도록 가르쳐라. 내가 세상 끝 날까지 항상 너희와 함께 있겠다. (28:18~20)

복음사가인 마태오가 스승이 명한 이 마지막 사명으로 '복음서'를 마무리한 것은 '메시아로서의 예수, 율법의 참 해석자로서의 예수'를 다시 한 번 강조하기 위한 의도임이 분명하다.

2) 〈마르코의 복음서〉(1~16:20)

바오로의 협조자이자 베드로의 지근거리에서 비서 겸 통역을 맡았던 마르코(Marcus)는 홀어머니와 함께 예루살렘에 살면서 자신의 집을 초대 그리스도인들의 집회장소로 자주 내놓았다. 예수가 최후 만찬을 베푼 곳도 바로 이 집 2층이다. 또 베드로가 해방절 때 예루살렘에 투옥되었다가 기적적으로 풀려 찾아간 곳도 그의 집이다. 바르나바(Barnabas)의 사촌이며 예수 부활을 목격한 증인인 마르코는 바오로의 전도여행에 처음에는 소극적이었지만 나중에는 없어서는 안 될 사람이 되었다.

복음사가 마르코는 마태오와 달리 이방계 그리스도인을 상대로 집필을 했다. 그는 기원후 70년경, 초대교회로부터 구전으로 전해 온 예수의 말씀, 예수의 행적에 관한 사화 등을 수집 정리해 교회사상 첫 번째 '복음서'를 낸 복음사가다. 마르코보다 10~20년 앞서 어느 무명인이 예수의 말씀만 수집한 《예수 어록》이란 책을 펴냈는데 아쉽게도 전해지지 않는다. 책의 편집구조로 보아 마르코에게는 하느님의 아들, 예수 그리스도의 복음이(1:1) 가장 우선하는 관심사였다. 그리고 세례자 요한을 예수, 곧 메시아의 선구자로 보아 복음이 시작되는 효시로 삼았다.

또한 복음사가 마르코는 세례자 요한의 출현에서부터 예수 부활 후 빈 무덤 발견까지의 이야기를 써내려갔다. 마치 예수가 말

쓸하듯 자연스럽게 썼는데, 소명사화, 이적사화, 수난사화 등도 포함되었다. 특히 그는 예수에게 적의를 품고 공격해 오는 상대와의 논쟁에서 언제나 당당한 예수의 모습과 예수를 당해 내지 못하고 수세에 몰리는 공격자의 모습을 대비해 보여 준다. 예수는 늘 부드러우면서도 당당했다. 집필 순서는 갈릴레아 활동기, 예루살렘 상경기, 예루살렘 활동기 순으로 되어 있다. 이 편집구조를 마태오도 따르고 있다.

특히 복음사가 마르코는 예수가 '메시아'로서 당신의 구원행위를 드러내기를 극히 꺼린다는 점에 주목했다. 아니, 애써 드러내지 않아도 이미 악이 먼저 메시아를 알아보았던 것이다. 가파르나움 회당에서 설교 중 미친 사람을 고쳐 주려고 할 때 더러운 악령이 먼저 예수를 알아보았다(1:23~26). 그리고 그 더러운 악령은 "입을 다물고 이 사람에게서 나가거라" 하는 예수의 말에 그 자리에서 복종했다(1:25~26). 복음사가 마르코는 그 어떤 훌륭한 율사의 권위도 예수의 권위에 비할 바 아니라는 것을 알아챈 것이다. 구마행위를 하고 기적을 행함에도 자기를 드러내지 않고 그저 해야 할 일을 하는 예수의 신분 감추기는 오히려 메시아 예수의 신분을 더욱 드러내 준다. 메시아의 권위는 그렇게 진중했다.

이처럼 평소에는 메시아로서의 당신 신분을 드러내지 않았지만 수난하고 부활하는 시점에서는 당신이 누구라는 것을 분명히 드러냈다. 즉, 초대교회에 명시된 대로 메시아 예수는 '하느님의 아들 그리스도이면서 이승에서 활약한 인자이고 수난하고 부활했다가 재림할 인자'인 것이다. 사실 1세기 그리스도인들은 하나같이 예수의 죽음과 부활과 재림을 믿었다. 바로 죽은 분은 예수이고, 부활한 분은 그리스도이며, 재림하실 분은 인자라는 믿음이다. 말하자면 우리 신앙의 조상들은 어제의 예수, 오늘의 그리스도, 그리고 내일의 인자인 3차원적인 분을 모시며 산 것이다.

복음사가 마르코는 예수의 사생활(私生活)에 대해서는 꽤 무관심했다. 그러나 공생애(公生涯)에 대해서는 깊은 관심을 보였다. 그는 소외된 사람들과 어울리는 예수(죄인, 세리들과 함께 음식을 드는 예수; 2:13~17), 기적을 행하는 예수(풍랑을 가라앉히고 물 위를 걷는 예수; 4:39~40, 6:45~48), 병자를 고쳐 주는 예수(나병환자를 고치는 예수, 눈먼 이를 고치는 예수; 10:52, 야이로의 딸을 살리는 예수; 5:34~43) 등에 더 초점을 두었다.

이처럼 예수의 복음은 세상 모든 사람들 사이에 퍼져 나가야 할 현세의 삶의 기쁜 소식이다. 예수의 복음은 구름 속에 있지 않다. 현세에 발을 딛고 가난한 이에게는 가난으로부터의 해방을 선사하고 소외된 사람에게는 함께하며 바라보는 눈길이다.

마르코는 예수의 공생활에 대해 남다른 감명을 받았다. 그래서 남긴 말씀과 행적들을 잘 거둬들여 교회사상 처음으로 복음서를 집필했다. 그렇게 해서 예수를 구체적 인물로 우리 앞에 제시하는 데 선구적 역할을 하였다. 어쩌면 예수는 지금도 자신의 사생활에 연연하지 않고 아버지의 소명을 이루려고 세상을 산 어제의 예수, 오늘의 그리스도, 내일의 인자로서 자기 정체성 전부를 우리들에게 일깨우고 있는지 모른다.

3) 〈루가의 복음서〉(1~24:53)

〈루가의 복음서〉와 〈사도행전〉은 바오로 협조자 가운데 한 사람인 루가가 집필했다는 것이 지금까지 통설로 전해져 내려온다. 헬라(Hellas, 그리스) 계 그리스도인이었던 루가는 마르코와 마찬가지로 이방계 그리스도인 지식층을 상대로 '복음서'를 썼다.

그러나 복음사가 마르코와 달리 루가는 세례자 요한에서 시작해서 예수의 수태와 탄생, 성장과정, 그리고 승천에 이르기까지 사생(私生)에 대해 비교적 자세하게 말해 준다. 나아가 루가는 예수를 부르는 호칭으로 예수의 정체를 부각시키려는 의도가 남달랐다. 〈루가의 복음서〉에 '주님'이라는 호칭이 40번도 더 나올 정도로, 이 호칭은 마르코나 마태오는 모르는 존칭이었다.

'공관복음' 가운데 루가만이 '구원'이라는 단어를 썼으며, '스승님'이라는 호칭도 썼다. '구원자', '스승님', '예언자', 루가가 즐겨 썼던 이 호칭에서 예수에 대한 루가의 시각을 엿볼 수 있다. 특히 루가는 예수의 구원 역사를 이스라엘 시대와 구원의 시대로 구분하고, 다시 구원의 시대를 예수 시대와 교회 시대로 분명하게 나누어서 복음을 기록하였다.

루가의 시대구분에 따르면, 이스라엘 시대는 〈창세기〉에서부터 시작해서 예수 시대를 준비한 세례자 요한에서 끝난다. 예수 시대는 만인의 구원이 이루어지는 새 시대를 선포한 나자렛 예수로부터 시작해서 승천으로 일단 마감한다. 이 중 부활부터 승천까지의 40일은 예수 시대가 마무리되고 교회 시대가 열리는 준비 시간이다. 40일이란 시간은 얼핏 보면 그리 긴 시간이 아니나 3년도 채 안 되는 예수의 공생활이 인류 역사의 물꼬를 그리스도 쪽으로 돌린 것을 보면 결코 짧은 시간이 아니다. 예수에게 있어 40일이라는 시간의 용적률이 엄청나게 높은 것이다. 천년도 하룻밤 같고 한순간의 판단이 영생으로 이어지기도 하는 예수의 시간 개념은 우리가 생각하는 평면적 시간 개념이 아니다.

복음의 구성으로 보아 루가는 의사라는 직업을 가진 사람답게 분석적이고 이성적이었다. 그는 예수 사건을 전부 목격하지 못한 사람은 전도사는 될 수 있지만 사도는 될 수 없다고 생각하여, 이를테면 바오로를 무척 존경하지만 사도라고는 칭하지 않았다. 이는 바로 시대 구분을 명확히 하려는 의도였다. 즉, 갈릴레아에서부터 예수 사건을 목격한 증인들만을 따로 세워 예수 시대로 선을 긋고, 이어 제자들을 통해 세운 교회 시대로 이어지는 과정을 분명하게 구분해 준다. 교회 시대는 "다 이루었다"(요한 19:30)는 예수의 십자가상 마지막 구원의 말씀이 세상 밖으로 퍼지는 시대였다. 즉, 사도들에게 나타나신 오순절, 성령강림 시기부터 예수 친히 약속한 재림까지였다.

루가 역시 1세기 교회사라고 할 수 있는 〈사도행전〉을 집필하면서도 현세 삶을 직시하며 소외자들에 대해 특별한 관심을 보였다. 특히 부자와 빈자, 소유와 포기의 상대적 가치에 관해 깊은 성찰을 보였다. 세상을 볼 때도 종말론적, 비관적 태도가 아니라 극복 가능한 역경으로 냉정하게 바라보았다. 따라서 이웃의 빈자들과 불구자들을 식사에 초대하는(14:12~14) 아름다운 자선을 높이 사고, 먹고 입는 생존적 삶에 초연, 하느님에게 완전히 의탁하라고 촉구했다. 그러기 위해 쉬지 않고 기도하며 믿음을 보존하고 유혹으로부터 영혼을 자유롭게 하여 재림할 인자를 맞을 준비를 하도록 권고한 것이다. '공관복음' 가운데 기도에 관한 이야기가 〈루가의 복음서〉에서 가장 많이 나오는 것도 그런 연유다.

그는 또 예수의 메시아적 행적 가운데 "잃어버린 사람을 찾아 구원하러 온"(19:10) 행적을 눈여겨보았다. 잃어버린 은전, 잃어버린 양, 잃어버린 아들(15:1~32)의 비유는 예수가 '잃은 것'을 찾으러 온 불우한 사람들의 친구임을 반복해서 강조한 대목이다.

루가는 〈사도행전〉도 썼다고 전해지는데, 이는 루가만의 특별한 판단이라기보다 '공관복음' 사도들이 공통적으로 가진 생각, 즉 예수의 복음 선포에 대한 이해가 《성경》만으로는 부족하고 사도들이 구두 혹은 문서로, 직접 또는 직제자들을 통해 남긴 이야기를 통해 완성되고 마무리될 수 있다는 생각이 집필로 이어졌다 하겠다. 사실 예수는 제자들을 위해, 혹은 일반 그리스도인들을 위해 그 어떤 문서도 남기지 않았다. 그러므로 예수 승천에서 12사도의 마지막까지의 시간은 사도적 계시 시대라 할 수 있을 것이다.

4) 〈요한의 복음서〉(1 ~ 21:25)

〈요한의 복음서〉는 3권의 '공관복음'이 집필되고 20여 년 후에 나온 제4복음서로, 예수의 총애를 받던 세 제자 가운데 한 사람인 사도 요한이 '공관복음'에 누락된 전승내용들과 성령의 도우심으로 집필한 복음서이다. 사도 요한은 예수를 지근거리에서 마지막까지 지켜본 유일한 제자로, 사도단 명단에서도 베드로 다음으로 언급될 만큼 중요한 역할을 했고 베드로와도 절친했다고 〈사도행전〉에서 소개한다. 예수가 '그리스도요 하느님의 아들'이라는 그리스도론은 '공관복음'에서처럼 〈요한의 복음서〉에서도 기본적인 핵심 사상이다.

　〈요한의 복음서〉는 예수의 정체를 점진적이고 신비스런 계시로 써내려간 '공관복음'과 달리 곧바로 예수의 신비스런 인격에 관심의 초점을 모았다. 다시 말해 '예수가 누구냐?'보다 '계시된 예수를 믿느냐 안 믿느냐?' 여부를 주 관심사로 삼는다. 따라서 예수의 행적이나 가르침(사도 1:1) 보다 예수의 신비스런 인격(예수의 선재, 성부와의 관계, 성부에게로의 귀환 등)에 더 역점을 둔다. 또한 '공관복음'에서 인간 구원으로 선포된 '하느님의 왕정'이 '생명'으로 대치되고 이 '생명'은 곧 예수 자신으로부터 주어지는 것으로, 지금 바로 여기서 이루어지는 인간 구원의 현재적 의미가 부각된다.

말씀이 사람이 되셔서 우리와 함께 계셨다. (요한 1:14)

바로 이 한마디로 복음사가 요한은 '하느님으로부터 파견된 예수의 정체'(그리스도, 하느님의 아들)를 우리 앞에 제시하고 그것을 복음의 주제로 삼아 '하느님의 왕정'을 설교했다. 이는 당시 초대 교회의 그리스도론을 무너뜨리고자 '예수는 참으로 하느님도 사람도 아니다'라고 내세우는 영지주의에 물든 이단 무리의 오류와 사조에 대항, 호교론적 입장에서 명쾌하게 던진 답변이었다.

예수는 '세상의 구원을 위해 파견된 하느님의 외아들'이고 '세상의 빛'으로 와서 '세상의 생명'을 위해 몸을 바친 분이다. 여기서 예수의 구원 범위는 일정 시간이나 공간이 아니라 무한한 우주적 시간과 공간이다. 따라서 '공관복음'이 주로 사건보도 형식을 취한 '복음서'라면 〈요한의 복음서〉는 세상 모든 이들이 '영원한 생명'을 얻도록 구원의 중개자로서 예수의 구원 의지에 초점을 맞춘다(3:16, 12:46).

복음사가 요한은 많은 전승내용들을 깊이 음미하고 재해석하는 과정을 거쳐 보편적이고 스케일이 큰 구원론을 펼친 것이다. 그것은 초기 그리스도 공동체의 찬미가였던 〈요한의 복음서〉 머리말에서부터 드러난다.

> 한처음, 천지가 창조되기 전부터 말씀이 계셨다. 말씀은 하느님과 함께 계셨고 하느님과 똑같은 분이셨다. 말씀은 한처음 천지가 창조되기 전부터 하느님과 함께 계셨다. (1:1~2)

마치 오페라 서곡처럼 〈요한의 복음서〉 전체 내용을 감지할 수 있도록 이끌고 있다. 즉, 로고스에 의한 새로운 구원질서(1:17)와 계시행위(1:18) 및 그에 대한 믿음(1:12~13), 그것은 창조되지 않고 이미 영원 속에 실존해 있었다는, 말씀의 신적 본질이다. 이를 다시 풀면, "예수의 말은 하느님의 말씀이고"(12:49, 17:14), "예수는 하느님의 말씀을 말하며"(3:34), "자기 마음대로 말하는 것이 아니다"(11:49~50). 따라서 예수의 말을 듣고 믿는 것은 곧 하느님 말씀을 듣고 믿는 것과 동일하다는 것이다. 얼핏 위의 머리말이 〈창세기〉 1장 1절과 같은 표현 같지만 속뜻은 다르다. 〈창세기〉에서는 창조행위의 시간적 시작을 뜻하지만 〈요한의 복음서〉에서는 시간을 초월한 영원 속의 신적 실재, 예수를 뜻한다.

　유일신 사상에 익숙한 유대인들은 하느님의 아들이라는 예수 그리스도의 신앙을 받아들일 수 없었을 것이다. 따라서 회당을 중심으로 첨예한 대립이 끊이지 않았다. 복음사가 요한 역시 그들에게 적대적이었다. 심지어 유대인들은 "악마의 자식들"(8:44~47)로서 그리스도를 믿지 않아 죄악 속에 죽게 된다는 냉혹한 표현(4:21~24)도 불사했다.

　〈요한의 복음서〉는 예수와 베드로의 특별한 사랑의 관계에 주목했다. 예수를 세 번이나 부인한 것을 모두 용서받고 예수의 제자로서 받아들여지는 베드로와, 예수에게 세 번씩이나 사랑을 다짐받고 그때마다 '양떼를 먹여 살리고 돌보라'는 총체적 사목권을 예수로부터 보장받는 베드로에 대해 복음사가 요한은 매우 호의적인 예우로써 기록을 남겼다.

　또한 〈요한의 복음서〉에는 많은 상징어들이 있다. 빛과 어둠, 포도나무와 가지, 목자와 양, 물과 포도주 등이 그것이다. 복음사가 요한은 이들 상징어들의 이원론적 배열 한쪽에 예수를 대입시켜 믿음의 삶과 믿지 않는 삶의 변이를 알아채도록 유도했다.

　〈요한의 복음서〉에서 예수는 철저한 자기 계시로 일관, 처음부터 메시아로서의 자신의 비밀스런 인격을 공개했다. "내가 바로 생명의 빵이다"(6:35)라고, "나는 세상의 빛이다"(8:12)라고, "나는 부활이요 생명이니"(11:25)라고, "나는 길이요 진리요 생명이다"(14:6)라고 스스로 정체를 분명하게 드러냈다. 그뿐만 아니라 그가 행한 많은 기적들도 단순한 기적이 아니라 신적 권능과 영광을 드러내기 위한 표징(2:11, 9:3~4)으로 서술했다.

한마디로 〈요한의 복음서〉는 깊은 신학사상이 반영된 '복음서'다. 그리스도요 하느님의 아들인 예수를 알고 믿도록 인도하는 안내서로서 오늘의 교회 안의 많은 교의(성령, 삼위일체, 현재적 종말론 등)들이 확립되는 데 결정적 기여를 한 '복음서'다.

5) 〈사도행전〉(1~28:31)

〈사도행전〉은 크게 두 부분으로 나눌 수 있다. 하나는 예루살렘을 중심으로 하는 사도들의 팔레스타인 선교활동이고, 또 하나는 팔레스타인 외 지역에서 벌인 바오로의 선교활동이다. 사도들이 그리스도를 증언하게 되는 때는 성령강림부터다. 교회는 바로 이 날을 교회의 생일로 자축한다.

예수가 부활한 후 50일이 되던 날이었다. 사도들이 예루살렘으로 돌아와 정착한 디아스포라 유대인들(약 120명)과 함께 다락방에 모여 기도하고 있을 때, 갑자기 하늘에서 세찬 바람이 부는 듯한 소리가 들려오더니 성령이 불혀 모양으로 내려와 각자의 머리 위에 내려앉았다. 세계 각지에서 각각 다른 지방의 말을 하는 사람들이지만 자기 지방의 말로 알아들을 수 있었다.

이 신비로운 사건을 두고 분분한 사람들 앞에 베드로가 나서서 장엄한 설교를 했다. 성령의 인도로 교회가 창립된 첫날, 베드로가 첫 설교를 하고 그 설교로 약 3천 명이 회개했다고 루가는 전한다. 그들은 단지 순례객들이 아니라 예루살렘에서 정착해 사는 주민들이었다. 그리고 이로써 조용하고 거룩한 사도들의 생활은 역동적이고 광범위한 친교의 삶으로 바뀌게 되었다. 마침내 사도를 위시한 종교지도자들이 용기를 얻고 밖으로 나와 그리스도를 증언하기 시작했다. 많은 사람이 사도들이 전하는 예수의 말씀과 행적에 감동을 받고 그리스도인이 되거나 개종했다.

이렇게 해서 예수 그리스도를 통한 구원의 복음은 맨 먼저 12사도를 중심으로 예루살렘에서 선포되었고 그곳의 디아스포라 유대인들을 통해 퍼져 나갔다. 이들 사도들의 활동 시기는 크게 셋으로 구분 지을 수 있다. 예루살렘을 중심으로 한 유대인 그리스도인의 시기(1~9:31), 안티오키아를 중심으로 한 유대인 그리스도교에서 이방인 그리스도교로 옮겨 가는 시기(9:32~15:35), 바오로의 이방인 선교시기(13~28장)가 그것이다.

사도들의 활동 임무는 예수의 삶과 죽음, 부활과 승천을 증언하는 것이다. 이 가운데에서도 부활을 증언하는 것이 가장 중요한 임무였다. 당시 부활에 대한 믿음은 유대교와 그리스도교를 잇는 다리였다. 그래서 사도 바오로도 예수 부활이 결코 죽은 이들의 부활사상을 가진 유대교 전통과 어긋나지 않는다고 역설해서 유대인들의 반발을 잠재우기도 했다.

유대교 지도자들이 박해했지만 그리스도의 복음을 따르는 사람들의 숫자는 늘어만 갔다. 그러나 호사다마랄까, 갑작스런 양적 팽창으로 교회 내 문제가 불거졌다. 팔레스타인 토박이 유대계 그리스도인들과 디아스포라 유대계 그리스도인들 사이에 언어적, 문화적 차이 등으로 갈등이 불거지기 시작했다. 때로는 신학적 견해조차 서로 달라 갈등이 증폭되기도 했다.

야기된 갈등의 해결을 위해 사도들은 궁리 끝에 헬라계 출신 대표자 7명을 뽑아 봉사자로 천거했다. 그러자 자리가 사람을 바꾸어 놓는다는 말이 있듯이, 그들은 새로 앉은 자리에서 기도와 말씀으로 신자들의 영적 성장을 위해 최선을 다했다.

그 가운데 가장 걸출한 인물이 스테파노(Stephanus)였다. 지혜와 영에 관한 스테파노의 설득력 있는 말에 많은 사람들이 감동하자 최고회의가 스테파노를 불러 자초지종을 물었다. 스테파노는 그곳에서 하느님의 뜻을 깨닫지 못하고 예언자들을 배척하는 이스라엘의 오랜 악습을 지적했다. 그 한 예로 《구약성경》의 아브라함과 요셉 이야기를 꺼냈다. 그러나 스테파노는 성전을 모독하고 모세의 전통적 관습을 고치겠다는 예수를 선전했다는 죄목으로 유대인들의 분노를 사 도시 밖에서 돌 세례를 받고 순교했다. 그는 일곱 봉사자들 가운데 으뜸이었고, 그리스도인으로서는 첫 순교자가 되었다.

사실 스테파노가 기존 유대 율법을 배척했다는 확실한 증거는 없다고 복음사가 루가는 말했다. 당시 사도들도 성전을 기도와 예배의 장소로 알고 존중했다. 루가는 심지어 예수조차도 유대인들의 하느님을 두고, "당신 거룩한 백성을 모으는 이스라엘의 속량자이며 성전이 있는 예루살렘에서 생을 시작하고 끝맺으신 분"이라고 강조했다. 태생이 유대인인 예수와 사도들에게 예루살렘 성전은 고향과 같은 특별한 장소였다.

그럼에도 스테파노가 믿음을 선포하다 순교한 이후 예루살렘 교회는 큰 박해에 시달렸다. 그리스도 신자들은 유대와 사마리아 지방으로 뿔뿔이 흩어져 복음을 전했다. 스테파노 다음으로 돋보인 인물인 필립보(Philippus)는 특히 사마리아 지방에서 그리스도를 전하는 데 열심이었다. 같은 헬라계 유대인인 바오로가 제3차 전도여행을 마치고 예루살렘으로 상경하던 길에 가이사리아에 들러 필립보의 집에 여러 날 머무르기도 했다고 복음사가 루가는 전한다(21:1~16).

본격적인 이방인 선교에 대해 언급할 때 흔히 바오로를 떠올리게 되는데, 사실 그보다 먼저 베드로를 통한 선교가 하느님 뜻에 의해 실행된 사건이 있었다. 그리스도의 복음 전파를 유대인에게만 한정지으려 한 베드로는 어느 날 하느님의 계획에 끌려 가이사리아의 로마인 백부장 고르넬리오를 개종시켰다. 이방인과는 접촉도 하지 말라는 유대교의 규정을 무시하고 하느님의 명령을 따른 것이다.

이 사건은 두 가지 교훈을 남겼다. 하나는 하느님은 모든 민족을 차별대우하지 않는다는 것, 또 하나는 비록 사도단 대표인 베드로라 해도 하느님의 뜻을 거역할 수 없다는 것이었다. 고르넬리오의 개종사건은 '구약'의 선민 이스라엘인들로만 복음활동을 한정시키려 한 예루살렘 모교회에는 큰 충격을 주기도 했다. 그러나 이후 이방인 선교에서 예루살렘 모교회가 이해와 수용의 태도를 보이는 전환점이 되었다.

〈사도행전〉을 과연 루가가 썼느냐에 대해 정확한 문헌을 발견할 수는 없다. 다른 '복음서'와 마찬가지로 저자의 이름을 밝히는 일이 예수의 삶과 인격과 가르침을 전하는 데 그리 중요한 문제는 아니다. 다만 복음의 내용으로 보아 팔레스타인 지리에 어둡고 유대인의 관습과 풍물에 대해서도 잘못 아는 부분이 있어 이방계 그리스도인이 썼을 것이라고 추정할 뿐이다. 〈사도행전〉에 명시된 독자 데오필로(Theophilus, '하느님의 사랑을 받는 사람'이라는 뜻)는 당대 그리스 작가들이 즐겨 쓰던 문학적 호칭이고, 3세기경부터 그리스인, 로마인과 유대인이 흔히 쓰던 인명이다.

〈사도행전〉서술의 문학적 기법이 그리스·로마의 문학 전통을 따른 점으로 보아 주 독자 또한 이방계 그리스도인이었다. 〈사도행전〉은 성령으로 뽑은 사도들에게 명을 남기고 승천하는 날까지 쓴 첫 번째 책(〈루가의 복음서〉)에 이어 다시 한 번 땅끝까지 예수의 증인이 되도록 사도들을 독려하는 데서부터 시작한다. 교회의 탄생이다.

복음이 유대교의 중심인 예루살렘에서 이방인의 중심인 로마까지 전파되는 서막이 열린 것이다. 이에 대해 《세계 교회사》(분도출판사, 최석우 옮김)를 쓴 아우구스트 프란츤 교수는 "〈사도행전〉은 예루살렘에서 땅끝까지 승승장구하는 교회의 모습을 보여주었다"고 높이 평가했다.

매혹적이고 감격적인 선교활동과 사랑으로 충만한 공동체 생활 등, 사도들의 솔선수범하는 모습들이 생활인으로서 그리스도 신자들에게 설득력을 얻을 수 있었다. 실제 저자 루가는 자신의 공동체에 박해로 인해 가난한 신자들이 늘어나고 새 입교신자 사이에 빈부격차가 생기는 등 문제들이 발생하자 자신의 공동체를 친교 공동체로 개방했다. 그러면서 초대교회의 이상적인 나눔 공동체상을 제시했다.

《성경》을 연구하는 학자들은 초대교회의 전통을 충실히 살다 간 루가의 원숙한 신학적 사상과 문학적 기량을 높이 산다. 그는 어휘와 표현이 풍부했고, 예수를 둘러싸고 일어난 사건들이 당대 역사 안에서 갖는 깊은 의미를 밝히기 위해 고대 역사문헌에 나오는 설화를 사이사이 끼워 넣어 이야기를 풀어 갔다. 그래서일까, 문체와 문학기법을 연구한 많은 학자들은 그가 《성경》 저자들 가

Master of Parral, 〈스크립토리움의 성 예로니모〉, 17.6×10cm, 1480~1490년,
라사로 갈디아노 미술관 소장.

운데 가장 탁월한 문장가였다고 인정한다.

박해와 성장을 반복하며 사도와 교부들에 의해 그리스도교 복음은 물감이 번지듯 전 세계로 번져 갔고, 그리스도교 공동체 또한 곳곳에서 성장·발전해 갔다.

〈사도행전〉은 예루살렘 모교회를 중심으로 한 사도들의 팔레스타인 선교에서 시작해 바오로의 로마 전도로 끝난다. 여기에서 복음사가 루가의 집필 의도를 짐작해 볼 수 있다. 마치 여러 갈래의 물이 모여 강이 되고 바다가 되듯, 팔레스타인의 작은 옹달샘에서 시작된 그리스도 예수의 복음 역시 흘러 흘러 언젠가는 대제국 로마를 관통하는 신앙의 강이 되고 바다가 될 것이라는 생각을 하면서 쓰지 않았을까 하는 기대다(〈사도행전〉 후반부는 '바오로의 전도여행과 서간' 제목으로 사도 바오로 편에서 다시 다루기로 한다).

6) 〈요한의 묵시록〉(1~22:21)

〈요한의 묵시록〉은 "이 책은 예수 그리스도께서 계시하신 일들을 기록한 책입니다"(1:1)라는 말로 시작한다. 저자는 자신의 작품 〈요한의 묵시록〉을 이처럼 '계시'라고 전제한 뒤 22장 7절, 10절, 18절에서는 "예언의 말씀"이라고도 묘사했다. 《구약성경》에서 시간적 차이를 두고 있던 예언과 묵시가 여기에서는 동시에 일어난다.

'묵시'의 그리스 원어는 '아포칼뤼프시스'(*apokalypsis*), 즉 '덮개를 벗김' 혹은 '숨은 것을 드러내 보임'을 뜻하는 말로, 그리스 문화권에서 자주 쓰이던 말이다. '계시'로 번역되기도 하는 이 말이 《신약성경》에 등장한 것은 〈요한의 묵시록〉에서부터이다.

사실 묵시문학은 오래전부터 유대인들이 익숙하게 접한 문학 형태로, 쿰란 공동체의 동굴에서 묵시문학 단편들이 발견되기도 했다. 이 시대 유대인들은 자신이 사는 세대를 현재 세대와 미래 세대로 양분했다. 그리고 현재 세대를 악이 지배하는, 회복 불가능의 세대로 단정 짓고 그 해답을 미래 세대에 모두 미루려는 이원론적 역사관을 가졌다. 그들이 기다리는 미래 세대는 하느님이 직접 다스리는 선의 세상, 평화와 정의가 실현되는 세대였다. 그러면서 하느님이 직접 역사에 개입하는 날, 곧 주님 재림의 날은 악의 세력들에게는 공포와 파멸과 심판의 날이 될 것이고, 주님의 자식들에게는 영광의 날이 될 것이라고 했다. 그러나 이 거대한 꿈을 정작 악의 세력들에게는 알려서는 안 되므로 묵시문학의 형태로 쓴 것이다.

묵시문학이 예언문학과 다른 점은, 예언문학이 예언자의 입을 통해 '하느님 야훼의 말씀'이 체험되고 현세에서 하느님 뜻이 이루어질 것을 믿는 낙관주의적 문학인 데 반해, 묵시문학은 꿈이나 동물, 숫자, 색, '구약'의 이야기, 천상적 여행 등의 상징을 써서 도래할 하느님의 메시지를 냉정하게 전한다는 점이다.

〈요한의 묵시록〉은 그 상징적 묘사로 인해 《성경》 가운데에도 가장 이해하기 힘들다. 비록 그리스도교 공동체를 위한 그리스도의 계시라 해도 초대교회 신자들은 물론 《성경》을 연구하는 오늘의 학자들도 그 의미와 역사적 비밀을 다 밝혀내지 못했다. 그럼에도 몇 가지 방법을 동원해 이해를 도울 수는 있을 것이다.

그 하나는 '천년왕국설'이다. 이 '천년왕국설'은 《신약성경》에서는 〈요한의 묵시록〉에만 나타나는 사상이다. 일반적 견해로는 그리스도가 종말 전 지상에서 천년왕국을 다스리고, 그 다음 악과의 전쟁에서 승리하고, 모든 인간의 부활이 뒤따르고, 이어 최후의 심판과 최후의 멸망이 온다는 것이다. 이 '천년왕국설'은 이미 기원전 1세기 이후 유대인들 사이에서 유행한 이야기로, 언젠가는 메시아가 와서 지구상에 새 왕국을 세우고 그때 유대 민족이 최고의 자리에 있으리라는 기대이다. 여기서 유대인들의 메시아는 그리스도 메시아가 아니라 모세로부터 이어지는 '구약'의 메시아다.

'천년왕국설'에 심취했다가 뒤에 영적으로 이해한 아우구스티누스의 말에 따르면, 천년이란 "예수의 처음 오심과 최후 고난까지의 과정을, 세례 받은 그리스도교인들이 그리스도의 삶에 영적으로 참여하는 긴 기다림의 시간을 표현하는 상징적 숫자다". 다시 말해 천년왕국은 예수의 삶과 고난과 죽음, 그리고 부활에서부터 예수 재림까지의 모든 기간을 뜻하는 비유라는 것이다.

또 하나는 '7'이라는 숫자의 등장이다. '7'이라는 숫자는 구약시대부터 '완전함'과 '충만함'을 상징한다. 〈요한의 묵시록〉 저자는 오른손에 일곱 별(일곱 교회 천사들)을 쥐고(1:16) 계신 분이 일곱 황금등경(이상적 전례공간인 교회) 한가운데 서서 일곱 교회에 메시지를 전하라는 명령을 받는다.

여기서 '일곱 교회'는 지리적으로는 아시아에 있는 일곱 교회를 말하며, '7'이라는 숫자의 상징으로는 전체 교회를 뜻하기도 한다. 이 외에도 충만한 성령을 뜻하는 일곱 영, 일곱 뿔(왕의 힘)과 일곱 눈(그리스도의 능력)을 가진 어린 양으로 나타난 그리스도, 일곱째 주님의 날(주님이 부활한 날) 등, 7이라는 숫자를 앞에 세워 거룩하고 충만하며 완전한 예수 그리스도를 계시한다.

이러한 〈요한의 묵시록〉의 7진법은 예수 그리스도의 메시아로서의 대망을 내포하며, 하느님이 관장하는 일관된 역사의 과거·현재·미래를 서로 다른 모습으로 보여 준다. 마치 《성경》에서 하느님 계획에 따라 아버지의 왕국, 아들의 왕국, 성령의 시대로 교회 역사가 바뀌어 가듯이. 그래서 묵시록의 그리스도론은 특히 내용이 풍부하고 다양한 상징으로 《신약성경》에서 가장 볼륨 있는 그리스도론을 보여 준다.

특히 봉인된 두루마리 책과 어린 양의 관계는 하느님의 결정을 기다리는 세상의 운명과 유다지파에서 난 사자, 곧 다윗의 뿌리와의 관계를 상징한다. 즉, '유다지파에서 난 라이온(암사자)'(창세 49:9)은 '구약'에서 이미 받아들여진 메시아적 의미로서 '신약'에 와서 예수 그리스도가 되고, 예수 그리스도만이 죽음을 이기고 어둠의 세력을 물리친 그 힘으로 봉인을 뗄 수 있다는 것이다 (요한 12:31~32, 에페 1:10). '구약'의 사자가 힘센 동물이듯 〈요한의 묵시록〉의 어린 양 또한 그리스도의 힘을 상징한다.

〈요한의 묵시록〉의 신학사상은 "지금 계시고 전에도 계셨고 또 장차 오실 전능하신 주 하느님"(1:8)이 당신의 능력으로 모든 구원 역사를 발전시키고 새롭게 하며 천상 예루살렘 공동체 안에서 모두와 함께할 것이라는 희망의 은유적 선포다.

따라서 인간이 겪는 갖가지 고통들, 그리스도 공동체의 박해나 세상의 배고픔이나 목마름 등은 모두 하느님의 뜻에 의한 것일 뿐, 인간의 의지가 만들어 놓은 상황은 없다. 다시 말해, 예수 그리스도의 믿음 안에서 순종하며 산 생은 그 생이 끝나고 나면 하늘에서 받을 영광으로 돌아오게 된다. 거기에 악의 세력은 동참하지 못한다. 죽음을 통한 순교자들의 승리처럼 고통이 기쁨으로 바뀔 것이다. 〈요한의 묵시록〉의 상징 속에는 참 많은 뜻이 내포되어 있다.

3. 이방인의 사도 바오로

1) 인간 바오로

바오로는 예수의 직제자가 아니다. 그럼에도 바오로는 예수의 열두 사도는 물론 《신약성경》에 드러나는 어떤 인물보다 선명하게 드러나는 인물이며 예수를 드러낸 인물이다. 바오로는 예수가 생전에 직접 부른 사도가 아니다. 그러나 그는 예수의 아주 특별한 사도다. 그의 사도직의 토대는 부활한 예수를 만나 그 자리에서 화끈하게 순종하면서 마련되었다. 독실한 유대교 신자에서 환골탈태(換骨奪胎)해서 그리스도의 복음을 선포하는 이방인의 사도가 된 것이다. 그는 로마 시민권을 가진 바리사이파 유대인이었다. 철저한 율법 신봉자로 시작한 그의 생은, 다마스쿠스의 대회심 사건을 전기(轉機)로 "그리스도 예수의 종"(로마 1:1)이 되어 철저한 예수 신봉자로 끝맺는다.

《성경》에서 그의 생애는 그리스도 신앙의 원천인 예수 자신의 생애와 사상보다 더 상세하게 드러난다. 그러나 그 사상은 결코 바오로 자신의 사상이 아니라 예수의 사상이다.

작은 체구에 다리는 휘어 걸음조차 원활하지 못했을 그가, 황량하고 가파른 산악지대를 가로지르고 인적 없는 광야를 추위와 배고픔과 두려움 속에 지나는 등(2코린 11:26), 험난한 전도여행을 하고, 그것도 모자라 여행 중에도 쉬지 않고 각지의 그리스도 신자들에게 편지를 보내 예수를 알렸다. 예수의 관점에서, 온몸으로 예수의 삶을 살았던 것이다. 그는 언제 어디서나 선교하는 내내 "나는 내가 살고 있지 않고 내 안의 예수를 살고 있다"는 말을 되풀이하곤 했다. 철저한 '자기 죽이기' 작전 위에 철저한 '예수 살리기' 작전을 편 바오로의 신앙단심(信仰丹心)이 이 한마디에 들어 있다 하겠다.

그것은 또한 회심 이전, 그가 예수의 실체를 몰랐던 때도 예수는 이미 바오로를 찜해 두고 있었음을 뒤늦게 알아챈 데 대한 일종의 신앙고백이기도 하다.

다시 말하건대, 바오로는 예수가 직접 "나를 따라오너라"(마태 4:19, 루가 9:59) 해서 따라나선 열두 사도가 아니었다. 예수와 숙식을 함께하며 온몸으로 예수를 겪은 제자도 아니었다. 말하자면 행적을 현장에서 직접 눈으로 보고 귀로 들은 적이 없는, 어찌 보면 지금의 우리와 똑같은 조건에서 그리스도 신앙을 갖게 된 사람이었다. 그럼에도 우리와 달랐다. 사도와 교부들로부터 이어 내려온 안정적인 믿음의 신앙을 물려받은 우리와 달리 바오로의 신앙은 자신의 신앙에 위배되는, '적대적 대상의 척결'이라는 사명감을 실행에 옮기려다 부활한 예수의 질타에 까무러친 다음 개안한 신앙이었다.

말하자면 예수로부터 신앙의 직격탄을 맞고 예수를 뒤집어쓰게 된 특이한 케이스이다. 예수를 한 번도 본 적이 없는 그가 예수의 부름에 벼락을 맞은 듯 놀라고, 놀란 나머지 눈이 멀고, 멀어 버린 육신의 눈 대신 마음의 눈을 새로 얻어 육신의 눈도 함께 깨어난다는 이 극적 반전 앞에서 바오로의 이전 삶은 완전 무(無)가 되어 버렸다. 그가 만난 예수는 제자들이 보았던 생전의 예수가 아니건만 생전의 예수보다 더 분명하게 그를 붙잡았다. "나를 따라오너라" 하는 정도가 아니라 "한순간도 나를 떠나지 말고 내 옆에 꼼짝 말고 있어라"고 한 것이다. 바로 부활한 예수와의 상견례치고는 참으로 가혹했다. 그러나 하릴없다.

이후, 바오로는 한생 내내 예수의 복음을 전파하고 복음에 맞갖은 삶을 살면서 예수에게 누가 되지 않으려고 애를 썼다. 자나깨나 "예수는 주님"(로마 10:9)이라고, "주님은 그리스도"(사도 2:36)라고 선포하는 데 전심전력한 사도였다. 심지어 자신의 개심 사건을 두고도 간결하게 알림 정도로 끝내고 구구절절 반복해서 말하지 않았다. 가는 곳마다 그는 '모든 신앙의 열쇠'인 예수를 내밀었다. 자신에게 일어난 일에 대해 떠벌리기를 극히 꺼리고 자신을 둘러싼 관계, 이를테면 가족관계에 대해서도 일체 언급하지 않았다. 그의 금욕과 절제는 억제 그 자체를 위한 억제가 아니라 극히 자연스러운 이성의 판단에 의거한 절제였다. 그러면서도 자신에게 맡겨진 사람들에 대해서는 때로 "어머니처럼"(1데살 2:7) 때로 "아버지처럼"(1데살 2:11) 극진했다.

바오로의 애틋한 사랑은 도망쳐 온 노예 오네시모 이야기에서 극명하게 나타난다. 주인 필레몬에게 큰 죄를 지은 오네시모가 노인이 되어 감옥에 갇힌 바오로 자신을 보살펴 준 것을 보고 "그대가 나를 동지로 여긴다면 나를 맞는 것처럼 그를 맞아 주시오. 그가 그대에게 잘못한 일이 있거나 빚진 것이 있으면 그 책임을 나에게 지우시오. '나 바오로가 그것을 다 갚겠다'고 이렇게 친필로 보증하는 바입니다"(필레 1:17~19)라며 아버지다운 마음으로 필레몬에게 편지를 보내 간청했다. 그때 편지에 "나는 그를 그대에게 돌려보냅니다. 그것은 내 심장을 떼어 보내는 셈입니다"(필레 1:12)라고 적었다. 노예 오네시모가 바오로 자신의 심장이라는데 어느 누가 감복하지 않겠는가.

나는 내 몸을 사정없이 단련시켜 언제나 민첩하게 움직일 수 있게 합니다. 이것은 내가 남들에게는 이기자고 외쳐 놓고 나 자신이 실격자가 되지 않게 하려는 것입니다. (1코린 9:27)

이런 그의 태도는 자신의 삶에서도 드러난다. 그는 깔끔한 성격의 소유자였다. 그런 삶의 태도는 선교생활을 하는 내내 이어져 누구에게도 신세를 지지 않았다. 또한 그는 복음을 전하면서 복음에서 주어지는 혜택이나 이익을 받으려 들지도 않았고 언제나 대가 없이 복음을 제공했다.

자신의 설교를 듣고 그리스도 신앙을 갖게 된 사람들에게서 칭찬을 듣거나 영광을 찾으려고도 하지 않았다. 물론 선의의 몇몇 협조자를 제외하고는 신자들에게 폐를 끼치지도 않았다. 그는 자기 손으로 생계를 꾸려 가기 위해 직접 일을 했다. 흔히 바오로를 천막쟁이(또는 밧줄·바구니 제작자)라고 했다. 유목민의 삶에서 천막은 일종의 집이다. 천막을 짓는 일은 당시에는 꽤 쏠쏠한 직업이었다. 바오로는 관습대로 장인(匠人)으로써 부모에게 그 일을 물려받았을지 모른다. 게다가 당시 로마는 군사대국이었다. 곳곳에서 크고 작은 전쟁을 치르고 그때마다 야외 병영을 세우는데, 이동식 집으로 쓰이는 천막은 필수장비였다. 어쩌면 바오로가 유대인으로 태어나서 로마 시민이 될 수 있었던 것도 군에 많은 천막집을 납품한 상급으로 부모가 받은 시민권을 물려받은 것일 수 있다는 이야기도 있다.

그의 이런 떳떳하고 사심 없는 마음을 알아챘기에 신자들이 멀리 떨어져 있어도 편지 한 장의 설교에 의탁하며 신앙을 지킬 수 있었을 것이라 짐작한다. 오로지 그리스도 은총에 터를 잡고 은총의 힘으로 살아가려는 바오로의 분투는 결국 자신을 모든 사람의 노예로 삼도록 내놓는다. 유대인들에게는 유대인이 되고, 율법이 없는 이에게는 율법이 없는 이가 되고, 약한 사람에게는 약한 사람이 되고, 모든 이에게 모든 것이 되고자 한다(1코린 9:19~23).

어찌 보면 조화를 이룰 수 없는 모순이 내재해 있으나 일찍부터 상이한 문화 속에서 성장한 바오로의 다면적 삶의 태도로는 수용이 가능한 일이었다. 자기 자신보다 이웃을 배려하는 2천 년 전 그의 편지글은 오늘 우리가 드리는 〈매일미사〉 독서에서도 단골 메뉴가 되고 있지 않은가.

사실 바오로는 유대인이면서 헬라인들이 사는 지역인 타르소스(길리기아의 다르소)에서 태어나고 자라 모국어인 히브리어와 배워 익힌 헬라어, 로마의 시민으로서 당시 가장 힘 있는 언어인 라틴어에도 능통했다. '구약'의 모세가 그러했듯, 하느님은 신약에서도 당신 아들을 위한 준비된 일꾼으로 바오로를 뽑은 것이다. 아니, 바오로를 뽑고자 역으로 바오로를 그토록 극한상황으로 밀쳐 냈다 다시 끌어올려 준 것이다. 바오로는, 옛 계약 일꾼인 모세가 하느님과 만난 결과로 이스라엘 민족 영도자의 특권을 얻었다면 새 계약 일꾼들인 그리스도인들은 예수를 만난 결과로 모두가 하느님으로부터 보편적 은총을 받았다고 설명해 준다(2코린 3: 7~8 참조).

그는 또한 자의식이 강하고 그리스도 신앙의 야심에 차 있었다. 그에게 믿음은 보이는 것이 전부가 아니고 보이지 않는 것에서 나오는 그 무엇의 각성이었다. 그 각성이 신앙적 성찰을 촉구했다. 신념이 투철했던 바오로는 보통 때는 조용히 앉아 침묵 중에 기도에 몰두하지만 무언가 깨달으면 즉시 행동하는 기질을 갖고 있었다. 율법에 관한 종교 논쟁이나 예수를 알리는 전도 활동에서도 타의 추종을 불허할 만큼 강한 의지와 의욕을 보였다. 그리스도 신앙을 갖기 전, 민족주의적 색채가 강했던 유대교 신봉자였던 그가, 그리스도인으로서 자신의 신앙을 유대 민족뿐 아니라 이방 민족에게도 전도하는 데도 그토록 열심이었던 것은 그의 종교에 대한 태생적 열정 덕분이 아닐까 추측해 본다.

그런 만큼 그는 어제의 동료이자 같은 종교를 믿던 유대인들로부터는 맹렬한 반발에 직면, 죽음의 위협을 달고 살아야 했다. 바오로의 고향 타르소스는 헬레니즘 문화의 영향을 알게 모르게 받은 곳이다. 바오로가 달변은 아니지만 다양한 비유, 풍부한 어휘 구사력으로 자신의 신앙 체험을 호소력 있게 설파할 수 있었던 것도 그 영향일지 모른다.

예수를 알게 되고 나서부터 바오로는 끊임없는 묵상과 기도, 계시 안에서 쉬지 않고 예수를 알아 가려 힘썼다. 깊은 침잠 끝에 수면 위로 올라온 바오로는 이후 예수가 하느님의 아들로 인간 구원을 위해 수난을 당하고 죽음을 맞고 부활에 이르게 되는 구원사의 핵심을 확신에 찬 목소리로 줄기차게 설교할 수 있었다.

바오로는 또한 역사상 전례가 없는 탁월한 그리스도 저술가이다. 그는 전도여행 중에도 병마와 싸우며 쉬지 않고 글을 써서 교회에 보냈다. 불목하는 교회에는 불목을 걷고 화해하도록 일깨우는 편지를 보내고, 화목하게 잘 지내는 교회에는 그리스도인의 좋은 표양이라며 칭찬하는 서한을 보냈다. 그가 직접 저술한 것으로 알려진 '서간'으로는 기원후 50~63년경 코린토에서 쓴 〈데살로니카인들에게 보낸 첫째 편지〉·〈데살로니카인들에게 보낸 둘째 편지〉·〈로마인들에게 보낸 편지〉, 에페소에서 쓴 〈갈라티아인들에게 보낸 편지〉·〈코린토인들에게 보낸 첫째 편지〉, 필리피에서 쓴 〈코린토인들에게 보낸 둘째 편지〉, 로마에서 쓴 〈골로사이인들에게 보낸 편지〉·〈필리피인들에게 보낸 편지〉·〈에페소인들에게 보낸 편지〉·〈필레몬에게 보낸 편지〉가 있다. '사목 서간'으로는 〈티모테오에게 보낸 첫째 편지〉·〈티모테오에게 보낸 둘째 편지〉·〈티토에게 보낸 편지〉가 있다. 〈히브리인들에게 보낸 편지〉에 대해서는 저자가 바오로라고도 하고 다른 사람이라고도 하는데, 의견이 일치하지 않는다.

2) 생애와 개심

바오로는 지중해로 흐르는 치드노스 강 양편에 자리한 도시 타르소스(Tarsus)에서 태어났다. 이곳은 기원전 알렉산더 대왕이 치드노스 강에서 목욕한 뒤 원인 모를 열병으로 죽은 곳이기도 하다. 대왕 사후 타르소스는 헬레니즘 문화의 중심지가 되어 그리스 스토아학파의 철학자들이 이곳에서 활약했다. 바오로의 사울(שאול, 샤울)이라는 이름은 히브리어이고, 파울로스(바오로)라는 이름은 헬라(그리스)어 이름이다. 히브리어 이름을 그리스어로 옮겨 쓰는 과정에서 사울로스($\Sigma\alpha\tilde{\upsilon}\lambda o\varsigma$)로 표기한 것이 파울로스($\Pi\alpha\tilde{\upsilon}\lambda o\varsigma$)로 변한 것이라고 한다. 영·미권 남자 이름 중 하나인 폴(Paul)의 어원이기도 하다. 한국어로는 '바오로', '바울', '바우로' 등으로 표기한다.

그는 이스라엘 민족 베냐민지파 출신으로, 독실한 유대교 가정에서 태어나 성장하고 평신도 단체인 바리사이파에 가입했다. 그러면서 율법의 실천에 만족하지 않고 깊이 연구하려고 예루살렘으로 유학을 갔다. 그곳에서 유명한 랍비 가말리엘(가믈리엘)의 문하생으로 율법수호의 선봉장으로서의 준비를 차근차근 했다.

기원전 35년경, 바오로는 다마스쿠스로 향했다. 그가 박해한 그리스도인들은 토박이 유대계 그리스도인들이 아니고 율법과 성전에 대해 비판적인 해외 유대계 그리스도인들이었다. 〈사도행전〉에 따르면, 기원후 35년경 바오로는 해외 유대계 그리스도 신자로서 최초로 순교한 스테파노의 순교 현장을 목격하기도 했다. 그는 스테파노의 순교 이후 남은 그리스도 신자들을 추포하러 길을 나섰다. 그리스도 신자들을 내치기 위해 어디든 쫓아가겠다며 각오를 다졌던 사람이기 때문이다.

그러던 바오로를 예수가 직접 만난다. 바로 추적 현장으로 가는 길목에서 기다리던 예수는 바오로가 지금 하는 일이 무슨 일인지를 똑바로 깨우쳐 준다. 그리고 깊이 뉘우치도록 육신의 눈을 닫아 버린다. 결코 가볍지 않은 즉석 형벌의 참뜻을 알아챈 바오로는 이내 자신의 행동을 뉘우치고 개심한다. 이 개심 사건은 바오로라는 한 인간의 인생을 360도 바꿔 놓은 결정적 사건이었을 뿐 아니라 유대인에 국한되었던 사도들의 복음 선포를 전방위적 복음 선포로 확산시킨 대사건이었다.

바오로는 새로운 신앙을 얻고 그 신앙의 전도자가 되려고 먼저 다마스쿠스 교회로 가서 세례를 받은 다음(사도 22:16), 홍해 옆 나바테아왕국이 있는 아라비아로 떠났다. 그러나 첫 전도지로 삼았던 그곳에서 강한 저항을 받고 다시 다마스쿠스로 피신했는데, 거기서도 체포령이 떨어져 광주리에 몸을 숨긴 채 극적으로 탈출했다.

기원후 39년경, 바오로는 예루살렘으로 올라가 예루살렘 교회의 두 지도자 베드로와 야고보를 만나 이방인 선교에 관해 이야기를 나누고 시리아와 길리기아 지방으로 가서 꽤 오랫동안 전도했다(기원후 39~43년). 이 지역은 예수가 생전에 복음 활동을 한 곳에서 가깝고, 특히 시리아 수도 안티오키아는 바오로가 3차에 걸친 지중해 동부지역 전도여행의 거점으로 삼은 도시로서 오론테스 강을 따라 지중해로 나아갈 수 있는 지리적 조건을 갖추고 있었다. 바오로는 오론테스 강 하구에 있는 셀류기아 피에리아 항구(사도 13:4)를 이용해 3차에 걸쳐 전도여행을 감행했다.

로마제국 수도의 인구가 100만이 조금 넘었던 당시, 안티오키아 인구는 50만으로 로마와 알렉산드리아 다음으로 큰 도시였다. 또한 예수를 믿고 따르는 사람들을 '그리스도인'이라고 처음 부른 사람들도 바로 안티오키아인들이었다.

그 무렵, 스테파노 순교를 계기로 흩어진 해외 유대계 그리스도인들이 이곳에 혼성교회를 세웠다. 그들은 이곳 유대인은 물론 이방인들에게도 전도를 한 것이다. 이는 교회사상 처음 있는 일이었다. 안티오키아는 그런 면에서 역사·지리적으로나 교회사적으로나 매우 중요한 도시였다. 예루살렘의 사도들은 이 혼성교회를 이끌 사람으로 키프러스 출신 바르나바를 파견했다. 그런데 바르나바는 또 타르소스(길리기아의 다르소)에 있던 바오로를 초빙, 안티오키아 교회를 돌보게 했다. 이때 교회 교사로 보낸 1년 동안의 경험이 훗날 바오로의 전도에 커다란 용기를 불어넣어 주었다(사도 11:9~26).

이후 진행되는 바오로의 3차에 걸친 전도여행은 가히 코페르니쿠스적인 대전환이라 할 만큼 인류역사의 방향타를 기독교가 거머쥐게 하는 전기(轉機)가 되어 주었다. 그동안 사도들을 중심으로, 유대인들에게 집중되었던 민족적, 지역적 종교로서의 그리스도 신앙이 바오로의 이방인 전도여행을 통해 비로소 전 세계로 퍼져 나간 것이다.

3) 전도여행

(1) 세계시민 바오로

바오로는 세계 곳곳에서 많은 협조자들과 일하고, 선교하고, 교회를 세우면서 나눈 다양한 만남과 친교로 그리스도의 복음을 받아들이도록 힘쓴 세계시민이었다. 그럼에도 때로는 결단력 있고 카리스마 있는, 외곬의 품성으로 인해서 가끔은 친교와 멀게 느껴진다는 말을 듣기도 했다.

바오로는 이따금 신비로운 체험에 대해 언급할 때가 있었다. 대회심 사건 이후 법열(法悅), 망아(忘我), 이상한 언어, 그리고 낙원으로 붙들려 올라감 같은 그리스도와의 내밀한 관계의 경험들이다. 바오로는 숱한 장애와 질병 등 개인적 고통이 엄습해 올 때마다 기도했다. 선교로 인해 야기되는 견딜 수 없는 고뇌 앞에서도 예수 앞에 엎드려 쉬지 않고 기도했다. 기도하는 가운데 '질병이 은총'이라는 그리스도의 응답을 받았다.

내가 굉장한 계시를 받았다 해서 잔뜩 교만해질까 봐 하느님께서 내 몸에 가시로 찌르는 것 같은 병을 하나 주셨습니다. 그것은 사탄의 하수인으로서 나를 줄곧 괴롭혀 왔습니다. 그래서 나는 교만에 빠지지 않게 되었습니다. 나는 그 고통이 내게서 떠나게 해주시기를 주님께 세 번이나 간청하였습니다. 그러나 주님께서는 '너는 이미 내 은총을 충분히 받았다. 내 권능은 약한 자 안에서 완전히 드러난다' 하고 번번이 말씀하셨습니다. 그래서 나는 그리스도의 권능이 내게 머무르도록 하려고 더없이 기쁜 마음으로 나의 약점을 자랑하려고 합니다. 나는 그리스도를 위해서 약해지는 것을 만족하게 여기며, 모욕과 빈곤과 박해와 곤궁을 달게 받습니다. 그것은 내가 약해졌을 때 오히려 나는 강하기 때문입니다. (2코린 12:7~10)

바오로는 다시 일어섰다. 그리고 담담하게 자신을 두고 말했다. "나는 어느 누구에게도 매여 있지 않은 자유인이지만 되도록 많은 사람을 얻으려고 스스로 모든 사람의 종이 되었습니다."(1코린 9:19)

바오로는 모든 이야기를 '서간'을 통해 들려준다. 그래서 바오로의 신학은 '서간신학'이다. '서간'이란 무엇인가. 인간과 인간 사이에 진솔한 이야기를 나눌 수 있는 체험적 글 형식이다. 그리스도를 영접하고 그리스도 안에서 숨 쉬게 된 후부터 바오로가 편지로 전하는 이야기들은 모두 그리스도를 체험한 이야기이다. 체험담은 본래 사실적이다. 그래서 쉽게 감응을 얻는다. '나'를 대입해 생각하고 느끼게 해준다. 그 상대가 누구든, 마치 부모가 떨어져 있는 자식에게 편지를 쓸 때 주저리주저리 있었던 일을 쓰듯이 떨어져 있는 교회에 자상한 편지를 보내고 위로와 격려를 보내는 그의 선교는 참으로 편안하고 인간적이다. 지금 우리 가운데 누구라도 맘만 먹는다면 할 수 있을 것 같은 손에 닿는 선교를 했던 2천 년 전의 한 위대한 유대인 개종자, 그가 바오로이다.

그날(기원후 35년경) 그 회심의 대사건 이후, 바오로는 생의 마지막 날까지 잠시도 예수를 떠나지 못했다. 아니 떠나지 않았다. 바오로의 회심담은 정작 바오로 자신이 아닌 루가에 의해 세 번씩이나 소개되었다.

(2) 1차 전도여행(기원후 45~49년, 사도 13~14장)

마침내 대 전도여행의 첫발을 뗐다. 바오로와 바르나바, 그리고 그의 사촌 요한 마르코 등 일행은 시리아의 안티오키아에서 출발해 셀류기아 항구에서 배를 타고 바르나바의 고향 키프로스 섬으로 건너갔다. 그곳 북쪽 도시 살라미스와 남쪽 도시 바포(파포스)에서 전도하고, 다시 터키 남부 이고니온(오늘의 코니아), 리스트라로 이어 갔다. 이고니온은 1037년에 셀주크 왕조를 세워 맹위를 떨치면서 페르시아어로 된 독자적인 문화를 발전시켰으나 13세기 초에 멸망한 셀주크 튀르크(Seljuk Türk)의 수도이다. 그리고 리스트라는 바오로의 2차 전도여행 때부터 애제자가 된 티모테오(Timotheos)의 고향이다.

그런데 리스트라에서 해프닝이 벌어졌다. 그곳에는 나면서부터 앉은뱅이가 되어 한 번도 걸어 본 적이 없는 불구자 한 사람이 살고 있었다. 그는 바오로의 설교를 듣고 있었다. 그런데 바오로

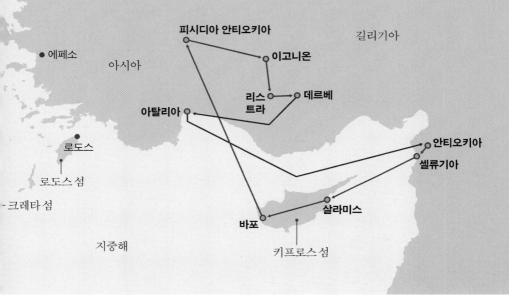

갈라티아

카파도키아

피시디아 안티오키아

길리기아

이고니온

에페소

아시아

리스
트라

데르베

아탈리아

안티오키아

셀류기아

로도스

로도스 섬

살라미스

크레타 섬

바포

지중해

키프로스 섬

바오로의 1차 전도여행 경로 (아래 지도의 확대 부분)

우크라이나

루마니아

세르비아

흑해

불가리아

이탈리아

코소보

알바니아

마케도니아

터키

그리스

시리아

지중해

레바논

이스라엘

요르단

리비아

이집트

가 열심히 듣고 있는 그에게 큰 소리로, "일어나 똑바로 서보시오"라고 말했다. 그러자 그가 벌떡 일어나 걷기 시작했다. 바오로가 그의 믿음을 알아본 것이다. 군중은 바오로가 한 일을 보고 놀란 나머지, 신이 사람 모습을 하고 나타났다며 바르나바를 제우스라 부르고, 바오로를 헤르메스라 부르며 황소와 제물을 바치려고 했다. 바오로와 바르나바 역시 놀라 옷을 찢으며 군중 속으로 뛰어들어가 만류하고 하늘과 땅과 바다와 비와 열매를 주는 분의 복음을 들으라고 설교했다(사도 14:8~18). 바오로는 리스트라에서 그렇게 어이없는 일을 겪었지만 덕분에 수많은 사람들에게 하느님의 믿음을 전할 수 있었다.

바오로는 리스트라에 이어 데르베를 마지막으로 남부지역의 전도를 마친 다음, 온 길을 되돌아가면서 신자들을 돌아보고 아탈리아 항구에서 출발지 배를 타고 안티오키아로 돌아왔다. 여기까지가 제1차 전도여행이다. 제2차와 제3차보다 짧지만 여행 중에 바오로는 많은 이방인들에 대한 자신의 전도여행이 성공적인데 자신을 얻었다. 그래서 제2차 전도여행을 계획한 다음, 여행 중에 자신의 이름을 '사울'에서 '바오로'로 개명했다.

바오로(파울로스)는 그리스어 이름이고, 사울(샤울)은 히브리어 이름이다. 당시 해외에서 사는 유대인(그리스어로 '흩어진'을 뜻하는 디아스포라)들은 히브리어 이름과 그리스어 이름을 모두 사용했다. 그래서 사도 바오로도 그리스어 이름인 바오로와 히브리어

카렐 뒤자르댕, 〈리스트라에서 불구자를 치료하는 바오로〉, 캔버스에 유채, 179×139cm, 1663년, 암스테르담 레이크스미술관 소장.

이름인 사울을 모두 사용한 것일 뿐, 사울에서 바오로로 개명한 것이 아니라고도 한다.

그는 "이스라엘 백성 가운데서도 베냐민지파에서 태어났으며 난 지 여드레 만에 할례를 받았고 히브리 사람 중의 히브리 사람" (필립 3:5) 인 동시에 "로마 시민"이었기에 (사도 16:37), 사울이라는 이름과 바오로라는 이름을 둘 다 가지고 있었을 것이다. 〈사도행전〉에도 "바오로라고도 불리는 사울" (13:9) 이라는 기록이 있다. 사울이 회개하고 바오로로 개명한 것이 아니라, 본래 사울이라는 이름과 바오로라는 이름을 둘 다 가지고 있는데, 이방인 선교를 위해서 그중 바오로라는 이름을 썼다고 한다.

바오로의 전도여행의 키워드는 만남이었다. 우선 바오로는 여행지에서 마주하는 사람들에게 자신과 그리스도 예수와의 만남을 소개하고 그 만남에서 점화된 그리스도 신앙의 불씨를 건네주었다. 이어 그들로 하여금 스스로 그리스도와의 만남을 갖도록 주선해 주었다. 때로 신앙 체험으로, 때로 영성적 담론으로.

여행을 마치고 바오로는 다시 예루살렘으로 가서 베드로와 야고보, 다른 사도들에게 여행 다녀온 이야기를 하면서 자신의 생각을 전했다. 그 생각은 전도여행 중 이방인 그리스도 신자들로부터 얻은 중요한 화두였다. 이방인 그리스도인들에게 할례를 강요하지 말도록 설득함으로써 그리스도교의 보편성을 확립하고 더 나아가 예루살렘 교회가 이방인 선교를 정식으로 인정하는 것 등이 그것이었다.

이렇게 바오로는 제1차 전도여행 중 곳곳의 교회 운영에 관해 예루살렘의 사도들과 의논하면서 교회 체제를 개선해 나갔다. 할례뿐 아니라 그동안 율법의 규정에 따라 유대인은 이방인과 함께 식사를 할 수 없었다. 그런데 율법 때문에 교회 일치가 파괴될 수 없다는 생각이 모여, 이방계 그리스도인들은 율법을 지킬 필요가 없다는 결정도 내렸다. 그런데 사단이 났다. 바로 모교회의 으뜸 사도인 베드로와 사도 바오로가 정면으로 충돌한 사건이 일어난 것이다. 바로 '안티오키아 사건'이다.

예루살렘에서 사도회의를 마치고 지중해 곳곳에 설립된 교회들을 두루 돌아보던 중 안티오키아에 들른 베드로가 사도회의의 결정을 따르지 않고 몸을 사리며 이방인들과의 식사를 사양하는 등 거리를 두었다. 그러자 바르나바를 포함한 다른 유대인들도 이에 동조, 이방계 그리스도인과 교제를 끊는 사단이 벌어지고 그로 인해 안티오키아 교회가 양분되었다. 이에 바오로가 베드로를 공개적으로 비난하고 격한 항의를 했다. 더구나 안티오키아 교회는 그리스도교 역사상 두 번째 교회이면서 유대인과 이방인이 함께 모여 세운 최초의 혼성교회였기에 바오로의 각별한 관심과 사랑을 받던 교회였다.

(3) 2차 전도여행(기원후 50~52년, 사도 15:36~18:22)

제 1차 전도여행에서 힘을 얻은 바오로는 제 2차 전도여행지를 대폭 확대했다. 당시로서는 가히 세계 일주에 비할 만큼 로마의 여러 속주(屬州)들을 옮겨 다닌 것이다. 시리아, 길리기아, 갈라티아, 아시아, 마케도니아, 아카이아 등 지중해 동부지역을 거의 다 섭렵했다. 그리고 제 1차 전도여행과는 다르게 출발 때부터 팀을 둘로 나누어 바르나바와 요한 마르코는 키프로스 섬으로 가고, 바오로와 예루살렘 출신 유대계 그리스도인이요 로마 시민인 실라(Silas)는 제 1차 전도지역인 터키 남부지역을 다시 찾았다. 바오로는 남부 리스트라에서 티모테오를 제자로 새로 맞았다.

세 사람이 방향을 북쪽으로 잡아 갈라티아 지방(오늘날의 터키 수도 앙카라 주변) 쪽으로 가고 있는데, 바오로는 지병이 도져 몹시 고통스러워했다. 바오로는 잠시 여행을 중단하고 그곳에 머물렀다. 평상시에도 몸을 '영적 제사를 드리는 거룩한 성전'이라며 조심했지만 바오로는 자주 고통을 감내해야만 했다. 그럼에도 근동의 여러 지방에 이방인 중심의 교회를 세우는 일에 진력했다.

어느 날, 바오로는 잠을 자다 꿈속에서 마케도니아 사람을 만났다. 그가 바오로에게 "마케도니아로 건너와서 우리를 도와주십시오"라고 말하자 바오로는 벌떡 일어나 여행을 계속했다(사도 16:9~10). 소아시아, 지금의 터키 동편에서 서편 끝 트로아스 항구까지 수백 킬로미터를 가로질러 배를 타고 그리스 네아폴리스

(오늘날의 휴양도시 카빌라) 항구에 닿았다. 네아폴리스에서 다시 서북 방향으로 15킬로미터 들어간 곳 필리피에서 바오로는 짐을 풀었다.

안식일이 되어 바오로 일행은 간키테스 강가 유대인의 기도처로 나갔다가 그곳에 티아디라 출신 옷감 장수 리디아라는 부인을 만나게 되었다. 바오로 일행의 설교를 듣고 그와 그의 집안이 세례를 받았다(사도 16 : 13 ~ 15). 바오로는 그곳에 교회를 세웠다.

유럽대륙에 발을 디디고 복음 선포를 위해 세운 첫 교회다. 이후 바오로는 필리피 교회로부터 물심양면으로 후원을 받으며 그리스 북부 마케도니아 지방 데살로니카, 베레아에, 남부 아카이아 지방 코린토에 교회를 세우게 된다.

특히 제3차 전도여행 중 에페소에 오래 머물고 있을 때 신앙문제로 로마군 부대 감옥에 갇히고 말았다. 그때 필리피 교우들에게 많은 도움을 받고 보낸 감사 편지가 오늘 우리가 《성경》으로 만나는 〈필리피인들에게 보낸 편지〉이다.

여담이지만 당시 필리피는 역사적으로 특별한 도시였다. 기원전 42년 이곳 필리피에서 로마공화국의 운명적인 사건이 일어났다. 율리우스 카이사르를 암살한 브루투스와 카시우스의 로마군, 그리고 카이사르 편을 든 옥타비아누스와 안토니우스의 로마군이 대회전을 벌여 후자가 승리한 것이다. 그 후 승자들끼리 로마공화국을 동·서로 분할통치하다 기원전 31년 그리스 악티움해전

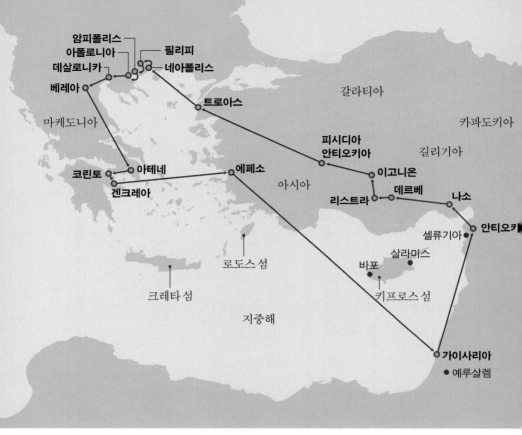

암피폴리스
아폴로니아
데살로니카
필리피
네아폴리스
베레아
트로아스
마케도니아
갈라티아
카파도키아
피시디아
안티오키아
길리기아
이고니온
에페소
아시아
데르베
나소
리스트라
코린토
아테네
안티오키
겐크레아
셀류기아
살라미스
바포
로도스 섬
키프로스 섬
크레타 섬
지중해
가이사리아
예루살렘

바오로의 2차 전도여행 경로
(아래 지도의 확대 부분)

우크라이나
루마니아
세르비아
흑해
이탈리아
불가리아
코소보
알바니아
마케도니아
그리스
터키
지중해
시리아
레바논
이스라엘
리비아
이집트
요르단

에서 안토니우스를 물리친 옥타비아누스가 대권을 통합하고 기원전 29년 로마제국의 첫 황제가 되었다. 그런 관계로 바오로 시대 필리피에는 로마인들이 많이 살았다.

필리피를 떠난 바오로 일행은 서쪽으로 행로를 잡아 암피폴리스, 아폴로니아를 거쳐 데살로니카로 갔다. 데살로니카는 마케도니아의 수도로 아테네 다음으로 큰 도시이자 가장 큰 항구도시였다. 늘 그랬듯이 바오로는 그곳 유대교회당에 가서 설교했다.

그리고 많은 시민들이 그의 설교를 듣고 그리스도 신자가 되었다. 그러나 그곳에서도 유대인들은 바오로의 전도를 훼방하고 반대했다. 그때 바오로는 산중 마을 베레아로 잠시 피했는데 유대인들이 그곳까지 들이닥쳐 훼방을 놓는 바람에 바오로는 실라와 티모테오를 남겨 두고 다시 혼자서 아테네로 떠났다.

그러나 아테네에서 바오로의 설교는 큰 반응을 얻지 못했다. 당시 아테네는 정치·경제적으로는 이미 기울었지만 융성한 문화도시로서의 전통은 남아 있어 청중이 바오로의 설교에서 큰 감응을 느끼지 못한 것이다. 바오로는 이때의 실패담을 솔직하게 남겨 두었다(사도 17:16~34). 바오로는 다시 전도 장소를 옮기기로 하고 남쪽 아카이아의 수도 코린토로 내려갔다. 코린토는 지리적으로 도시 양쪽에 레카이온과 겐크레아라는 두 개의 항구를 가지고 있어 상업이 번창하고 도시가 번화했다.

그 무렵, 클라우디우스 황제가 모든 유대인은 로마에서 나가라는 칙령을 내렸다. 그런데 다행히 바오로는 로마의 유대계 그리스도인 아퀼라와 브리스킬라 부부의 도움을 받았다. 바오로는 이 부부의 집에 오랫동안 머물면서(사도 18:1~3) 큰 교회를 세웠다. 그리고 베레아에 두고 온 실라와 데모테오가 코린토로 내려왔다.

또한 바오로는 그곳에서 데살로니카 신자들에게 편지를 썼다. 피하듯 나온 그곳 신자들에게 용기를 주고 싶은 마음이 간절했던 바오로는 편지를 제자들에게 가지고 가라 했다. 이것이 곧 〈데살로니카인들에게 보낸 첫째 편지〉이다. 이 편지는 바오로가 쓴 첫 '서간'이고 《신약성경》 전체 중에서도 첫 '서간'이다.

리스트라, 바시디오의 안티오키아, 필리피, 데살로니카, 아테네로 이어지는 바오로의 제 2차 전도여행은 코린토에서 숨을 고른다. 바오로는 코린토에 꽤 긴 시간(약 18개월) 머물면서 큰 교회를 세웠다. 그러나 길고 긴 여행 중에도, 집필 중에도, 늘 지병으로 고통을 겪었다. 그럼에도 가까이 있는 그 누구에게 병명을 말하거나 병 때문에 전도여행을 포기하려고 하지도 않았다. 몹시 심하게 아플 때는 잠시 쉬고 다시 일어섰다. 그는 자신의 병을 '육신의 가시'라 명명했다. 그 가시는 한편으로 바오로 자신의 교만을 경고하는 것이며 다른 한편으로 그리스도의 은총이 머무르도록 돕는 자극제로 작용했다.

그나마 다행인 것은 여행 중 바오로는 늘 좋은 협조자를 만났다. 코린토 교회에서는 아퀼라와 브리스킬라 부부가, 에페소 교회에서는 티모테오가, 크레타 교회에서는 티토가, 필립보 교회에서는 리디아 부인 등 많은 신자들이 교회의 버팀목이 되어 주었다. 바오로는 그의 '서간' 여러 곳에서 이들을 칭찬하고 있다.

한편 이곳에서도 바오로는 유대인들의 괴롭힘에서 자유롭지 못했다. 유대인들은 바오로를 고발, 아카이아의 총독 갈리오의 법정으로 끌고 갔다(사도 18:12). 갈리오 총독은 유명한 스토아 철학자이고 세네카의 형인데, 분별이 있는 사람으로 특히 첨예한 논쟁의 소지가 있는 종교문제에는 깊이 개입하지 않았다. 갈리오가 아카이아 총독으로 재직한 기간이 기원후 51~52년이고, 그 사이 유대인들이 바오로를 총독에게 데려갔으니 이는 바오로가 그 시기에 코린토에 체류하였다는 확실한 증거가 된다. 또한 이 연표는 바오로의 생애 가운데 가장 확실한 연표이기도 하다.

이윽고 바오로는 코린토에서 집필과 교회창립에 관한 여러 일들을 마무리하는 것으로 제2차 전도여행을 마무리 짓고자 했다. 겐크레아에서 배를 타고 에게 해를 가로질러 서부 소아시아의 에게 해 연안(현재의 터키)에 있는 도시 에페소에 들어간 다음, (제2차 전도여행 때는 전도를 특별히 하지 않은 듯) 다시 배를 타고 지중해 동남단으로 향하는 긴 항해 끝에 시리아의 가이사리아 항구에 닻을 내렸다. 그리고 그곳에서 예루살렘으로 올라가 교회를 둘러보고 출발지 안티오키아로 돌아갔다(사도 18:18~22).

이 무렵 바오로는 새로운 아이디어를 발견했다. 제 2차 전도여행 때부터 그리스도 신앙을 접한 신자들을 위해 새로운 신앙교육 방법으로 편지를 써서 보내기로 한 것이다. 바오로와 사도들의 설교를 직접 듣지 못해 현장성이 떨어지는 아쉬운 점이 있긴 하지만 마음은 늘 함께하고 있다는 뜻을 전하는 효과적인 방법이었다. 또한 바오로의 서간은 바오로의 선교 키워드인 '만남'을 항구적이고 지속적으로 이어 가게 해주는 탁월한 발상이었다.

사람은 무엇보다 만남을 통해 변한다. 사랑의 만남, 관용의 만남, 각성의 만남, 복음에 대한 묵상 속 만남, 편지를 통한 마음과 마음의 만남 등. 바오로는 이 만남의 전도를 위해 길고 긴 항해를 마다 않고 실행에 옮긴 용기 있는 사도다. 이렇게 해서 제 2차 전도여행 동안 바오로는 그리스에 4개의 교회를 세웠다.

(4) 3차 전도여행(기원후 53~58년/ 사도 18:23~21:16)

바오로는 다시 제 3차 전도여행을 떠났다. 출발지는 1·2차 때와 같은 안티오키아, 먼저 제 2차 전도여행 때 세웠던 갈라티아 지방의 교회들을 둘러보고 에페소로 내려갔다. 에페소에서는 전도가 잘되었다. 모래에 물이 스미듯 바오로의 설교가 에페소 사람들에게 먹혀들었을 뿐 아니라 주변 지역으로도 잘 퍼졌다. 덕분에 골로사이, 라오디게이아, 히에라폴리스에 교회를 세울 수 있었다. 에페소에서 코린토 교회로 편지 3통을 보냈는데, 현재 둘째 편지만 남아 있다. 그 편지가 지금의 〈코린토인들에게 보낸 첫째 편지〉이다.

그 무렵, 갈라티아 지방에 세웠던 여러 교회에서 유대주의를 앞세우는 그리스도인들이 늘어난다는 소식을 듣고 갈라티아에도 편지를 써보냈다. 그 편지가 지금의 〈갈라티아인들에게 보낸 편지〉이다.

그러나 바오로는 에페소에서도 로마군 부대 감옥에 갇혀 옥고를 치렀다. 옥중에 교회와 신자들에게 편지를 써보냈는데, 그 편지가 지금의 〈필레몬에게 보낸 편지〉, 〈골로사이인들에게 보낸 편지〉이다.

감옥에서 석방된 후 바오로는 마케도니아로 건너가 다시 코린토 교회로 서간을 보냈다. 그 편지가 지금의 〈코린토인들에게 보낸 둘째 편지〉(2코린 1~9)이다. 다시 코린토로 내려온 바오로는 석 달을 머물면서(사도 20:3) 〈로마인들에게 보낸 편지〉를 썼다.

그때 바오로는 스페인으로 가려는 생각을 갖고 있었던지라 이 참에 자신의 그리스도 신앙과 사상을 총정리해서 〈로마인들에게 보낸 편지〉를 쓴 것이다. 〈로마인들에게 보낸 편지〉를 쓰는 의도에 대해 바오로 스스로 "이미 복음화된 로마인들에게 물을 주는 역할을 하기 위해 쓴다"고 했다(1코린 3:6 참고). 그동안 지중해 동부의 여러 곳에서 복음 선포를 하느라 로마에 가지 못했는데,

이제 그곳의 복음 전파를 완결 짓고 스페인으로 가기 전, 미리 로마의 그리스도인들을 위해 편지로 할 말을 대신하려고 한 것이다. 바오로는 〈로마인들에게 보낸 편지〉를 쓰면서 유대계 그리스도인들과 이방계 그리스도인들 사이의 갈등을 해소하려는 갈망을 염두에 두었다. 그래서 모든 신자들이 각자 정당한 신앙의 자유를 훼손받지 않으면서 평화로운 공동체 생활을 하도록 당부했다. 사도 바오로는 자신을 '하느님께서 화해의 말씀을 맡기신 그리스도의 사절'이라면서 그리스도 안에서 화해하도록 촉구했다.

〈로마인들에게 보낸 편지〉로 복음 선포의 전환점을 마련한 바오로는 기원후 58년 필리피 교회로 가서 해방절을 보내고, 에페소 남쪽 항구도시 밀레토스, 두로, 가이사리아를 거쳐 예루살렘으로 올라갔다. 마침 바오로가 나지르 서원제사를 바치려고 성전으로 갔을 때였다. 나지르(Nazirite)란 본래 '하느님께 성별(聖別)된 사람' 또는 '특정한 서원을 통해 하느님께 스스로를 봉헌한 사람'을 뜻하는 히브리어이다.

바오로를 알아본 소아시아 출신 유대인들은 그를 민족과 종교의 배신자라고 규탄하면서 한꺼번에 몰려들어 구타했다. 다행히 성전 북부에 주둔하던 로마군 덕분에 목숨은 건졌지만 곧 가이사리아 총독부 감옥으로 이송, 미결수로 2년 동안 영어(囹圄)의 몸이 되었다. 그는 그곳에서 로마 시민권자로서 자신의 개종을 설명하고 이방인의 사도가 된 경위를 밝혔다.

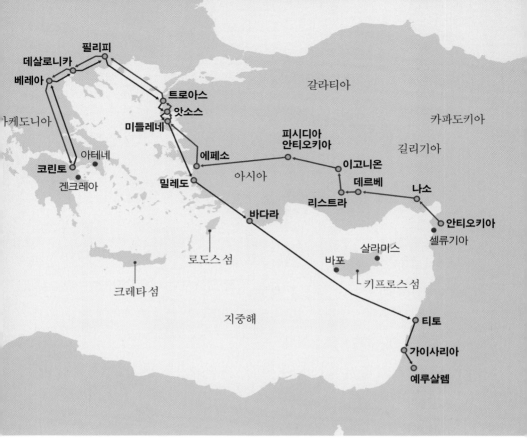

바오로의 3차 전도여행 경로
(아래 지도의 확대 부분)

기원후 60~61년 사이에는 말타 연안을 따라가다 로마군에게 잡혀 갇히게 되었다. 기원후 63년에서 67년 사이 풀려난 바오로는 에페소, 마케도니아, 그리스 등을 재차 방문, 트로이에서 또다시 체포되어 로마로 끌려갔다.

그야말로 잡혔다 풀려났다를 반복하는 앞이 보이지 않는 길을 그리스도 예수만을 바라보면서 묵묵히 걸은 바오로의 삶은 마침내 모교회의 수장 베드로와 함께 로마에서의 순교로 막을 내렸다. 순교 시기는 명확하지 않아, 네로 박해시대 베드로와 함께 순교(64년? 67년?) 했다는 설과 스페인 전도 후 언젠가 로마에서 순교했을 것이라는 설이 있다.

바오로의 공식 축일은 6월 29일, 개종 축일은 2월 25일이다.

4) 바오로의 구원론

그리스도의 옷을 입고 그리스도의 숨을 쉬며 살았던 바오로가 물려받은 그리스도 사상의 핵심은 죽음과 부활이다. 바오로는 초기 교회로부터 내려온 교리와 선조들의 시가 등 그리스도 전승을 중심으로 자신의 신학적 사고의 실마리를 풀어 간다. 바오로의 구원의 확신은 십자가상의 죽음에서 비롯되었다. 십자가상 그리스도의 죽음은, 아담으로 시작된 원초적 형벌로부터 인간을 자유롭게 하고 하느님에게로 회귀하도록 하느님이 손수 마련해 준 대속의 죽음이다. 그리고 하느님의 구원 계획이 완성되는 절정의 순간이다. 십자가상의 죽음이 가져다주는 바오로의 구원에 대한 확신은 그 누구도 빼앗아 갈 수 없는 철통같은 확신이었다. 무엇보다 하느님 아들의 희생으로 마련된 죽음이고 새 생명에 대한 확실한 보장이 되는 죽음이었기 때문이다.

죄 속의 인간이 죽고 다시 태어나 하느님 뜻 안에서 새롭게 살아가도록 또 한 번 기회를 주기 위해 하느님은 당신 아들을 죽음에서 일으켜 세웠다. 이것이 바로 예수 부활이다. 시작은 지금부터다.

부활한 예수는 이제 십자가 죽음을 통과한 지나간 인물이 아니라 날마다 여기 우리 곁에서, 우리가 새 사람으로 나서 죽고 다시 태어나고 또 죽고 다시 태어나도록 채근한다. 그렇게 하도록 주님은 우리 각자의 삶 안에 갖가지 십자가를 안겨 준다. 수많은 이별과 슬픔을 겪으면서 그리움과 기억의 은총을 얻고 지극한 고통과 분노 속에서 인내와 용서의 은사를 입곤 한다. 바로 내 안에 부활한 주님의 영이 좌정하며 우리를 살게 하는 원동력이 되어 주는 덕분이다. 그렇지 않고서 어떻게 희로애락의 갖가지 감정과 일들을 우리의 이성만으로 다스릴 수 있단 말인가. 사실 우리 모두는 어제가 죽어 오늘을 살고 오늘이 죽어 내일을 사는 것이다. 죽음 다음의 또 다른 날을 사는 우리는 따라서 날마다 그리스도의 부활을 체험하며 살고 있다.

죽음이 한 사람으로 말미암아 온 것처럼 죽은 자의 부활도 한 사람으로 말미암아 왔습니다. 아담으로 말미암아 모든 사람이 죽는 것과 마찬가지로 그리스도로 말미암아 모든 사람이 살게 될 것입니다."(1코린 15:21~22)

예수의 죽음과 부활에 대한 바오로의 완전한 이해와 순명은 이처럼 주님의 영 안에서 이루어졌다. 이 영은 곧 예수 부활 후 하늘에서 내려온 하느님의 성령이었다. 바오로는 성령을 모시고 성령 안에서 예수와 독대를 했다. 그러고 나서 또 기도하며 감사하고 기뻐하며 인내로써 선교의 제반 문제를 풀어 나갔다. 우리네 삶도 마찬가지다. 성령이 하느님과 예수의 교량 역할을 하며 삼위일체가 되어 언제 어디서나 우리의 삶을 인도한다. 그리고 죽은 사람들의 부활에 대한 희망도 선사한다.

당장 현세적 삶에서만 그리스도에게 희망을 건다면 과연 무엇을 꿈꾸고 소망할 수 있겠는가. 하느님과 사람, 사람과 사람, 자연과 사람, 자연과 자연, 이 모든 관계 속에 맺어지고 지속되는 숱한 사랑과 관심과 이해가 무슨 의미가 있겠는가. 나무가 겨울 뒤에 올 봄을 기대할 수 없다면 무슨 힘으로 겨울을 나겠는가.

그리스도의 부활은 다시 종말과 재림 선포로 이어진다.

그러나 각각 차례가 있습니다. 먼저 그리스도께서 살아나셨고 그 다음에는 그리스도를 믿는 사람들이 그리스도께서 다시 오실 때 살아나게 될 것입니다. 그 다음에는 마지막 날이 올 터인데 그때에는 그리스도께서 모든 권위와 세력과 능력의 천신들을 물리치시고 그 나라를 하느님 아버지께 바치실 것입니다. (1코린 15:23~24)

이처럼 그리스도의 부활은 다시 종말과 재림의 선포로 이어진다. 즉, 종말을 앞두고 모든 지배와 권력과 권세를 없애고 완전한 하느님 나라를 복원한 다음 그리스도가 재림, 그 나라를 하느님에게 넘겨준다는 것이다.

이 종말론을 근거로 바오로의 구원론은 힘을 얻는다. 즉, 바오로가 여러 '서간'에서 되풀이해 말했던 그리스도 정신, 그리스도 영성의 실천이 전제되지 않으면 종말 전의 구원 또한 취득 불가인 것이다.

그것들이 무엇인가. 하느님과의 관계 설정이다. 하느님의 자녀가 되기 위한 노력을 쉬지 않고 하는 것이다. 하느님의 품성을 닮고자 늘 깨어 있어야 하는 것이다. 하느님의 측은지심, 하느님의 의로움, 하느님의 자비, 하느님의 화해, 하느님의 속량(용서), 하느님의 자유 등 하느님의 품성은 셀 수 없이 많다.

이 모든 하느님과의 관계들 속에는 하느님 공경이라는 직접적 관계도 있지만 공동체 영성이라는 간접적 관계도 있다. 하느님은 무엇보다 공동체의 실천적 표양을 중요시했다. 그것이 바로 이웃 사랑이다. 우리는 바오로가 코린토인에게 보낸 '사랑의 송가'(1코린 13)를 통해 사랑에 대한 그의 절창을 들을 수 있다. 그리스도의 지체로서 일치와 다양성을 동시에 추구할 수 있는 공동체야말로 자유·속량·화해·의로움 같은 바오로의 구원론의 핵심 주제들을 모두 소화할 수 있는 사랑의 공동체가 될 것이다.

4. 바오로의 '서간'들

1) 〈로마인들에게 보낸 편지〉

바오로는 로마에 그리스도 공동체를 세우지 않았다. 바오로가 코린토에서 〈로마인들에게 보낸 편지〉를 쓰고 있을 무렵, 로마에는 이미 유대계 그리스도인들과 이방계 그리스도인들의 공동체가 있었다. 그 이전, 유대인 공동체가 기원전 2세기 중엽에 이미 만들어졌고 바오로 시대에는 공동체의 힘이 꽤 커지고 영향력도 있었다. 바오로는 이런 로마에 가서 그리스도인들을 만나 이방인들을 위한 자신의 사도직을 그들에게 알리고 성령의 은사를 나누고 싶어 했다. 그러나 그 소망이 빨리 이루어지지 않아 편지를 먼저 보낸 것이다.

　바오로가 〈로마인들에게 보낸 편지〉를 쓰면서 특히 유념한 것은 이방계 그리스도인들과 유대계 그리스도인들 간의 갈등 해소였다. 더 나아가 복음을 믿지 않는 유대인들의 구원문제에 대한 걱정이었다. 그래서 바오로는 그리스도에게 반항하는 유대인들로 하여금 이방인들이 구원받는 계기가 되게 하고, 다시 이방인들의 구원을 시기해서 결국 돌아오게 하는 고단수 방법으로 〈로마인들에게 보낸 편지〉를 썼다.

바오로는 〈로마인들에게 보낸 편지〉를 통해 '구약'의 하느님의 의로움과 율법 준수가 아닌 성령의 인도에 따른 그리스도의 실존을 일깨워 주고자 했다. 바오로에게 있어 의로움은 하느님과 사람 간의 올바른 관계, 사람과 사람 간의 올바른 관계를 말한다. 구약 시대 하느님의 의로움은 당신 법을 준수하지 않고 계약을 어기는 이스라엘 백성을 법에 따라 심판하는 것이었다. 그러면서 또 한편 하느님과 사람의 관계가 전적으로 그분의 사법적 판결에 따라 결정되지 않고 그분의 자비에 의해 올바른 관계로 돌아왔다. 누구도 하느님 앞에서 온전히 의롭지 못하며 율법 준행만으로 하느님 법정 앞에서 의롭게 되지 못했기 때문이다.

이 이중적 의로움의 잣대는 신약 시대 예수의 가르침에 그대로 이어진다. 즉, 속죄양이 되었던 그리스도 예수의 죽음과 부활로 '구약'의 의로운 하느님의 진노가 가라앉고 자비가 활짝 피어나게 된 것이다. 이때 유의할 것은 진노가 하느님에게만 유보된 특권이라는 것이다. 따라서 사람들이 서로 보복하거나 판결을 내려서는 안 된다는 것이다. 그것은 하느님의 통치권을 인간이 가로채려는 발상과 같다. 물론 하느님이 용납할 리도 없다. 우리는 모두 하느님의 진노에서 자유롭지 못하다. 그 누구도 인간이 인간에게 돌을 던질 수는 없다는 말이다. 그래서 우리는 하느님의 진노에서 구원받기 위해 그리스도와 인격적 관계를 맺어야 한다. 어떻게? 그리스도 영의 인도를 받아 그리스도와의 일치를 지향함으로써 가능하다.

바오로는 또한 하느님 말씀이 이스라엘 편에서 실패한 것을 두고도(9:31~33) 그것은 자발적인 것이며, 하느님은 인간의 어떤 불순종도, 선민인 이스라엘의 불순종도 차별 없이 받아들였다. 그리고 이방인들이 왜 구원받았는지, 그 의미를 깨달을 때 이스라엘도 구원될 것이라고 했다.

특히 바오로는 〈로마인들에게 보낸 편지〉에서 그리스도의 '영'에 대해 깊이 천착하였다.

'영'은 히브리 원어로 '루아흐'(רוח, ruach)이다. 이는 '넓다'라는 말에서 나왔다. '넓다'는 말이 내포하는 의미의 범위는 '공간을 많이 차지한다'는 데서 시작, 네 방향, 하늘과 땅 사이의 대기권, 공간, 허공, 허무, 하늘 등으로 확장될 수 있다. 대기권 역시 인간이 움직이는 생명의 공간, 생명의 활동무대이다.

또한 방위의 개념이 바람이 부는 기점과 연계되어 '바람'이라는 뜻으로 응용이 가능하다. 바람은 또 한 가지 모양으로 나타나지 않는다. 미풍, 강풍, 회오리 등 물리적 현상 속 바람에서 심리적 바람으로 이전한다. 떠도는 바람, 슬픈 바람, 기쁜 바람, 신나는 바람 등 마음 안의 온갖 바람 형태로 확장된다.

'넓다'라는 단순한 뜻에서 시작된 단어 '영'의 의미론적 확장이 이윽고 사람의 성격, 성향, 대인관계의 태도로까지 이어져 《성경》은 수많은 빛깔의 '영'을 드러낸다. 그러면서 "사람이 교만하면 멸시를 받아 그의 영은 낮아지고, 반대로 겸손하면 존경을 받고 영예를 얻어 그의 영은 높아진다"(잠언 29:23) 고 가르친다. 이를테면, "영이 상하고"(창세 26:35) "영이 쓰리고 찢겨 고통스럽다"(이사야 65:14) 는 식으로 사람의 모습과 심리 등을 '영'의 양상으로 나타낸다.

또한 '영'은 '숨결'로서 하느님의 생명력을 뜻하기도 한다. 언젠가 죽을 인간에게 잠정적으로 머물게 해서 이 세상에서 살아가게 하는 힘으로서의 '영'이다. 새로운 창조와 재생이 그분이 주신 '영'에 의해 가능해지고 '영'을 거두어 가면 살아 있는 모든 존재는 죽는다. 하느님의 '영'은 그분으로부터 떨어져 나와 활동하는 신적 힘이다. 말하자면 생명과 죽음을 관장하는 하느님이 세상에 파견, 갖가지 형태로 임재하는 초인적 힘인 것이다. 그것은 새로운 마음을 주는 윤리적 재생의 힘이고, 바람이고, 진노와 자비의 숨결이다. 따라서 하느님의 '영'은 선택된 이들 안에 들어가 예언을 하고 심판을 예고하고 바람처럼 돌아다니며 기쁜 소식을 전한다.

〈로마인들에게 보낸 편지〉에서 '영'은 하느님과 그리스도가 관장하는 생명의 영역을 뜻한다. 바람이 어디서 와서 어디로 가는지 모르듯이 하느님의 영은 그리스도를 받아들이는 사람들 안에서도 활동하고 그렇지 못한 사람들 안에서도 활동한다. 진노에 앞서 육을 따르는 인간 안에 '영'의 바람을 불어넣어 구원을 실현시키고 죄로부터 해방시킨다.

'죄'에 대한 바오로의 가르침 또한 《구약성경》의 기본 뜻을 토대로 '인간의 본성, 양심, 율법을 어겨 하느님에게 반항하는 행위'로 규정하고 있다. 특히 죄의 기원을 〈창세기〉의 아담과 하와의 불순종에 두고 〈창세기〉(2~3장)가 지적한 대로 그들 둘에 의해 죄가 인류 역사 안에 들어왔다고 가르친다. 이 《구약성경》의 말씀을 기저로 해서 바오로는 범죄와 파멸의 연대성을 지적한다. 이 지울 수 없는 죄의 숙명에 대해 하느님은 결국 진노를 풀고 자비의 손을 펼쳐 당신 외아들을 해결사로 세상에 파견했다. 곧 그리스도 예수의 수난과 죽음과 부활 사건이다.

그리스도 예수를 통해 인류역사는 죄의 사슬에서 벗어나 하느님의 영에 따라 살 수 있도록 복원되었다. 다시 말해 그리스도의 대속(代贖) 죽음과 부활로 하느님의 불순종에서 야기된 세상의 모든 죄가 파괴된 것이다. 나아가 세례를 통해 더 이상 죄의 노예가 되지 않게 되었다. 죄의 숙명에 눌려 어두운 과거에 갇혀 있다가 하느님의 밝은 영 안으로 빨려 들어간 것이다. 죄가 있는 곳에 은총이 기다리고 있었다(5:20). 오직 그리스도 예수 덕분에 죄에서 해방된 삶(6:12~23), 율법에서 해방된 삶(7:1~25), 성령에 의한 삶(8:1~30)을 누리게 되었고, 마침내 종말의 구원이라는 장엄한 선물을 받게 된다고 바오로는 설파했다.

말하자면 〈로마인들에게 보낸 편지〉는 바오로가 할례나 율법이 없는 시대에 살았던 아브라함으로부터 시작된 속죄가 그리스도의 대속적 죽음으로 완성된다는 자신의 신학을 총정리해 로마 교회에 보낸 서간이다. 그리고 그것은 곧 그리스도교의 근본교리이다.

2) 〈코린토인들에게 보낸 첫째 편지〉

〈코린토인들에게 보낸 첫째 편지〉는 바오로가 기원후 51~52년경 바오로가 코린토를 떠난 다음, 기원후 54년경 3차 여행을 하는 중 에페소에서 코린토인에게 보낸 편지이다.

로마 속주 아카이아의 수도였던 코린토는 이스트모스 지협의 남쪽에 위치한 도시로 그리스 본토와 펠로폰네소스 반도를 잇는 교량 역할을 했다. 또 동쪽으로는 에게 해를 거쳐 소아시아로 갈 수 있는 겐크레아 항구가 있고 서쪽으로는 아드리아 해를 거쳐 로마로 갈 수 있는 레카이온 항구가 있다. 이러한 지리적 위치로 코린토는 그리스 시대부터 상업 중심지로 번창했던 도시다. 다인종

다종교의 개방적 분위기는 바오로가 복음을 전파하는 데에는 도움이 되었지만 그리스도 공동체의 고유성을 지켜 나가는 데에는 장애가 되기도 했다.

코린토는 그리스도 안에서 복음을 통해 낳은 공동체라고 말했을 만큼(4:15) 에페소와 함께 바오로가 선교활동을 하는 데 중요한 거점이었다. 제2차 전도여행 때 그리스도교 공동체를 세우고 활동했다.

바오로가 〈코린토인들에게 보낸 첫째 편지〉를 쓴 동기는 크게 두 가지로 볼 수 있다. 하나는 코린토 신자들이 몇 가지 특정 문제에 대해 서신으로 질의를 해온 데 대한 답장이다. 공동체 전례 때의 불미스런 일(11:18), 죽은 이들의 부활을 거부하는 이들에 대한 대처(15장) 등에 대한 답변이다. 또 하나는 서신 질의서를 가지고 온 공동체 지도자들에게 들은 공동체가 네 파로 분열되었다는 이야기(1:10~4:21)에 대한 답변이다. 바오로는 코린토 공동체 신자들에게 그리스도 신앙을 전도한 사람으로서 엄청난 숙제를 끌어안아야 했다. 하지만 포기하지 않고 역사가 깊은 그리스 상업도시에 이제 겨우 싹이 튼 신앙공동체에서 불거진 문제들을 하나하나 짚어 가며 해답을 내놓았다.

사도 바오로는 〈코린토인들에게 보낸 첫째 편지〉를 통해 그리스도 신앙이 아직 뿌리를 내리지 못한 신자들에게 반복해서 그리스도를 믿는다는 것이 무엇인지, 교회란 무엇인지, 교회 공동체를 어떻게 꾸려 나가야 하는지를 일러 주었다. 사변적 신학이론이 아니라 신앙 공동체 현장에서 봉사하며 보고 느꼈던 것들을 알아듣기 쉽게 조곤조곤 말해 준 것이다.

무엇보다 〈코린토인들에게 보낸 첫째 편지〉는 코린토 신앙인들과 함께 교회를 창설한 바오로가 이끌어 간 초창기 교회 운영의 이모저모를 들여다볼 수 있는 귀중한 산 증언이다. 이 편지에서 전해지는 성체성사와 그리스도 부활신앙 고백문은 바오로가 쓴 다른 '서간'에는 나오지 않는다. 이것은 바오로가 전해 받은 것들로, 오래전부터 내려온 그리스도 신앙의 기초임을 밝히고 있다. 또한 교회론을 명확하게 정의하였다. 즉, 교회는 '하느님의 성전'이고 '그리스도의 몸'이다. 교회 공동체는 이런 성성(聖性)을 갖고 있기 때문에 주변 이방인의 신전이나 생활방식과 구분되어야 한다. 그리스도 신앙인 공동체가 바로 하느님 성전임에 하느님의 것으로 성별되어야 한다는 것이다. 따라서 교회 안에서 갈등이나 알력, 분열 등으로 교회를 해코지하는 일을 해서는 안 된다.

무엇보다 바오로가 강조한 덕목은 교회일치와 다양성이다. 이는 2천 년 가까이 지난 지금도 꼭 필요한 덕목이다. 각 지체들이 유기적으로 연결되어 영혼의 집을 마련하듯 그리스도 지체로서의 우리 각자가 세례를 통해 그리스도 안에 한 몸이 되는 것이다. 그 일치 위에서 다양한 영의 활동이 드러난다. 그것이 무엇이든, 그 사람이 노예든 자유인이든, 그리스인이든 유대인이든 그것은 하등 중요하지 않다. 교회에 대한 자신의 생각이 이러한지라 바오로는 스스로 모든 이에게 모든 것이 되기 위해(9:19~23) 전심전력했다.

〈코린토인들에게 보낸 첫째 편지〉는 사도 바오로가 이방인이 대다수였던 그리스의 한 큰 상업도시에서 이제 막 싹이 튼 그리스도 공동체가 그리스도 신앙을 꿋꿋이 지켜 나가도록 힘써 밀어 주었던 기록이다.

3) 〈코린토인들에게 보낸 둘째 편지〉

바오로는 이방계 그리스도인들이 영적 빚을 진 예루살렘 유대계 그리스도인들과의 일치 수단으로 모금활동을 했다. 그 모금운동을 독려하기 위해 티토(Titus)와 협조자를 코린토로 파견했다. 그런데 이들에게 순종하지 않고 바오로의 사도직까지 부정하고 비방하는 적수들을 만났다. 바오로가 직접 코린토로 갔지만 사태는 달라지지 않았다. 코앞에서 모욕을 당한 바오로는 상심 중에 에페소로 돌아와 눈물로 코린토 교회에 다시 편지를 써 보냈다. 이것이 〈코린토인들에게 보낸 둘째 편지〉 10~13장이다.

바오로는 편지를 보내고 에페소를 떠나 마케도니아로 올라가 있을 때 티토에게 코린토 교회 신자들이 뉘우치고 있다는 희소식을 들었다. 바오로는 기쁨과 고마움의 편지를 또 코린토로 보냈다. 이것이 〈코린토인들에게 보낸 둘째 편지〉 1~9장이다.

일찍이 바오로는 코린토에 1년 반 동안 머물면서 코린토 교회를 세웠다(사도 18:1~17). 늘 그랬듯이 교회 설립에 몰두하면서도 생계는 스스로 해결했다. 오늘의 목회자들이 교회 일을 하면서 자신의 생계를 교회 재정에서 충당하는 것과 비교하면 그리스도 사도 직분을 성업(聖業)으로 살려는 바오로의 올곧고 엄정한 표양을 높이 사지 않을 수 없다. 그의 결벽성은 "우리는 다른 많은 사람들처럼 하느님의 말씀을 파는 잡상인들이 아니라 하느님의 파견을 받고 하느님 앞에서 일하는 사람으로서 순수한 마음을 가지고 그리스도의 이름으로 말씀을 전하고 있습니다"(2:17)라는 말에서도 역력히 읽어 낼 수 있다.

〈코린토인들에게 보낸 둘째 편지〉에서 바오로는 코린토 교회에 몰래 들어와 바오로의 사도직을 부인하고 신자들 간에 대립과 갈등을 조장한 신앙의 적들에 대해 작심하고 논전을 벌인다. 자기를 잘 보이지 않는 바오로의 성품임에도 많은 공을 들인 코린토 교회의 분열상, 자신의 신앙에 대한 비방에 대해 큰 충격을 받았던 것 같다. 얼마나 괴롭고 힘들었으면 계획했던 방문을 관계가 호전될 때까지 연기해 그것 때문에 또 비난을 받기도 한다.

4) 〈갈라티아서〉

갈라티아는 소아시아 중북부 고원지역의 로마 속주로 수도는 안키라(오늘날 터키 수도 앙카라)였다. 동부 유럽 다뉴브 강 유역에서 살던 켈트족 일부가 마케도니아를 거쳐 이곳까지 내려와 정착하다 로마의 속주(屬州)가 되었다. 이곳 사람들은 오랜 기간 여러 제국의 지배를 받아오면서 수많은 이교신을 숭배했다. 〈갈라티아서〉는 바오로가 갈라티아 공동체의 긴박한 상황과 문제를 해결하려고 열정을 다해 쓴 편지이다. 이 편지는 바오로의 친서로 '서간' 중 가장 오래된 필사본인 '파피루스 46호'에 〈코린토인들에게 보낸 첫째 편지〉와 〈코린토인들에게 보낸 둘째 편지〉, 〈로마인들에게 보낸 편지〉, 〈히브리인들에게 보낸 편지〉에 이어 전문이 실려 있다.

바오로가 편지에서 지칭한 갈라티아의 여러 교회는 대부분 이방계 그리스도인들로 이루어졌다. 바오로가 이 지역과 인연을 맺은 것은 병 때문이었다. 그러나 그것을 기회로 삼아 그들을 복음화하는 일에 몰두했다. 갈라티아인들은 바오로의 고통스런 처지를 보고 관대하게 대해 주었다. '하느님의 천사처럼, 그리스도 예수처럼' 맞기를 주저하지 않았다.

갈라티아인들은 이처럼 처음에는 바오로의 설교를 믿음으로 성실히 듣고 세례를 받았으나 나중에 도로 원소 신앙과 같은 과거의 이교(異敎)로 돌아갔다. 갈라티아인들은 원래 세상의 모든 원소를 신으로 섬겼던 것이다. 이렇게 된 것은 그들의 자발적 선택이 아니라 그들 사이에 침투한 익명의 적대적 선동가들이 영향을 주었기 때문이다. 그들은 예수만 믿어서는 구원받지 못하고 유대교도 함께 믿어야만 구원받는다는 이설(異說)도 퍼뜨렸다.

바오로는 그 선동가들에 대해 직접 대놓고 말하지 않고 그들이 공동체에 가져온 혼란 자체에 대해, 그리스도 복음을 왜곡한 내용에 대해 엄중하게 따졌다. 적대적 선동가들은 갈라티아인들을 바오로와 떼어 놓기 위해 갖가지 비방을 만들었다. 그들은 바오로는 진짜 사도가 아니라 단순히 설교가일 뿐이고 다른 예루살렘 명사들의 설교와 달리 비윤리적인 방임의 길을 가도록 인도한다고 주장했다(5:13, 19~21). 그들 대부분은 유대계 그리스도인들로, 유대 독립운동을 주동, 이스라엘에서 모든 이방 요소를 제거하고 이방인들에게 호감을 가진 사람들을 반대하는 율법주의 운동에 앞장섰던 젤로테 당원들이었다. 그 외에도 갈라티아에서 바오로를 비방한 적대자들은 선택된 이스라엘 백성이 아브라함의 축복에 참여할 수 있게 할례와 율법 준수를 허용함으로써 그것이 바오로의 메시지를 완성하는 것이라는 왜곡된 주장을 했다.

이에 바오로는 분명하고 단호하게 하느님의 구원계획을 설교했다. 그 구원계획은 그리스도의 인격 안에서 완성될 것이고 율법의 구속으로부터 해방되어 진정한 자유를 얻게 할 것이라고 말했다. 또한 율법의 행실이 아닌 그리스도에게 향한 믿음을 통해 의롭게 될 수 있다고 설파했다(2:16). 그 믿음이 우리로 하여금 그리스도를 통해 실현되는 하느님의 구원적 주도권에 동참할 수 있게 했다.

바오로는 자신이 율법으로 말미암아 죽었으며(2:19) 율법은 사람들의 범법 때문에 곁들여진 규정일 뿐, 그 본성상 생명을 줄 수 없다는 사실을 환기시켰다(3:21). 다만 율법은 그리스도께서 오실 때까지 우리를 감시, 우리가 믿음으로 의롭게 되도록 하려는 독려 차원의 법이라는 것이다.

율법에 대한 바오로의 논쟁은 바로 그리스도 중심론적 사상에서 출발한다. 이교에서 개종한 그리스도인들에게 할례와 율법은 자칫 인류 구원을 위해 행한 그리스도의 업적을 축소시킬 위험이 있다. 그리스도를 거부하고 그분의 십자가를 쓸모없는 것으로 만드는 셈이다. 무엇보다 바오로는 갈라티아인들의 구원이 성령을 통해 실현되며 성령은 믿음에 귀를 기울임으로써 받을 수 있다(3:2~3)고 일러 준다. 〈갈라티아서〉에서도 바오로는 특히 영에 대해 많이 언급한다. 하느님이 당신 아드님의 영을 우리 마음 안에 보냈으며 그 영은 거룩하고 자애로운 힘, 하느님의 힘, 부활한 그리스도의 힘을 우리에게 선사한다고 말한다.

갈라티아에 보낸 '서간'을 통해 바오로는 교회를 오늘의 시민사회의 좋은 대안으로 삼도록 화두를 던졌다. 즉, 교회가 계급, 성별, 문화의 장벽을 넘어, 더 나아가 하느님까지도 '아빠, 아버지'라고 부를 수 있을 만큼 깊은 형제적 친교를 경험할 수 있게 해주었다는 것이다.

〈갈라티아서〉 전체를 관통하는 바오로의 믿음의 절창은 바로 "성령께서 우리에게 생명을 주셨으니 우리는 성령의 지도를 따라서 살아가야 합니다"(5:25)라는 것이다. 즉, 그리스도인의 삶은 그리스도 안에서 살고, 그리스도의 영에 따라 걷고, 그리스도 영으로 말미암아 사는 것(5:16~25)이다.

5)〈데살로니카인들에게 보낸 첫째·둘째 편지〉

바오로의 전도여행에서 언급했지만, 데살로니카는 바오로가 전도여행 중 처음으로 편지를 보낸 곳이다. 이 편지는 또 다른 의미를 갖는데, 예수가 떠나고 약 20년 정도밖에 안 된 무렵에《신약성경》가운데 가장 먼저 작성된 문서라는 것이 그것이다. 말하자면 그리스도 최초의 공식문서인 것이다. 데살로니카는 로마인들이 그리스를 함락시킨 후 마케도니아의 수도로 삼은 도시로, 로마관리와 외국인들이 많이 살았다. 그들 중 유대인도 꽤 많았는데 그들은 철저히 유대교를 신봉했다.

또한 이곳은 바오로가 제2차 전도여행 중 필리피에 교회를 세우고 복음을 전하다가 박해를 받고 추방되어 건너와 교회를 세우고 복음을 전한 곳이었다. 그러나 데살로니카에서도 유대인들의 책동으로 쫓겨나 멀리 남쪽의 아테네로 내려갔다.

후에 티모테오가 데살로니카에 대한 반가운 소식을 보내오자 안 그래도 기본교리만 가르쳐 주고 떠나온 데살로니카 신자들에게 미안했던지라 마치 자녀에게 보내는 아버지의 격려와 같은 편지를 써 보냈다. 고난을 받을 때나 감옥에 갇혀 있을 때도 신자들에게 편지를 보내 사랑의 가정을 꾸리도록 권면하고 "항상 기뻐하십시오. 늘 기도하십시오. 어떤 처지에서든지 감사하십시오. 이것이 그리스도 예수를 통해서 여러분에게 보여 주신 하느님의 뜻입니다"(1데살 5:16~18) 라고 간곡히 당부했다. 바로 그 권면을 환난 속에서 실천하며 바오로는 예수의 이름으로 그리스도 신자들에게 복음을 전파했다.

무엇보다 바오로는 데살로니카 그리스도인들이 적극적으로 신앙생활을 하는 것을 보고 깊이 감사했다. 그들이 하느님 아들의 부활과 재림을 선뜻 믿을 수 있었던 것은, 바오로의 복음 선포도 선포이지만 그에 앞서 이스라엘 민족을 선민으로 택했던 하느님의 자유로운 선택과 같은 맥락으로 볼 수 있다(1데살 1:4~2:12).

하느님은 신앙이 저 혼자 자라도록 내버려두지 않는다. 계속 마음을 움직여 사랑의 불씨가 꺼지지 않도록 지펴 준다. 길고 긴 여행 중 침묵과 기도 외에 할 게 없다 할 만큼 무위하고 적막했을 시간을 바오로는 어떻게 견디어 냈을까? 혼자서 질문을 던져 본다. 수많은 그리스도인들의 소식을 접하며 그들 안에서 쉬지 않고 일하는 살아 계신 예수를 만나지 않았을까?

〈데살로니카인들에게 보낸 둘째 편지〉는 종말론에 큰 비중을 두고 있다. 세상 종말과 예수 재림에 관해서 〈데살로니카인들에게 보낸 첫째·둘째 편지〉에 소상하게 적혀 있다.

바오로 역시 《구약성경》의 '예언서'와 유대교 묵시문학을 많이 접했을 터, 그 사관에 따라 역사의 끝에 종말과 박해가 일어나리라는 두려움을 간직하고 그것을 막을 분은 오직 하느님과 그분의 대리자라고 생각했다.

데살로니카 그리스도인들이 주님 재림 전에 죽는 형제들이 구원받지 못할까봐 걱정할 때 바오로는 그렇지 않다고 차분히 설명해 주었다. 죽은 자든 살아 있는 자든 모두 함께 영원히 주님을 모실 것이라고 안심시켜 준 것이다.

교회는 이 서간을 약 2천 년 동안 되풀이해서 읽으며 묵상해 왔다. 그리스도를 믿는다 해서 안일하지 말고, 게으름 피우지 말고, 성실하게 공동체적 삶을 살 것을 촉구하고 있다.

6) 기타 서간들

앞에서 열거한 서간 가운데 〈로마인들에게 보낸 편지〉, 〈코린토인들에게 보낸 첫째·둘째 편지〉, 〈갈라티아인들에게 보낸 편

지〉, 〈데살로니카인들에게 보낸 첫째·둘째 편지〉를 '대서간'이
라고 하며, 〈에페소인들에게 보낸 편지〉, 〈필리피인들에게 보낸
편지〉, 〈골로사이인들에게 보낸 편지〉, 〈필레몬에게 보낸 편
지〉는 '옥중서간'이라고 한다.

　〈에페소인들에게 보낸 편지〉는 감옥에 갇힌 상태에서 에페소
뿐 아니라 소아시아의 여러 지방교회에 일종의 '회람서간'으로 보
낸 '서간'이다. 〈에페소인들에게 보낸 편지〉의 주관심사는 '교회
론'에 있었다. 여기서 교회는 "그리스도께서 요긴한 모퉁잇돌이
되며 사도들과 예언자들은 그 기초가 되어"(2:20) 세워진 교회로
서, 개별적 교회가 아니라 우주적 차원의 보편적 교회를 말한다.
따라서 수신자도 특정 인물을 지목하지 않고 그리스도 안에서 충
실한 '성도들'이라고 했다. 〈에페소인들에게 보낸 편지〉에서 교
회는 "그리스도의 몸"(1코린 12~31) 이라고 불렸던 데서 더 나아가
"그 몸의 머리"(1:22~23) 라고까지 불리게 되었다. 〈에페소인들
에게 보낸 편지〉는 종교적 개인주의에 빠지기 쉬운 현대 그리스
도 신앙인들에게 '교회적인 신앙'을 갖도록 사명을 일깨워 준다는
점에서 큰 의미가 있다. 바로 교회의 외연을 넓히려는 바오로의
새로운 교회론이 전개되었다.

　〈필리피인들에게 보낸 편지〉는 제2차 전도여행 때 바오로 사
도가 실라, 티모테오와 함께 소아시아에서 건너와 맨 처음 교회
를 세운 필리피 신자들에게 보낸 편지다. 바오로는 에페소에서

옥고를 치르는 중에 필리피에서 물심양면으로 도움을 주었던 필리피 신자들에게 '옥중 서간'를 보냈다. 〈필리피인들에게 보낸 편지〉는 옥중에서 보낸 편지인데도 바오로가 쓴 '서간' 가운데 가장 인정이 넘친다. 자신을 한없이 낮추어 순종한 그리스도를 본보기로 해서 신자들끼리 겸손하게 서로 섬기며 친교를 나누도록 당부하였다. 하느님이면서 자신을 비워 종이 되고 죽음에 이르기까지 순종한, 그 유명한 '그리스도 찬가'(2:6~11)가 여기 들어 있다.

〈필레몬에게 보낸 편지〉는 바오로의 '서간' 가운데 가장 짧다. 그러면서도 바오로의 정답고 재치 있는 어조가 눈에 띈다. 〈필레몬에게 보낸 편지〉에서 바오로 사도는 당시 사회제도에서 빚어진 노예 문제를 구체적으로 다루었다. 노예의 지위와 관련, 철저한 평등을 주장하면서도 사회제도를 건드리지는 않는 변증법적인 입장을 여기서도 볼 수 있다. 그리스도교가 로마의 국교로 공포된 후 노예들의 도주 사례가 많아졌다. 그런데 이에 대해 바오로는 강제와 폭력에 의한 사회제도 전복을 원하지 않는 태도를 보였다. 종이든 자유인이든 그리스도 안에서 모두가 그리스도의 사랑을 받는 존재임에 자유로운 결단에 의한 변혁을 기대한 것이다.

〈골로사이인들에게 보낸 편지〉는 《신약성경》에 12번째로 수록된 서간으로, 바오로가 기원후 57~62년경 에페소의 로마군 감옥에 있을 때 유대계 그리스도인과 이방인 그리스도인의 혼성교회에 보낸 '서간'으로 알려져 있다. 종교 혼합주의를 경고하고 이단에 물들지 말도록 훈계하는 내용으로 채워져 있으며, 특히 부부와 자녀의 도량(度量)을 깨우치는 가훈(家訓)이 눈에 띈다.

〈골로사이인들에게 보낸 편지〉를 읽으면 '내 존재의 중심이 어디에 있는가?' 하는 질문을 스스로에게 하게 된다. 그리스도인은 이 세상에 살고 있지만 이미 이 세상 사람이 아니다. 예수 그리스도와 함께 죽었으니 저 위에 있는 것을 찾으며(3:3) 하느님의 오른쪽에 계신 그리스도의 모상을 따라 새로운 삶을 살아가야 한다. 그렇다고 세상 삶을 두려워하거나 무의미한 삶이라 매도해서는 안 된다. 〈골로사이인들에게 보낸 편지〉는 또한 그리스도를 믿고 따르는 사람들을 하느님과 그리스도의 현존 속으로 인도해 평화로운 삶을 살도록 끌어 준다. 또한 바오로 자신은 독신의 삶을 살았지만 가정에 대해서도 아름다운 충고를 아끼지 않았다. 하느님에게 선택된 사람, 거룩한 사람, 사랑받는 사람답게 마음에서 우러나오는 동정과 호의와 겸손, 온유와 인내를 입고 그 위에 가장 아름다운 '사랑'의 옷을 입으라고 권면했다(골로사이 3:12~14).

제3부

영성에
끌리다

제 9 장

그리스도인의 영성

1. 영성 마중

'영성'(靈性, *spirituality*)은 사전적으로는 '신령한 품성이나 성질'을 뜻한다. 신령하다 함은 '사람의 지혜로는 짐작할 수 없을 만큼 신기하고 영묘한 데가 있다'는 뜻이고, 품성은 '사람의 타고난 성품'을 말한다.

인간의 지혜로는 감지할 수 없는 신기하고 영묘한 그곳에 바로 사람의 타고난 성품을 장착시킨 이 사전적 의미에서 뜻밖에도 그리스도 영성의 신앙적 의미를 발견할 수 있다. 즉, 앞부분에서는 신적 존재로서의 예수를 만날 수 있고, 뒷부분에서는 인간이 되신 예수를 만날 수 있다. 그리고 당신의 신성을 통해 하느님이 창조하신 인간의 타고난 성품이 어떤 것인지를 암시해 준다. 물론 영성이라는 개념이 한 종교에서만 쓰이는 단어는 아니다. 초자연적, 신비적 체험이나 내적 수덕에 의한 확신을 두고 영성을 말하기도 한다.

그리스도인의 영성은 하느님에 의해 창조된 수동적 생명에 내재한 영(靈)을 지칭하고, 그 영을 부여받은 인간이 하느님과 자기 자신, 이웃들, 그리고 세상에 대해 초월적 사랑으로 살아가는 거룩한 품성이다. 다시 말해 교회의 영성은 창조주 하느님의 현존이신 인간 예수의 신성한 품성으로서 모든 인간이 태초에 하느님에게 받은 모든 은사와 은총의 수원지(水源池)이다. 인간은 영성을 통해 하느님과의 올바른 관계를 회복할 수 있고, 영성에 의해 인간에 대한 하느님의 사랑이 온전하게 맺어질 수 있다. 하느님을 대면하고 하느님의 생명에 참여하며 하느님의 영에 귀 기울이고자 하는 사람의 영혼 안에 영성은 둥지를 튼다. 그러므로 그리스도인에게 영성은 매우 중요한 신앙적 명제다.

영성은 얼핏 사변적인 명제 같지만 애덕의 실천과 긴밀한 유대를 가진다. 또한 영성은 믿음·소망·용기·지혜·가난·인내 같은 은사를 통해 하느님에게 순명하는 완덕(完德)에로 나아갈 수 있는 영적 여정의 에너지원이다. 영적 에너지를 충분히 공급받을 때 우리는 비로소 하느님의 현존을 인식할 수 있다. 바로 그 현존인 인간 예수의 삶을 좇아 양심을 성찰하고 회개함으로써 하느님과 자기 자신, 이웃들, 그리고 세상에 대한 초월적 사랑의 실천을 수행할 수 있다. 이 바탕 위에서 비로소 그리스도 신앙인의 영성생활이 시작되는 것이다. 그런데 여기서 한계가 드러난다. 신성이 내재되어 있는 영성이기에 인간 혼자 힘으로는 영적 삶을 추구할 수 없고 성령의 도움이 필요하다.

성령은 성스러운 영이다. 하느님의 아들로 태어나 인간으로 살다 영성을 잃은 인간을 위해 속죄양이 된 예수가 하늘로 돌아가면서 보내 준 하느님의 또 다른 영, 그리고 같은 위격인 예수의 영이기도 하다.

성령은 루가의 저서에 가장 많이 나온다. 예수가 부활한 후 50일이 되던 날 다락방 모임에서 제자들은 예수가 보내 준 성령을 맞게 된다(사도 2:1~3). 해방절 다음 50일째, 보리와 밀을 추수하고 하느님에게 감사하는 일명 '맥추절'이기도 한 오순절의 성령 강림 사건은 그리스도 예수가 성령을 통해 '교회'라는 가시적 조직으로 사람들을 끌어 모으고 제자들에게 적극적으로 활동하도록 힘을 실어 주는 결정적 계기가 되는 사건이다.

생전에 예수는 하느님 말씀을 전하기 위해 그 어떤 제도도 만들지 않았으며 떠나기에 앞서 다시 온다는 말 외에 따로 후계자를 세우지도 않았다. 어떤 구체적 약속의 언질을 받지도 못한 채 막연한 기다림으로 불안하기만 했던 제자들은 마침내 하느님을 중심에 모시고, 예수의 죽음과 부활, 성령의 인도를 통해 불안을 떨치고 그리스도의 삶을 본받도록 깨우쳐 주고자 전교를 시작한다.

여기서 '그리스도의 삶'이란, 하느님이 어떤 분인지를 우리에게 알려 준 예수, 길이요, 진리요, 생명이신(요한 14:6) 그분을 인생의 길잡이로 삼아 살아가는 삶이다. 또한, "하늘에 계신 아버지께서 완전하신 것 같이 너희도 완전한 사람이 되어라"(마태 5:48) 라고 말한 예수의 산상수훈(마태 5~7, 루가 6:20~49)의 가르침을 따라 완덕(完德)에 이르고자 노력하는 삶이다. 그리스도를 따라가는 삶, 성령의 인도를 받아 드러나는 삶은 다양하고 다채롭다. 지혜, 지식, 믿음, 치유, 기적 등 "헤아릴 수 없이 풍요하신 그리스도에 관한 복음"(에페 3:8)으로서의 성령은 토마스 아퀴나스 (Thomas Aquinas, 1225?~1274)가 말한 것처럼 "하느님께서 베푸시는 다양한 은총의 선물이고 완덕으로 가는 교회의 아름다운 현양"이다.

그리스도 영성의 다양성은 《성경》에 기원을 둔다. 이를테면 〈마르코의 복음서〉의 복음적 영성은 하느님 나라의 도래와 예수의 수난과 죽음에서 절정을 이루고, 〈마태오의 복음서〉는 산상설교를 중심으로 그리스도인의 생활에 관심을 둔다. 〈루가의 복음서〉는 예수 안에서 드러나는 하느님의 자비에 치중하고, 〈요한의 복음서〉는 생명과 성령을 주시는 말씀이신 예수에게 집중한다. 이처럼 복음에 대한 다양한 관점은 여러 갈래의 성찰을 가능케 하며 현대 그리스도 영성에도 큰 영향을 끼친다.

사도 성 바오로도 이러한 성령의 다양한 기능을 언급함과 동시에 다양성 안의 일치를 강조하였으며(로마 12:3~8), 실제 성령의 다채로운 역사(役事)를 초대교회의 활발한 체험 안에서 드러내 보였음을(1코린 12:1~31) 소개했다. 죽음, 부활, 승천의 삶을 마무리한 예수는 성령을 통해 연대의식과 연민의 정으로 만인이 하나 되기를 소망하며 쉬지 않고 인류의 삶에 깊숙이 개입해 오고 있다.

무엇보다 당신 죽음과 부활 사건의 정점에 우뚝 서서 우리에게 끊임없이 일깨워 준다. 내가 지금 가는 길이 어떤 길인지 끊임없이 자문하고 또한 내 생명이 하느님에게 한시적으로 부여받은 생명임을 잠시도 잊지 말기를, 그 한시적 생명을 무엇으로 채워야 할지 침묵 중에 성령의 인도를 받으라고 일러 주는 것이다.

성령은 은총이다. 성령이 데려다주는 영성도 은총이다. 모름지기 그리스도인이라면 무엇보다 성령의 은총 속에 자신의 영성을 공고히 하고 삶 안에서 영성의 꽃을 피울 수 있어야 할 것이다.

그 꽃은 세상의 꽃이 그러하듯 다채롭다. 성령이 다채롭게 발현되듯 영성 또한 다양한 빛깔로 인류의 구속사업에 기여해 왔다. 민족과 언어에 따라서, 그리고 시대의 변천과정에서 그리스도 신자들은 교회의 요구와 필요에 따라서, 개개인의 묵상과 성찰을 통해 고유한 영성을 꽃피우고 풍성한 열매를 맺어 왔다. 무엇보다 예수님은 모든 영성의 규범인 《성경》 말씀을 통해 기도·

단식·절제·선행 등 영성의 수련 방법을 제시하며, 이것들을 통해 예수 그리스도의 삶을 온전히 본받고 완덕으로 나아가기를 촉구한다.

2. 영성의 질료

18세기 이전까지만 해도 가톨릭교회는 일반 신자들에 대해 영성을 크게 강조하지 않았다. 미사에 규칙적으로 참여하고, 교회가 제시하는 전례를 따르며, 교무금을 성실히 납부하고, 기도와 단식, 성지순례 등 교회의 권고를 충실히 지키면서 공적 악행을 저지르지 않으면 공식적인 가톨릭 신자로 인정받았다. 영적 수련을 통해 하느님의 뜻을 이해하고 실천하는 일은 개별적 신앙 문제였다. 그러다가 1891년 교황 레오 13세는 사회 회칙《새로운 사태》(*Rerum Novarum*)를 공표한다. 이 회칙은 교황 제도가 노동운동 진영으로부터 처음으로 경외심을 불러일으키게 해주었다. 레오 13세는 이 회칙에서 교회는 결코 귀족과 착취계급의 동맹이 아니며 노동자의 적법한 요구를 지지한다는 사실을 명확히 했다. 이후, 사회정의에 대한 실천적 삶에 가톨릭 영성이 보이지 않는 불쏘시개가 되어 주기 시작했다.

교황의 회칙 발표는 시대적 배경을 갖고 있었다. 산업혁명은 농업이나 수공업적 생산방식에서 기계에 의한 대량 생산방식으로 경제체제를 바꾸어 놓았고, 그에 따라 인간은 가난하고 힘겨운 육체적 노동으로부터 해방될 수 있었다. 많은 사람이 토지에 얽매여 살던 생활방식에서 벗어나 도시의 노동자로 이입, 시민사회로 성장해 갔다. 이러한 대변혁 속에서 교회는 사회공동체에 대한 사목에 관심을 갖게 되었고, 산업사회의 일꾼이 된 그리스도 신자들 또한 개인적 신앙의 틀을 벗어나 공동체적 신앙에 새롭게 눈을 뜨기 시작했다. 즉, 함께 살아가는 동시대 사회현상을 바라보는 공동의 창을 갖게 된 것이다.

사실 오랫동안 가톨릭 신자들에게 하느님을 향한 믿음의 영성은 지극히 사적이고 내밀한 데다 그 주체가 교회나 개인에 머물러 공공의 영역에서 핵심적 역할을 수행하지 못했다. 마침내 수도원에 갇혀 있던 영성, 몇몇 은수자들의 고행이나 깊은 고요 속에 침잠해 있던 영성이 세상에로 창을 활짝 열고 나와 교회 밖에서 봉사와 교육 등 적극적 활동을 시작한 것이다.

오랫동안 그리스도 신자는 《성경》을 통해 영적 삶의 질료를 제공받았다. 그 질료를 삶 안에서 잘 활용하도록 예수는 성령을 통해 첫째 실천강령을 일러 주었다. 그것은 곧 "골방에 들어가 숨어서 기도하라"(마태 6:5~6)는 것이다. 기도는 하느님과의 관계를 갖는 표지가 되는 행위다. 그것은 가톨릭 신자로서의 선택사항이 아니라 필수요소다. 영적 통찰로 삶의 좌표를 발견하고 그 방향을 따라 항해할 때, 기도는 가톨릭 신자에게 신앙의 나침반이 되어 준다. 신앙의 집을 지으려 할 때 주춧돌이 되어 준다.

"항상 깨어 있으면서 감사하는 마음으로 꾸준히 기도하십시오."

회심의 대사건을 일으킨 사도 바오로의 '기도'에 대한 일갈이다.

우리가 다락방에서 홀로 기도하거나 묵상하고 있을 때면 예수는 가만히 듣고 있다가 일러 준다.

"가난한 이와 함께하라."(요한 12:1~8)

예수는 당신 자신을 가난한 이들과 일치시켜 동격에 놓고 심판의 기준으로 삼겠다 하고 그들을 초대해서 융숭하게 대접하라고 명한다. 그래야 부활 때 큰 보답을 받을 것이라고 일종의 보증서까지 보여 준다. 가난한 사람들을 무시하고 불의가 자행되는 곳에서는 당신과 관계를 가질 수 없다고 잘라 말하면서 그들을 돕고 그들과 함께하는 우선적 선택이 그리스도인의 영성적 삶의 필수 표양임을 가르치는 것이다.

이처럼 사회의 약자들을 어떻게 대해야 하는가에 대해 예수가 제시한 실천강령을 따라 교회는 일찍이 가난한 이를 위한 병원, 고아원, 급식소, 학교 등을 설립하고 노예제도 폐지에 대해 목소리를 내곤 했다. 나약한 이에 대한 외면, 혹은 불평등한 사회구조 등을 문제 삼는 최근의 소수 해방신학(解放神學, Liberation theology)이나 페미니스트, 정치 이슈화 집단이 내는 목소리가 결코 그들만의 독자적 목소리가 아닌 것이다. 이미 수천 년 전 예수가 회당에서, 호숫가에서 반복해 가르치고 또 가르친 숱한 말씀의 진액을 그들이 꺼내 원용하는 것이다.

다음으로 일러 주는 영성 질료는 마음과 정신의 부드러움, 곧 온유(溫柔)다.

온유한 마음은 범사에 감사한다. 온유하고 범사에 감사하는 사람은 자신 안의 성덕에 힘입어 주어진 일에 충실할 수 있는 에너지가 마음 안에서 솟구쳐 오른다. 그 힘으로 기도하고 정의를 실천하고 건전한 생활을 영위할 수 있다. 바로 해방신학의 아버지 구스타보 구티에레즈(Gustavo Gutierrez, 1928~)가 말하는 건전한 영성으로 양육된 영혼의 소유자다.

'잃었던 아들'(루가 15:11~32)의 비유에서 만나는 큰아들처럼 계명을 지키고 정의를 실행한들 온유함이 결여된 모질고 원한 가득한, 격앙된 충성이야말로 오히려 세상을 더 양극화하고 네 편 내 편으로 가르는 악의 순환 고리를 만들어 낼 뿐이다.

영성은 어떤 면에서 균형의 문제이기도 하다. 누구든 영적 여정으로 나아가고 싶다면 그는 지상에서 사는 동안 창조주 하느님과 좋은 관계를 유지하며 하느님의 구속사업에 동참하고 동시에 세상과 균형을 이루며 살고 싶어 할 것이다. 모름지기 대다수의 그리스도인들은 그렇게 현세에서 조화로운 삶을 영위하면서 하느님의 구원사업에도 동참하고 싶은 소망을 갖고 있을 것이다.

영성의 기본 질료인 기도와 온유는 나와 다른 생각이나 주장을 이해하고 너그럽게 수용하도록 우리를 인도한다. 자신에게는 엄격하고 타인에게는 느슨하도록 영적 관용을 갖게 해준다. 그리하여 우리 모두가 하느님의 모상으로 만들어졌으며 하느님이 우리를 부르실 때 개인으로 부르지 않고 공동체로 부른다는 것을 깨닫게 해준다.

나아가 개개인의 관계 또한 개인과 하느님의 관계처럼 중요하다는 것을 깨닫도록 인도한다. 이 말은 곧 하느님을 사랑하라는 계명과 이웃을 사랑하라는 계명이 결코 분리될 수 없는 것이며, 이웃 사랑의 가르침이 추상적 율법이 아니라는 말이다. 즉, 하늘에 계신 하느님에 대해 예배하는 것은 지상 공동체에서의 구체적 예배를 뜻한다. 그러므로 볼 수 없는 하느님을 사랑한다면서 볼 수 있는 이웃을 배척한다면 이는 거짓말이다. 다 같은 하느님의 모상이지만 때로 이해할 수 없는 타인을 이해하고 때로 용서할 수 없는 일을 용서해야 하는 불가피한 상황에서 신앙의 은총으로 얻은 영성은 기도와 온유, 감사와 분별 등 내적 질료를 동원해 인내하고 기다리는 마음의 여유를 갖도록 돕는다. 나아가 보다 적극적인 선업(善業)으로 감화를 얻어 내기도 한다.

영성이 세상 밖으로 나와 모든 가톨릭 신자들에게 새롭게 다가가는 다른 한편에서 탁월한 영적 통찰력을 얻고자 하는 영성학자, 수도자들은 앞에서 언급한 질료에 좀더 적극적으로 다가가고자 청빈과 정결, 순명의 삶에 오체투지(五體投地)를 한다. 예수회를 창설한 성 이냐시오(Sanctus Ignatius)는 초창기 예수회 회원들에게 하느님에게 바치는 평생의 서원(誓願) 형식으로 이 세 가지 개념을 제시했다. 물론 이 개념이 이냐시오가 처음 창안한 것은 아니다. 이냐시오가 태어나기 수 세기 전부터 베네딕토회, 도미니크회, 프란치스코회 같은 가톨릭 수도회들이 오랜 세월 간직해 온 전통이었다.

성 이냐시오가 언급한 '청빈'(淸貧)은 가난한 그리스도와 일치하는 수단이자 보다 쉽게 하느님을 따르기 위해 스스로를 자유롭게 하는 수단이다. 또한 인도의 예수회 신부인 앤서니 드 멜로(Anthony de Mello, 1931~1987)가 말한 "현세의 소유물에 지배당하지 않는 영적 자유"를 향한 의지이다. 이 자유는 우리가 보통 말하는 자유롭고 싶다는 그런 자유가 아니다. 그것은 스스로 만족하지 못하며 만족할 수도 없는 우리 자신의 한계에 대한 '영적 가난의 깨달음'이며, 공동체 생활을 보다 검소하게 만들고 일치를 촉진하는 근원이 되어 준다. 예수회 회헌에 언급된 것처럼 '청빈'은 수도생활을 지켜 주는 견고한 성벽이다.

다음으로 '정결'(淨潔)은 오직 하느님만을 완벽하게 신뢰하고자 불필요한 것을 모두 처분하고 삶을 단순하게 만드는 영신(靈神) 수련이다. 정결의 서원은 결혼하지 않겠다는 뜻을 포함하며, 그로써 더 많은 시간과 관심을 사목과 수련에 쏟을 수 있게 된다.

'순명'(順命)은 청빈과 정결을 하느님에게 서원하고, 그러한 자신의 선택에 대해 책임을 지는 약속이다. 이 겸허한 약속이야말로 가장 높은 차원의 영적 여정이 되는 것이다.

3. 영성의 결실

다양한 영성의 질료로 단련된 신앙인은 그렇지 않은 사람과 판이한 체험을 한다. 그는 세상의 관계에 대해 본질적 통찰이 가능하며 《성경》 속 하느님을 포괄적으로 이해하는 데 결정적 도움을 주는 두 요소, 즉 구원과 축복의 세례를 받는다. 이 두 영성의 결실은 《성경》을 통해 다양한 스펙트럼으로 분사되는데, 서로 다른 선율이면서 조화를 이루어 《성경》 전체를 관통한다. 또한 《성경》 속 하느님을 포괄적으로 이해하는 데 꼭 필요한 내용들이며 상호보완적이다.

《성경》에서 신앙의 선조들은 자신의 역사의 서막을 민족의 구원사(救援史)로 이해한다. 그 최초의 이야기가 〈창세기〉를 구성하며, 그 안에 창조와 홍수 이야기, 선조 아브라함과 사라, 이사악과 리브가(레베카), 야곱과 라헬, 요셉 가문의 이야기가 있다. 그러나 이 민족의 진짜 구원사는 〈출애굽기〉(〈탈출기〉)로부터 시작된다. 여기서 하느님은 이스라엘 민족을 이집트 파라오로부터 구출해 내는 선봉장으로 등장한다. 다시 말해 이스라엘 민족은 하느님이 선택한 백성이며 그들의 민족으로서의 출발은 노예 상태와 압제로부터의 해방에서 비롯된다. 적대자 파라오 치하의 노예살이에서 해방되어 약속의 땅으로 건너가 통일국가를 세우고, 통일국가가 분열된 후 다시 바빌론 유배를 가고, 다시 돌아와 파괴된 예루살렘 성전을 재건하는 과정으로 이어지는 구원과 축복의 역사다. 이어 유대인 공동체 안에서 싹을 틔운 예수 시대의 여정에도 이 구원과 축복은 이어진다.

《성경》은 우리에게 하느님이 이스라엘 민족을 구원하기 위해 이스라엘 역사 전체를 관통하며 반복해서 행한 수많은 이야기들을 들려준다. 《성경》의 전편, 《구약성경》은 하느님의 선민(選民)인 이스라엘 민족의 구원사이나 후편, 《신약성경》은 예수 그리스도의 구세사(救世史)이다. 이스라엘 민족의 구원사 안에서 하느님은 쉬지 않고 행동하는 하느님이다.

행동하는 하느님, 바로 하느님의 정체성이다. 바꿔 말하면 그 옛날, 그때의 구원자 하느님은 지금 여기 우리의 삶 안에도 침투해서 우리 삶을 조종하는 분, '스위치 온'의 현존하는 분이라는 똑같은 공식이 적용된다는 뜻이다. 그뿐 아니라 기적을 일으키는 마술적 면모도 갖춘 분이어서, 기도하고 인내하면서 믿음으로 응답을 기다리면 변함없이 구원의 응답 신호를 보내 준다. '구약'의 이스라엘 백성에게도, 예수 시대 도처의 인간에게도, 오늘의 우리에게도. 그리고 일단 구원을 받으면 하느님에게 경의를 표하고 자신을 바쳐 섬기고 싶어진다.

하느님의 구원 행위를 기억하는 일은 구원에 대한 감사를 깨우쳐 주고 타인과의 유대감을 주입시켜 결속력을 강화시킨다. 이스라엘 민족의 결속력은 지금도 세계에서 으뜸이다. 전쟁이 나면 해외에서 일하거나 공부하는 학생들이 다투어 본국으로 돌아온다는 이야기가 늘 인구에 회자된다.

구원과 함께 또 하나 영성의 결실은 하느님의 축복이다. 세상을 호의적으로 보고 안분지족(安分知足)의 자유로운 삶을 누리면서 인간은 자연스레 하느님을 다함없는 보호자로, 좋은 선물을 부여하는 공급자로 알게 된다. 구원사에서 보듯 하느님은 단지 극적 위기와 필요한 순간에만 개입하는 신이 아니라 항구적으로 세상 가운데 머물면서 삶을 영위하고 창조하며 축복해 주는 분이기도 하다. 고대 이스라엘에서 축복과 관련된 전통의 보호자들은 민족의 원로와 부모, 왕실의 어른, 율법학자와 현인, 사제들이었다. 그들의 권위와 권능을 나누어 받으면서 이스라엘 민족은 때로 하느님의 벗이 되고 왕의 짝이 되기도 했다.

이처럼 축복 신앙은 수평의 선물이 아니라 천부의 선물이다. 우주의 질서를 세우고 세상이 존재하도록 운용하는 창조주가 우리 삶을 신비의 주체로 세우고 마르지 않는 지혜의 원천이 되어 주고자 하는 것이다.

"당신의 작품, 손수 만드신 저 하늘과 달아 놓으신 달과 별들을 우러러보면 사람이 무엇이기에 이토록 생각해 주시며 사람이 무엇이기에 이토록 보살펴 주십니까? 그를 하느님 다음가는 자리에 앉히시고 존귀와 영광의 관을 씌워 주셨습니다. 손수 만드신 만물을 다스리게 하시고 모든 것을 발밑에 거느리게 하셨습니다"(시편 8:3~6)는 말씀처럼 하느님은 인간에게 왕족 지위를 하사할 만큼 인간을 지근거리에 두고 있다. 그런 만큼 인간은 세상과 만물을 보살펴야 할 책무가 있다. 인간은 하느님의 지혜와 세상에 대한 지식을 공유하고 그분이 준 구원과 축복의 '지배권'을 행사한다. 이 지배권이야말로 인간이 이생에서 치열하게 분투하며 살아가는 동안 필요 시 행사할 수 있는 신성한 권능과 권리다. 단, 그것을 행사할 때 반드시 책임이 함께한다는 인식도 하느님은 깨우쳐 준다.

4. 영성의 효용, 그 예화

'영성의 효용'에 대해 묵상하면서 가장 먼저 떠오른 《성경》 속 인물이 욥이다.

'하느님은 불공평하신가?'

철통같은 믿음이라고 생각한 욥의 앞에 하느님이 들이민 형언할 수 없는 형벌은 욥에게 공황장애를 일으켰다. 몇천 년 전에 살았던 욥의 울부짖음을 '영성의 효용'이라는 관점에서 보면, 욥이 받은 고통이 정말 아무 이유도 없이 받은 고통인가, 고통을 뛰어넘는 영성의 보증을 삼으려고 하느님이 일부러 주신 고난인가에 대해 진지하게 생각해 보도록 이끈다.

얼핏 보아 참으로 불공평한 처사의 연속이다. 한없이 좋은 것만 받아야 할 탁월한 영성을 가졌건만, 욥이 하느님으로부터 어찌 그리도 처참한 대접을 받는단 말인가. 많은 영성가들이 받는 질문 가운데 하나가 있다. "어째서 고통이 은총인가?"라는 것이다. 이처럼 불공평한 일이 어디 있단 말인가.

한마디로 〈욥기〉는 '욥'이라는 특별한 인물을 주인공으로 내세워, 야훼 신앙을 토착화한 이야기이다. 불의한 고통의 수수께끼를 푸는 과정에 하느님의 근원적 시도가 내재되어 있어 《구약성경》 가운데 참으로 이해하기 어려운 내용이다. 〈욥기〉는 인간이 어떤 악조건 속에서도 하느님 앞에서 자신을 바로 세우고자 몸부

림치는 이야기이다.

부유하고 신심 깊은 욥에게 어느 날 이유를 알 수 없는 불행이 닥쳐온다. 욥과 그의 세 친구, "데만 사람 엘리바즈와 수아 사람 빌닷과 나아마 사람 소바르"(욥 2:11)는 마치 언어의 권투시합을 하듯 링 안에서 장황한 공방을 벌인다. 여기 그들 모두가 동의하는 기본 규칙이 있다. 그것은 '하느님은 착한 사람에게는 보상하고 악한 사람에게는 벌을 내려야 한다'는 규칙이다. 하느님의 공평하심을 확신하는 그의 친구들은 세상이 돌아가는 현재의 방식을 변호한다.

"곰곰이 생각해 보게. 죄 없이 망한 이가 어디 있으며 마음을 바로 쓰고 비명에 죽은 이가 어디 있는가?"(욥 4:7)

상식적으로 생각해도 하느님이 아무 이유 없이 욥을 고생시킬 리가 없다는 얘기다. 욥이 남모르는 죄를 지은 게 분명하다는 것이다. 하지만 욥은 그런 벌을 받을 행동을 한 적이 없음을 확실히 알기에 그 말에 수긍할 수가 없다. 그는 결백을 호소한다. 그러나 고난이 지속되면서 욥이 가장 소중히 간직했던 믿음도 마멸되어 간다. 어떻게 하느님이 내 편이라고 할 수 있단 말인가. 욥의 마음 한구석에서 의심이 돋는다. 그의 내면에 믿음의 위기가 온다.

'하느님은 불공평하신가?'

욥은 자기가 믿은 모든 것에 의문을 던진다. 그렇지 않고서야 지금 일어난 일들을 어떻게 설명할 수 있단 말인가? 그는 주변을

Gerard Seghers, 〈참을성 있는 욥〉, 프라하 내셔널 갤러리 소장.

돌아보며 불공평함을 드러내는 실례들을 찾는다. 그렇다. 때로는 악한 사람들이 번성하고 악행을 저질렀는데도 벌을 받지 않는다. 하느님은 안중에도 없는 사람들이 더 행복하고 안락한 삶을 산다. 그런 삶들을 기억하기만 해도 욥은 두려움에 떤다.

〈욥기〉가 오늘을 사는 우리와 깊은 공감대를 나누는 것은 우리 역시 이런 상황에 대해 수긍할 수 없기 때문이다. 그리고 그런 상황은 지금도 쉬지 않고 벌어진다. 인생의 불공평함에 대한 욥의 날카로운 항변은 고통으로 괴로워하는 우리네 삶 도처에 산재해 있다.

굶주림에 시달리는 제3세계의 '죄 없는' 어린이들을 노동의 현장으로 내모는 어른들, 불의하게 번 돈으로 방종한 생활을 하는 사람들, 어둠의 세계에서 막강한 영향력을 행사하는 조직범죄단 등, 이 세상의 불공평함에 대한 욥의 질문은 오늘에 와서도 수그러들기커녕 오히려 더 크고 날카롭게 들린다. 그럼에도 우리는 여전히 세상이 선의의 규칙에 따라, 하느님의 정의의 잣대로 운용되기를 기대한다. 그런데 왜 하느님은 그렇게 하지 않으시는 것인가. 인간은 누구나 삶의 어느 시점에서 한 번쯤 욥과 같은 혼란스러운 시기를 겪는다.

사랑의 하느님과 모순되는 많은 처절한 일이 쉬지 않고 일어나는데, 이유가 무엇인가? 그 불공평에 대해 인간은 왜 그렇게 매달리는가? 저지 코진스키(Jerzy Kosinski, 1933~1991)와 엘리 위젤(Elie Wiesel, 1928~2016) 같은 유대인 저자들은 처음에는 하느님에 대한 굳건한 믿음을 가졌다. 그러나 유대인 대학살이 벌어진 가스실 속에서 그 믿음은 증발해 버렸다. 역사상 가장 암울한 불공평을 겪은 그들은 하느님은 존재하지 않는 것이 분명하다고 스스로 결론을 내리고 말았다.

반면 세상의 불공평 속에서도 하느님의 존재만은 부인하지 못하는 사람도 있다. 어쩌면 하느님도 인생이 불공평하다는 데는 동의하지만 그렇다고 뭔가를 해줄 수는 없다는 견해다.

랍비 해럴드 S. 쿠시너(Harold S. Kushner, 1935~)는 그의 베스트셀러 《착한 당신이 운명을 이기는 힘》에서 "하느님조차 혼돈을 제대로 수습하기가 힘드시다", "정의의 하느님이지, 능력의 하느님이 아니다"라고 결론 내린다. 아들이 선천성 조로증으로 죽은 후 내린 결론이었다. 수백만 명의 독자들은 쿠시너가 제시한 동정적이지만 유약한 하느님의 모습에서 오히려 위로를 얻었다.

하지만 욥은 마침내 하느님의 경고에 귀를 기울인다. 〈욥기〉의 마지막 다섯 장은 경고를 받은 욥에게 주님이 들려주는 엄중한 항의다. 폭풍 속에서 하느님이 욥에게 묻는다.

내가 땅의 기초를 놓을 때 너는 어디에 있었느냐?

바다가 모태에서 터져 나올 때 그 누가 문을 닫아 바다를 가두었느냐?

너는 빛을 제 나라로 이끌어 가고 어둠을 본고장으로 몰아갈 수 있느냐? 너는 흰 눈을 저장해 둔 곳에 가본 일이 있으며, 우박 창고에 들어가 본 일이 있느냐?

거친 들을 흠뻑 적시고 메말랐던 땅에 푸성귀가 돋아나게 하는 것이 누구냐? 비에게 아비라도 있단 말이냐?

방울방울 이슬을 낳은 어미라도 있단 말이냐?

너는 구름에 호령하여 물을 동이로 쏟아 땅을 뒤덮게 할 수 있느냐?

누가 따오기에게 지혜를 주었느냐?

누가 까마귀에게 먹이를 장만해 주느냐?

산양이 언제 새끼를 낳는지 너는 아느냐?

들소가 어찌하여 네 일을 거들어 주며, 네 구유 옆에서 밤을 새우겠느냐?

독수리가 네 명령을 따라 높이 치솟아 아득한 곳에 보금자리를 트는
줄 아느냐?
피 묻은 고기로 새끼를 키우니 주검이 있는 곳에 어찌 독수리가 모이
지 않겠느냐? (욥 38:1~39, 39)

땅과 바다, 빛과 어둠, 하늘과 동물과 식물, 세상 만물의 주재
자를 몰라보고 지각없이 지껄인 욥에 대해 엄중하게 항의하는 하
느님 앞에서 욥은 유구무언(有口無言), 주님 앞에서 고두사죄(叩
頭謝罪) 한다.

당신께서 어떤 분이시라는 것을 소문으로 겨우 들었었는데, 이제 저
는 이 눈으로 당신을 뵈었습니다. 그리하여 제 말이 잘못되었음을 깨
닫고 티끌과 잿더미에 앉아 뉘우칩니다. (욥 42:5~6)

하느님의 능력을 그렇게 감동적으로 전한 부분이 《성경》 어디
에 또 있겠는가. 바로 그것이다. 어떤 처지에서든 하느님의 뜻을
헤아리는 눈을 갖는 것, 그것이야말로 높은 영성을 가진 사람이
얻을 수 있는 영성의 효용이다.
지독한 비극과 원망과 저주의 끝머리에서 욥은 드디어 하느님
이 내민 화해와 손을 잡는다. 지극한 고통 중에도 마지막까지 하
느님을 포기하지 않은 욥의 용기, 변함없는 영성이 하느님의 감

화를 입은 것이다. 마흔한 장의 고뇌의 내용과 단 한 장의 회복의 내용 사이 하느님의 역사(役事)가 어떠한가. 고뇌가 아무리 깊고 커도 하느님의 처방은 간략하다. 그리고 한방에 날려 버리는 특효가 있다. 온몸의 종기를 드러낸 채 바위에 앉아 몇 날 며칠 투덜대기만 하던 벌거숭이 욥이 깜짝 쇼를 하듯 내뱉은 짧은 회개의 말에 하느님은 욥의 진실을 간파하고 사태를 수습한다. 그것으로 욥과 사탄의 전쟁도 끝난다.

어떤 개인적 고통도 십자가상 예수의 우주적 고통에 비하면 지나가는 바람일 뿐이다. 바람은 느끼는 대상에 따라 편차가 크다. 개미에게는 사람의 입바람도 태풍과 같고, 천년 고목에게는 폭풍도 산들바람과 같다. 고통 중에도 쉬지 않고 기도하고 묵상하며 감사와 온유함을 회복코자 힘쓴 욥의 웅숭깊은 영성이 마침내 효험을 본 것이다.

세상의 물리적 현실 너머 영적인 현실에 눈을 뜬 욥은 삶의 정황과 관계없이 하느님과 관계를 맺어 나가며 하느님을 신뢰하는 법을 오늘 우리에게 일깨워 준다. 그것이 〈욥기〉가 그 어떤 영성의 실화보다 정직하고 매력적인 이유다. 〈욥기〉는 자칫 빠지기 쉬운 보장성 믿음의 유혹으로부터 우리를 지켜 주는 근거가 되며, 가장 불공평한 물리적 현실을 겪어 낸 예수의 인생, 예수의 십자가가 보여 주는 참 영성의 효험을 드라마틱하게 들려준다.

여러 가지 고통을 수반하는 세상의 문제 앞에서 계산을 하지 않고 실리를 따지지 않는 신앙, 주고받는 교환법칙에 따르지 않는 순수한 믿음이 곧 하느님과의 관계를 정립하는 정도(正道)다. 이것을 욥을 통해 얻을 수 있는 영성의 효용이다.

제 10 장

영성의 흐름

영성이란 말은 라틴 교부이자 교회학자 성 예로니모(Hieronymus, 347~419)가 쓴 《예로니모 서간》에 처음 등장한다.

"그대는 영성에 진보하도록 행위하시오."

가톨릭에서 영성은 그리스도 신자들이 성령의 능력 안에서 하느님을 중심에 모시고 하느님의 모습을 인간에게 제시한 그리스도의 삶을 본받도록 돕는 신비한 품성이다. 따라서 영성생활은 길이요, 진리요, 생명이신 예수 그리스도를 인생의 길잡이로 삼아 살아가는 삶이다. 그리고 그 영성은 성령(聖靈)의 역사(役事)를 통해 다양한 기능과 역할로 나타난다.

영성은 역사와 시대 변화 속에서, 교회의 요구와 필요에 따라 각각 독특하고 고유하게 교회 안에서 성장, 발전했다. 특히 서방 교회에서 그리스도 영성은 생활과 밀접하게 관련되어 있다. 개인과 공동체 삶에 신(信)·망(望)·애(愛) 3덕을 선물로 주는 동시에, 지혜와 판단력, 자유, 사랑, 기쁨, 평화, 인내와 같은 성령의 선물을 알아보는 영적 눈을 제공한다. 모름지기 그리스도인은 개인 혹은 공동체 구성원으로 세상과 동떨어진 삶을 사는 것이 아니라 세상 가운데 머물며 그리스도인의 이상을 쌓아 간다. 위대한 영성대가들의 삶이 그러했다.

2천 년의 가톨릭 역사는 어찌 보면 영성의 역사이기도 하다. 그 영성의 흐름을 교부(教父) 시대부터 몇 단계로 나누어 살펴보는 것도 그리스도 신앙의 속내를 들여다보는 기회가 될 것이다.

1. 사도교부 시대의 영성 (2~4세기)

사도교부 시대는 한마디로 '신약' 시대를 이어 가는 시기다. 예수 그리스도의 설교나 행적을 통한 가르침이 성령(聖靈)의 역사(役事) 속에서 사도들을 통해서 이어졌고, 이어서 교부(教父, Pater Ecclesiae)들을 통해 다음 세대로 이어졌다.

이 시대의 문헌들은 일부는 《성경》의 형태를 계승하고, 일부는 그리스도 공동체를 대상으로 한 편지 형식, 전례와 공동체의 생활 규범, 설교, 그리스도교 최초의 시(詩) 형태로 지어졌다. 이들 네 가지 분류 내용은 사도들의 제자나 가까운 시대에 산 사람들이 저술한 것들이기에 초대교회의 정신이 고스란히 담겨 있다.

여기서는 사도들의 전승을 근거로 한 공동체의 구조, 생활상을 엿볼 수 있고, 신학, 언어 측면에서 《신약성경》의 내용과 매우 흡사하다. 또한 그리스도를 통한 구원의 의미를 쉽게 설명하고 주님의 재림에 대한 희망을 고취시키고자 했으며, 공동체 구성원의 순명(順命), 이단(異端)과 교회의 분열을 경고한다. 사도들과 목격자들의 증언에 의해 그리스도의 말씀과 행적이 신자들의 마음속에 여전히 살아 있었고, 또한 그들은 부활하신 그리스도의 재림을 기다렸다.

이 시대 영성의 주체는 그리스도였다. 세례성사, 성체성사, 기도, 강론과 관련된 전례 안에서 성성(聖性)으로 현존하는 그리스도 중심적 영성이다. 거기에 종말론적 영성, 수덕적 영성, 공동체적 영성 등 그리스도 신자로서 가져야 할 주요 영성에 대해 전방위적 관심을 보였다.

종말론적 영성에서 초기 그리스도인의 제일 관심사는 바로 그리스도의 재림(再臨)이다. 언제 어떻게 다시 오실지 모르는 그리스도를 준비하는 데 온 마음을 모으고, 최후의 날이 임박한 것과 같은 긴장된 삶을 살도록 일깨웠다. 이어 수덕적 영성은 덕행의 실천과 성장으로 이해되는 영성으로서 그리스도 중심적 영성과 종말론적 영성의 자연스러운 결과로 따라왔다. 박해 시대에는 순교가 그리스도를 본받는 최고의 영적 삶으로 간주되었지만, 박해를 받지 않을 때에는 덕을 닦는 것을 그리스도를 본받는 예로 삼았다. 바로 형제애, 겸손, 인내, 순종, 순결 및 기도의 실천적 덕행들이다.

전례적 영성은 공동체를 위한 개인의 공적 봉사를 의미하는 것으로, 그리스 용어 '전례'(*liturgia*)에서 나왔다. 이 말을 그리스도교 예배 행위에 처음 쓴 인물이 성 클레멘스(Sanctus Clemens)이다. 전례영성의 핵심은 성체성사다. 그리스도의 현존을 체험하고 재림을 기다리던 그리스도인들이 성체성사 안에서 비로소 한 사람 한 사람의 지체가 아닌 하나의 그리스도교 공동체로 받아들여진다. 그 공동체에 〈사도행전〉의 실천적 규범들이 제시된다.

즉, 오순절의 신앙체험 이후 교회는 철저한 공동생활을 영위했다. 그리스도인끼리 서로 형제애를 실천할 수 있도록 하고 세례성사 및 성체성사, 그리고 공동 기도의 전례도 공동체가 협력해 집전하도록 했다. 이러한 공동체 생활은 개인 소유로 인한 개인주의와 분리주의를 방지하기 위해 재산의 공동소유를 원칙으로 하였고, 그것이 곧 은총의 삶으로 이어진다고 믿었다.

하지만 신자 수가 늘어나고, 박해가 그치고, 교회의 규모가 커지면서 여러 부작용이 나타나기 시작했다. 교회 내 이교도가 나오고 분파 및 논쟁의 내부 문제가 불거지는가 하면, 영지주의를 야기한 헬레니즘, 지방교회의 과도한 자치권 등으로 어려움을 겪게 되었다. 그중에서도 영지주의로 인한 폐해는 가장 오랫동안 깊은 상처를 주었다. 특히 4세기에서 6세기 사이는 그리스도교 역사에서 그 어느 때보다 극적인 대조를 이루는 시기였다. 극심한 박해에서 극적인 화해로 돌아서서 막을 내린 것이다.

이 시기 정연한 논리로 그리스도 신앙을 설파한 빼어난 교회의 수호자들이 등장했다. 교부들이 그들이다.

313년 콘스탄티누스 대제의 개종으로 합법적 종교로 승인을 받고, 380년 황제 테오도시우스 1세 때 로마제국의 국교가 된 교회는 점점 조직화되고 교세가 커지면서 내분을 겪기 시작했다. 여기에는 서로마와 동로마로 갈라진 로마제국의 분열상도 한몫을 거들었다. 서로 다른 문화 환경에서 사는 라틴어 저술가와 그리스어 저술가 사이의 이질적 요소가 드러났고, 그들은 각각의 고유한 기질에 따라 신학을 펼쳤다. 이에 서방은 이미 라틴어로 된 신학 서적, 전례에 적응해 나갔지만 그리스어 쪽은 그렇지 못해 더 이상 일치의 고리가 되지 못했다. '하나이고 거룩한 교회'가 근본으로부터 흔들린 것이다.

동방교회는 특히 카파도키아 교부들의 신학적 공헌이 컸고, 서방 라틴교회는 지중해 너머 로마, 밀라노, 갈리아, 스페인과 다뉴브 유역까지 퍼져 나갔다. 그 와중에 종교의 합법화를 계기로 로마 황제의 보호와 특권과 혜택은 교회에 대한 내부 개입으로 이어졌고, 교회가 자유롭지 못한 상황에서 알렉산드리아의 사제 아리우스(Arius, 250~336)의 이름을 딴 아리우스주의에 관한 논쟁이 일어났다.

그리스도교 신앙의 본질 자체, 곧 하느님의 아들인 그리스도의 신성을 위기에 몰아넣은 이 논쟁에서 교회를 지키기 위해 교회 최초의 보편 공의회인 니케아 공의회가 325년에 열렸다. 이 공의회에서 그리스도교회의 이단을 배격하고 그리스도에 대한 믿음을 치밀하게 보완하는 새로운 '신경'이 선포되었다. 그리고 381년 콘스탄티노플 공의회에서 아리우스주의는 이단으로 단죄되었다.

서방교회 교부 신학자들의 굳건한 믿음 위에 교회는 차츰 조직이 정비되고 교구와 본당 수가 늘면서 체계를 잡아 나갔다. 잘 준비된 교리로 예비신자들이 교육을 받고 마침내 서방교회의 전례가 반석 위에 앉았다. '사순절'이 전례주년에 도입되고, '성삼일' 전례도 성대히 치렀다. 순교자에 대한 신심이 깊어져 곳곳에 성지를 꾸미고 성지순례가 성행했다. 교회 밖에서 수도자가 활약하면서 '독거 수도자 생활' 또는 공동체 형태로 시작되는 '회(會) 수도자 생활'이 성행했다. 투르의 성 마르티누스(Sanctus Martinus Turonensis, 316~397)는 서방에서 처음으로 수도자로서 생활을 시작했고 성 아우구스티누스는 서방에서 최초로 수도 규칙서를 썼다.

박해가 끝나고 긴장이 풀리면서 교회가 서서히 세속화되어 가자 수도자들은 초대교회 시대의 고행, 순교와 같은 길을 걷고자 내몰리듯 광야로 나가 부족한 가운데서도 자유로운 영적 삶을 살려고 했다. 자칫 세상의 노예가 될 위험에 처해 있음을 알아챈 수도자의 삶은 순교에 버금가는 고행과 극기의 삶이었다.

이러한 교부 시대의 중심적 영성 인물로는 성 아우구스티누스, 성 베네딕토를 들 수 있다.

1) 성 아우구스티누스

성 아우구스티누스(Sanctus Aurelius Augustinus, 354~430)는 서방교회에서 가장 큰 영향력을 지닌 교부이며, 히포의 주교 아우구스티누스(Augustinus Hipponensis)라고도 불린다. 신학 전체에 대한 그의 구상은 토마스 아퀴나스(Thomas Aquinas, 1225~1274) 때까지 경쟁할 상대가 없었다. 성 아우구스티누스는 서방교회의 모든 신학적 관심사를 다루고 교회와 신학이 나아가야 할 방향을 제시했다.

354년 11월 13일 북아프리카 누미디아 지방의 도시 타가스테에서 태어난 아우구스티누스의 아버지 파트리치우스는 로마의 궁정 관리로서 그리스도 신자가 아니었지만, 어머니 모니카는 열정적인 그리스도교 신자였다. 아우구스티누스는 당시의 관습에 따라 성인이 될 때까지 세례를 받지 않았다. 그러나 어머니의 지극한 관심 속에 그리스도교 신앙 안에서 성장했고 모든 탈선과 갈등 속에서도 항상 자신이 그리스도인이라고 생각했다.

카르타고에서 수사학 교육을 마친 아우구스티누스는 키케로(Marcus Tullius Cicero, 기원전 106~43)의 《대화록》을 읽으면서 그 내용을 그리스도와 연결시켜 《성경》을 읽었다. 그는 큰 기대를 가지고 관심을 기울였으나, 《구약성경》의 야만적 역사와 《신약성경》의 조악한 문체에 매우 실망했다. 이런 상황에서 마니교에 심취하게 되었다. '악은 어디서 오는가?'라는 문제에 해답을 주는 듯한 마니교에 매료된 아우구스티누스는 약 9년 동안이나 마니교를 따랐다.

384년 아우구스티누스는 황실 근무 수사학 교사라는 새로운 관직을 맡기 위해 밀라노로 떠났다. 그곳에서 머무는 동안 아우구스티누스는 마니교에서 멀어졌고 예비자로서 주교 암브로시우스(Sanctus Ambrosius, 340~397)의 미사에 참석했다. 그는 주교 암브로시우스의 깊이 있는 수사학 강론에 감명을 받고, 《구약성경》에 관해서도 새롭게 이해하게 된다.

개종의 결정적 계기는 이집트 수도자들의 아버지인 안토니우스(Sanctus Antonius, 251~356)의 모범적 영성을 알고부터다. 이어 사도 성 바오로가 보낸 '서간'(로마 13:13~14)을 읽으면서 빛이 내면에 쏟아져 들어오고 온갖 회의의 그림자들이 흔적 없이 사라져 버리는 신앙체험을 했다.

산드로 보티첼리, 〈성 아우구스티누스〉, 프레스코화, 152×115cm, 1480년,
피렌체 옥니산티 성당 소장.

이후 아우구스티누스는 금욕생활을 하며 기도, 대화, 《성경》 읽기, 문학 활동을 통해 그리스도교적 안식을 얻었다. 이때 함께 한 친구들과의 대화를 바탕으로 저술한 작품으로 회의주의에 대한 《아카데미아 논박》, 하느님에 대한 인식을 토대로 하는 《행복론》, 신의 섭리에서 악의 문제에 관한 《질서론》, 하느님을 찾고 영혼 불사를 지향한 《고백록》이 있다.

아우구스티누스는 387년 밀라노 대성당의 세례당에서 암브로시우스 주교에게 세례를 받았다. 세례를 받자마자 타가스테에 있는 부모의 소유지에 그리스도교적 안식을 위한 수도 공동체를 세우기 위해 돌아가던 중, 오스티아에서 어머니 모니카가 병으로 사망했다는 소식을 들었다. 여기서 저 유명한 '오스티아의 환시'를 체험했다.

388년 아우구스티누스는 아프리카에 도착, 수도 공동체를 세우고 여기에서도 동료들과 약 3년 동안 영적으로 풍성한 그리스도교적 안식을 누리며 살았다. 391년 다시 수도 공동체를 세우기 위해 히포의 레기우스로 간 아우구스티누스는 그곳에서 발레리우스 주교에 의해 사제로 서품되었다. 이어 본래의 계획을 실행할 수 있도록 대성당 부근의 정원을 선물로 받아 수도원을 짓고 수도자들과 함께 살면서 수도자를 위한 규칙서를 저술했다.

히포의 사제이자 주교로 약 40년 동안 활동한 아우구스티누스는 충실한 사목자, 영향력 있는 교회 정치가, 탁월한 신학자로 '정원 수도원'에서 영적 삶을 살았고, 철저한 금욕 생활을 유지했다. 교구의 성직자들도 대성당 수도원에서 그와 함께 수도생활을 하고 싶어 했다.

아우구스티누스 성인의 활발한 저작활동은 모두 사목을 위한 준비에 그 뿌리를 둔바, 방대한 양의 《설교 · 강론집》과 《서간집》(299편)을 남겼다. 그 외에도 《고백록》, 《삼위일체론》, 《신국론》 등 그가 남긴 저작은 참으로 많다.

그는 영성생활에서 중요한 요소 두 가지를 강조한다. 하나는 성령에 순종할 것, 다른 하나는 선행으로 열매를 맺는 애덕(愛德)의 은총이다. 특히 애덕은 전 윤리생활의 요약이자 그리스도교적 완덕의 정수로써, 완전한 애덕은 곧 완전한 정의다(《가톨릭 전통과 그리스도교 영성》, 92쪽). 이 애덕은 끝이 없기 때문에 항상 상대적이고 불완전하다. 누군가를 사랑할수록 더욱 사랑을 하고 싶어지는 열망 속에 애덕은 곧 완덕으로의 여정이다.

2) 성 베네딕토

성 베네딕토(Sanctus Benedictus de Nursia, 480~543)는 480년 이탈리아 움브리아 지방 누르시아의 부유한 가문에서 태어나 로마에서 문법과 수사학을 배웠으며, 수도생활에 전념하고자 일찍이 부모의 집을 떠났다. 높은 문화수준을 가졌던 동코트족의 왕 테오도릭이 지배하던 이 시기의 로마에는 환락과 퇴폐가 만연해 있었다.

베네딕토는 수도생활에 전념하고자 부모 집을 나와 로마에서 조금 떨어진 수비아코에서 약 3년 동안 은수(隱修) 생활을 했다. 그곳에 그의 첫 제자들이 모여들기 시작했고 베네딕토는 그들에게 '영적 아버지'라 부를 수 있는 역할을 했다. 이어 그곳에서 수도원을 12개나 세우고 총원장이 되었다. 바로 공주수도생활〔共主修道生活 = 회(會)수도생활〕 체험이었다. 그러나 베네딕토는 자신의 명성과 성공을 질투하던 그 지역 신부 플로렌시오의 적대감에 시달리다 525년경에 그곳을 떠나, 로마와 나폴리 중간 지대의 언덕 꼭대기에 있는 몬테카시노(Montecassino)로 갔다. 그는 이교를 신봉하는 인근 주민들을 그리스도교로 개종시켰다. 그리고 530년경에는 그곳 산정에 모든 베네딕토회 수도원의 모체가 된 수도원과 성당을 세웠다. 그 유명한 몬테카시노 대수도원이다.

여기에서 《규칙서》(Regula)를 쓴 베네딕토, 그의 쌍둥이 여동생 성녀 스콜라스티카(Scholastica)가 함께 나란히 영면하였다.

6세기 중엽 유럽에는 많은 수도원이 세워졌으며, 카를 대제(재위 768~814) 시대 이후로는 모든 수도원들이 성 베네딕토의 《규칙서》를 따르게 되었다. 베네딕토 수도회에서 유럽의 선교사들이 퍼져 나갔으며, 또한 그들은 문화의 전파자들이 되었다. 이런 이유에서 교황 비오 12세(Pius PP. XII, 재위 1939~1958)는 성 베네딕토를 "유럽의 아버지"라 했고, 교황 바오로 6세(Paulus PP. VI, 재위 1963~1978)는 1964년 그를 "유럽의 주보요, 천상 수호자"로 명명했다.

《규칙서》의 내용은 수도원 생활의 공동체적 특성에 맞추어져 있으며, 회원들 간의 평등성에 주안을 두고 사회계층 간 차별을 두지 않았다. 다만 수도생활에서의 선·후배 관계, 그리고 여러 봉사와 직무에 따라 선택적 차이를 두었을 뿐, "아빠스(abbas, 수도원장)는 수도원 안에서 사람들을 차별하지 말 것이다"(성 베네딕토 《규칙서》 2:16)라고 했다.

베네딕토 수도회의 서원은 다른 수도원의 서원(청빈·정결·순명)과 달리 순명(順命), 정주(定住), 수도생활 혹은 수덕의 복음적 권고만을 지킬 것을 하느님께 다짐한다. 또한 서원이 수도생활 지원자와 원장 및 그의 공동체 사이의 계약으로 이행되지 않았다. 이것들은 9세기에서 10세기 서원 양식에서 나타난다.

따라서 베네딕토 수도자는 하느님의 목소리를 듣는 사람이요, 말보다는 '행위'로써 응답하는 사람이다. 즉, 수도자는 하느님이 자신을 찾는다고 느끼기 때문에 하느님을 찾는다는 것이다. 베네딕토가 제시하는 성소는 겸손의 수련을 통해 사랑의 완성을 향한 사다리를 오르는 일이다. 이 사랑의 사다리는 그리스도적 신비의

Meister von Meßkirch, 〈성 베네딕토〉, 캔버스에 유채, 1535~1540년,
슈투트가르트 미술관 소장.

종합이며 완덕으로 나가는 소수의 사람들뿐 아니라 약자들, 죄인들, 장애자들, 병자들, 비참한 처지의 사람들 등 모두에게 열려 있다.

겸손에 대한 성 베네딕토의 가르침 중에서 특히 눈에 띄는 것은 첫째, 인간이 자신은 아무것도 아니라는 것을 깨닫는 데서부터 출발한다는 점이다. 하느님의 은총과 인간의 무(無)에 대한 깨달음은 단순히 덕을 쌓기 위한 방법이 아니라 하느님의 역사(役事)를 감지하는 체험적 인식인 것이다. 겸손의 사다리를 따라 살아가면서 하느님 뜻을 따르는 데 장애가 되는 것들에 부딪히지 않도록 수도를 게을리하지 말아야 하는 것이다.

둘째, 성인의 교리는 심오한 그리스도 중심주의를 지켜 나간다. 〈필리피인들에게 보낸 편지〉에 나오는 케노시스(비움, kenosis)와 순명과 그리스도의 찬가(2:7~11)를 언급하는 기본적인 본문들, 그리고 《성경》 말씀을 따라 단지 외적인 본받음만이 아니라 그리스도의 체험과 병행하는 겸손의 체험을 하도록 한다.

마지막으로, 성 베네딕토는 모든 겸손에의 열의가 믿음, 희망, 사랑의 향주덕에 의한 보편적 삶으로 이어지기를 지향한다.

이처럼 성 베네딕토의 《규칙서》는 짧은 수도회 문헌에서 보듯이 완전한 새로움이나 높은 사색적 비약이 없음에도 오랜 시간 서양 수도회에 공통적인 규범으로 자리 잡았다. 성 대 그레고리우스라고 하는 교황 그레고리오 1세는 성 베네딕토의 이 《규칙서》

를 두고 "분별력(*discretio*)에 대한 기념비적 작품"이라고 했다. 성 베네딕토는 자신의 수도회에 질서, 규범, 균형을 중시하는 카리스마와 지혜, 온유, 인간성 등이 조화를 이루는 복음적 전범을 만들어 오늘까지도 서방 수도회에 진정한 새로움을 선사한다.

2. 중세기 영성(5~15세기)

중세기는 글자 그대로 고대에서 근대에 이르는 중간 시기를 말한다. 우리나라로 말하면 고려 건국 초부터 멸망까지의 시기다. 서양에서는 게르만족 대이동과 로마제국의 쇠약으로 새로운 시대를 맞을 때다. 이민족과 기존의 기독교·그리스·로마 문명이 서로 합쳐져 왕을 정점으로 한 영주와 기사 집단의 봉건사회를 형성하였다.

다른 한편으로 아라비아 반도 메카에서는 마호메트(Mahomet, 571~632)가 일으킨 이슬람교가 흥기하고 뒤를 이어 중앙아시아의 튀르크족이 새로운 강자로 등장, 소아시아 일원을 점령하고 동로마제국을 침공했다. 이에 반목하고 떨어져 나간 동로마제국 비잔틴 황제가 로마 교황에게 도움을 요청했다. 서로마제국 황제는 이에 응해 원정대를 보냈다. 이른바 십자군전쟁의 시작이다. 그러나 십자군전쟁은 성전이라는 미명 아래 너무나 많은 학살을 자행, 봉건제도와 함께 중세를 암흑의 시대라 부르는 빌미를 제공했다.

보통 476년 로마 함락을 중세의 출발점으로 보지만, 이후로 몇 세기가 지나도록 유럽은 여전히 로마의 제도나 문화, 세계관 속에서 살아갔다. 다만 앵글로·색슨족의 지배하에 있는 지역들은 빠르게 게르만의 제도 및 문화를 수용했지만, 그 외 지역에서는 로마의 영향력이 더 오래 지속되었다. 중세의 시대적 구분에 다양한 견해가 있긴 하지만, 이 시기 유라시아의 여러 나라들은 서서히 가톨릭교회 중심의 틀에서 벗어났다. 게다가 한때 서유럽의 4분의 1을 차지했던 가톨릭교회는 황제와 교황 사이의 알력, 지나친 간섭과 권한 행사로 타락한 모습까지 보였다.

중세 전반부는 다양한 역사적 상황들 안에서 이루어진 교부 시대의 연장선상에 있다. 6세기 성 대 그레고리우스(6세기)로부터 성 베르나르도의 제자들, 즉 시토회원들의 첫 세기(13세기부터 시작)에 이르기까지의 기간을 말한다. 중세 후반부는 보통 12세기부터 16세기의 여명기까지를 지칭한다. 진정한 중세기는 두 시대가 동시에 존재하면서 한 시기에서 다른 시기로 넘어가는 12세기라 할 수 있겠다.

보통 중세기를 가톨릭교회에서는 창조와 풍요의 시기로 본다. 국가와 교회의 일치를 구현함으로써 하느님 나라의 승리를 구가 하고, 가톨릭 신앙을 정치, 경제, 문화, 철학보다 우위에 두는 등 교회가 세속적 삶의 총체적 주도권을 행사한 시기다. 나아가 이른바 '야만인들'이라 불렸던 새로 유입된 이민족 백성들로부터 활력을 얻고 창조적 발상과 뜨거운 열정으로 융합의 시대를 준비한 시기이기도 하다.

다시 말해 중세 안에 로마 문명, 그리스도교, 게르만족의 제반 요소들이 혼효되어, 이 세 가지 역사적 구성요소들의 융합이 뒤에 올 근대의 발판이 되어 주었다. 말하자면 중세는 이상주의 시대이며 다음 단계로 가기 전의 과도 시기이다.

1) 성 대 그레고리우스

교부이자 교황인 대 그레고리우스(Gregorius PP. I, 재위 590~604)는 6세기 후반의 인물이지만 전환기 중세의 대표적 인물로서 중세 개혁기에 커다란 영향을 끼쳤다.

그레고리우스는 발트 해 부근에 정착해 살던 게르만족이 훈족의 공격에 밀려 남쪽으로 대이동을 하던 때, 로마에서 태어났다. 거칠고 사나운 이민족의 약탈과 침입으로 당시 로마는 전쟁의 소용돌이에 빠져 있었다. 그러나 이미 향락과 사치로 기강이 땅에 떨어진 로마제국은 거칠게 단련된 이민족을 당해 낼 수 없었다. 하나의 문명이 시들고 다른 문명이 싹을 틔우는 사이, 나라는 어수선하지만 그레고리우스는 첼리오 언덕에 있는 대저택에서 안락한 유년기와 청소년기를 보냈다.

575년 로마에서 법학을 공부하고 법무재판관이 되어 라벤나의 비잔틴 총독 밑에서 일하고 있을 때, 베네딕토 수도회가 롬바르드인의 침입을 받아 피란처로 그레고리우스의 집으로 들어오게 되었다. 한 개인의 집이 하루아침에 수도원이 된 것이다. 그레고리우스는 이 수도원에서 수도생활을 시작하게 되었다. 이 수도원은 후에 성 안드레아 수도원으로 유명해졌다.

579년 교황 펠라지오 2세(Pelagius PP. II, 재위 579~590)는 그레고리오를 동로마제국 콘스탄티노플에 교황 사절로 보냈고(578~585), 590년 펠라지오 2세가 서거하자 그레고리우스가 새 교황으로 선출되었다.

그레고리우스는 로마의 영광스러운 과거에 대한 회고주의자였으며, 저술가요 설교가로서, 신앙인으로서 윤리적 삶을 지향했다. 또한 침략과 약탈의 혹독한 야생성 앞에 전쟁, 페스트, 지진, 홍수 등 '종말론적 표지들'이 덮쳐 오는 현실을 직시하며 시대의 종말을 예견했다. 그럼에도 그는 자신의 예견에 굴하지 않고 힘을 다해 하느님 나라를 설교하고 창의적 저술을 게을리하지 않았다. 또한 교황으로서, 성심을 다해 양떼들을 돌보는 목자(牧者)로서, 교회의 겸손한 봉사자로서 자신을 '하느님의 종들의 종'이라는 최상의 겸양으로 칭했다.

성 대 그레고리우스는 사변적 신학자가 아닌 윤리신학자였으며 저술과 강론을 통해 서로 다른 문화를 이어 주는 고리와 같은 역할을 했다. 이입해 온 이민족(아리안족)들을 교육시켜 세례를 주고 설교와 저술로 영적 양식을 마련해 주었다. 그는 유럽인들의 진정한 교리 교사였다. 성 베네딕토의 조화롭고 온유한 《규칙서》를 "분별력에 대한 기념비적 작품"이라 극찬한 그레고리우스는 지성보다는 사랑으로, 사랑을 통해 그리스도를 알게 하는 실천적 사목(司牧)으로 많은 사람들을 열광시킨 대중적 신앙의 전교자였다.

그레고리우스에게 사목 텍스트는 언제나 《성경》이었다. 《성경》안에서 역사적으로 일어나는 구원 사건들을 주시, 과거의 사건이 미래에 투사가 되는 최고의 범례로 삼았다. 다시 말해 이스라엘의 역사인 《구약성경》을 예수 시대 《신약성경》의 예언적 의미로 일찍이 이해함으로써 하나로 관통하는 구세사(救世史)를 볼 수 있게 해주었다.

교부인 대 그레고리우스는 중세 전환기적 인물이다. 고대와 근대 사이의 보루였던 중세의 시작점에서 광범한 저술로 교부 시대로부터 내려온 그리스도 영성을 백성과 수도자들에게 일깨워 주었다.

교부이자 교황인 성 대 그레고리우스의 영성은 로마적, 그리스도교적, 게르만적 요소가 다 포용된 유럽의 근대적 세계를 형성하는 데 크게 기여했다. 그래서 후대 가톨릭교회는 그에게 '유럽의 그리스도교 건설자'라는 별칭을 선사했다.

3. 중세 개혁기의 영성 (15∼16세기)

서방 그리스도 교회의 분열은 15세기까지 이어졌다. 유럽과 아시아를 전쟁터로 만든 7회에 걸친 십자군전쟁이 실패로 끝나고 교회를 중심으로 한 사회가 무너지면서 교회의 정신이 흔들리기 시작했다. 1409년 교회의 수장인 교황 없이 피사 공의회가 열리는가 하면, 교황이 자주 바뀌어 교회 안팎에 산재한 문제들의 해결점을 찾을 수 없었다(1410년에서 1422년 사이에 6명의 교황이 선출되었다가 사퇴했다).

교황궁 내 족벌주의와 세속주의가 횡행하고, 심지어 교황 자신이 추문의 근원이 되기도 했다. 교회의 분열, 현학적인 스콜라 철학이나 형이상학적인 교회 교리에 대한 식상함으로 지적(知的) 피로가 팽배했다. 더구나 크림반도 남쪽에서 발생해 유럽 전역을 강타한 흑사병은 교회의 힘이 미치지 못하는 불가항력의 재앙이었다. 이로 인해 인구는 급격히 줄어들고 동시에 유럽인들의 사기도 떨어졌다.

이처럼 천재지변, 전쟁으로 인한 풍속 해이, 도덕적 권태 등으로 인해 개개인의 체험적 정서와 의지, 양심의 소리를 경청함으로써 참 영성을 구할 수 있다는 분위기가 사회에 형성되었다.

황제보다 막강했던 교황의 세력이 점차 약해지고 교회의 일치와 쇄신을 도모하기 위해 성직자들과 수도자들 사이에서 개혁의 목소리가 나왔다. 그들은 교회 안에서 먼저 자신들의 부패를 들고 나왔다. 영국의 신학자 위클리프, 보헤미아의 후스, 네덜란드의 에라스무스 등은 교회 내 일부 성직자들이 자신들의 욕심을 채우느라 교회의 영성을 심각하게 훼손한다고 주장했다.

"신앙의 유일한 근본은 《성경》이며 교황의 존엄성은 황제의 세속적 권력에서 유래한 것이다. 교회는 오로지 하나, 구원받기로 예정된 사람의 단체다."

이런 그들의 주장은 훗날 마르틴 루터의 종교개혁을 예비한 것이 되었다. 이 일로 교회 내부에서도 반성의 움직임이 진지하게 일어 콘스탄티노플에서 사상 가장 큰 규모의 종교회의가 열렸다. 로마 교황의 정통성을 다시 한 번 확인하고 분열된 교회의 통일을 위해 노력을 기울였다. 수도회 수도자들, 탁발 수도자들을 중심으로 죽음이란 주제와 종말론적 영성을 강조하였으며, 문학·철학·예술 등 인문주의에 대한 관심을 촉구했다.

그동안 교회의 전례에 순응하며 생활과 밀착된 신앙생활을 해온 일반 백성들도 대중적 설교가들의 설교를 들으며 죽음과 죄, 죄의 보속(補贖) 같은 주제를 진지하게 받아들였다. 특히 죄의 보속에 관해 육체적 보속을 신심의 실행으로 보고 성지순례, 성인 유해 공경을 위한 축제 행렬에 많은 신자들이 함께했다. 나아가 마리아와 요셉, 그리스도의 수난에 대한 신심도 크게 확산되었다.

이 무렵 '면죄부(免罪符) 발행'이라는 대사건이 터졌다. 가톨릭 역사상 십자군전쟁과 함께 가장 수치스러운 기억으로 남은 이 사건은 '공덕의 보고'라는, 스콜라철학의 교리에서 유래한 말을 교묘하게 이용한 사건이다. 예수와 성인들이 쌓은 공덕 중 일부를 교황이 떼어 신자들을 위해 쓰고 그들이 받을 잠벌을 면제해 준다는 명분으로 대사증(大赦證)을 발부한 것이다.

탁발 수도회인 성 아우구스티노 은수자회의 에르푸르트 수도원에 들어간 마르틴 루터는 수사신부가 되었다. 그 후 신학박사로서 독일대학에서 《성경》을 강의하던 루터는 1517년, 대사를 받으려는 긴 행렬을 보고 분노하여 반박하는 글을 썼다.

"우리의 주님이시며 선생이신 예수 그리스도께서 '회개하라'고 하실 때, 그는 신자들의 전 생애가 참회되어야 할 것을 요구하셨다"는 '제1조'로 시작하는 총 95개 항으로 된 선언문을 비텐베르크 성(城) 교회의 문에 내걸었다.

루터는 참된 믿음은 오직 《성경》을 따르는 믿음이지, 가톨릭의 형식적인 믿음이 아니라고 주장했다. 1천여 년 동안 유럽을 리

드하던 가톨릭교회가 뿌리째 흔들리기 시작하고 기사들의 반란, 농민전쟁으로 나라 안이 어수선할 때 루터 등 종교개혁자들의 목소리는 기사는 물론 일반 백성들에게까지 열렬한 지지를 받았다. 그뿐만 아니라 그들의 목소리에 동조하는 교회의 성직자들이 속속 교회를 떠났다.

1555년 마침내 루터의 개신교가 그리스도교의 한 파로 인정받게 되었다. 기존의 가톨릭교회와 구분하여 '신교'라 부르고, 대신 가톨릭교는 '구교'라 불리었다. 기존 로마 가톨릭에 반기를 든 개혁주의자들은 단순한 선동이 아닌 영성에 호소하여 신자들을 끌어들였다. 루터는 《구약성경》〈시편〉 46편을 소재로 시를 짓고 직접 곡을 붙여 성가를 만들어 부르게 함으로써 신자들에게 힘과 용기를 주었다.

한편, 프랑스의 종교 개혁자 장 칼뱅(1509~1564)은 망명 중에 《그리스도교 강요》라는 책을 써 신교의 교리를 확립하고 《신·구약성경》 전권의 주해를 저술하기도 했다. 그의 주해는 지금도 널리 읽히고 있어, 후세 사람들은 그를 '성경 주해의 왕'이라고 칭했다.

이처럼 유럽 도처에서 가톨릭에 반기를 드는 개혁의 바람이 일자 가톨릭은 1545년 트리엔트에서 공의회를 열어 가톨릭의 최종 결정권이 교황에게 있음을 재확인하고 사목주교의 모델을 새롭게 제시하며 가톨릭 쇄신을 위해 여러 가지 방안을 강구했다. 그럼에도 한쪽에서는 가톨릭 교리에 어긋나는 이단 교리를 포기하지 않는 신자들에게 가혹한 처벌을 하기도 했다. 반대로 개신교 집단에서도 가혹행위가 일어났다. 종교가 종교의 본령을 벗어나는 일이 자행된 것이다.

중부 유럽 지방에서 정치·사회적 혁명과 프로테스탄트 반란은 마침내 가톨릭교회로 하여금 기존의 유토피아적, 형이상학적 신심 대신 보다 현실적인 쇄신을 촉구하게 하였다. 스페인·이탈리아 수도회들이 개혁을 주도하였고 재속 사제들의 개혁도 시작되었다.

그 선봉 중 한 사람이 예수회를 창립한 스페인의 군인 출신 로욜라의 성 이냐시오다. 그는 엄격한 계율을 지키고 신학을 연구하는 데 정진했다. 연구를 위해 대학을 세우고 대학 내에 기숙사를 지어 복음을 실천하고 생활 속에서 일치하도록 견인차 역할을 했다.

일반 백성들의 삶 속에는 보다 깊은 신심과 자선에 대한 열망이 널리 퍼졌다. 여성 신자들의 봉헌적 삶과 이른바 평신도들의 선교 문화가 부각되기 시작했다. 많은 신심 단체들, 성모 마리아를 주보로 하는 수도회, 가난한 이들을 위한 병원이 속속 생겨났다. 그 외에도 많은 수도회 수도자들이 영성 지도와 영성을 위한 저술을 하며 교회 안에 안주하는 사목이 아니라 찾아가는 사목으로 신자들의 호응을 얻었다.

선교사업이 세계 곳곳으로 확산, 인도 동부와 서부, 아프리카, 아시아까지 퍼져 나갔다. 중세 개혁기는 말 그대로 기존 가톨릭 신앙의 틀을 박차고 나와 사제와 수도자, 신자들이 저마다 자기 자리에서 새롭게 재탄생하고자 한 도약의 시기였다.

자선에 대한 열망으로 곳곳에 병원이 세워졌고, 그리스도적 인문주의를 새로운 문화와 접목할 대학도 세워졌다. 다양한 형태의 영성 수련이 성직자는 물론 신자들 사이에도 널리 퍼졌다.

1) 아빌라의 성 요한

아빌라의 성 요한(San Juan de Avila, 1499~1569)은 살라망카에서 법학을 공부하다가 나중에 철학과 신학을 공부, 사제로 서품되었다. 그는 첫 미사 때 가난한 이들의 발을 씻겨 주고 그들에게 경의를 표함으로써 복음적 삶의 첫발을 내디뎠다. 세비야(Sevilla) 대주교는 요한의 강론 실력과 복음적 진정성에 탄복한 나머지 그를 자신의 교구에 머물도록 했다. 그에 순명한 요한은 세비야의 교구들을 순회하며 설교했다.

얼마 후 요한은 코르도바 교구로 옮겨가 그곳에서 안달루시아 전역으로 설교의 빛을 뿌렸다. 어느새 그의 주변에는 그에게 순명하는 열심한 사제들의 그룹이 생기고, 이들은 사제의 고유한 영성 생활을 지키며 이동하면서 강론을 하는 새로운 사목의 패러다임을 만들었다. 이렇게 해서 이 스승 요한을 따르는 사제학파의 창시자가 되었다.

그의 제자들은 그리스도의 수난과 최후의 두 시간에 대한 집중 묵상과 기도를 성무일도에 넣고 엄격한 삶, 교부들과 《성경》의 연구, 잦은 고백성사 그리고 사도적 열성 등으로 이루어진 생활 규범을 지켰다. 또한 안달루시아의 여러 지방에 기숙학교들을 세웠고, 그중 바에사의 기숙학교(1539)가 가장 평판이 좋았다.

그는 성덕으로 나가려는 열성을 지닌 영혼들에게 자신의 영성에 순종하도록 권고하는 한편 하느님 백성의 온전한 개혁을 위해 영성이 탁월한 사제 양성의 중요성을 설파했다.

그는 사도 바오로처럼 주교, 설교가, 사제, 수도자들에게 자주 편지를 보냈다. 기사나 귀족 부인 등 다양한 문화와 접촉하는 계층의 사람들에게도 편지를 보냈다. 그런가 하면 그는 부드러운 태도로 무너진 영혼들을 부축하고 위로해 주는 탁월한 영성을 가진 사제였다.

요한 성인은 영성을 풍요롭게 하는 저서를 많이 남겼으며, 그중 그의 영성 교리의 가장 완성되고 일관성 있는 작품으로는 《들어라 딸아》가 있다. 그의 영적인 딸 산챠 카리요(Sancha Carrillo)에게 쓴 글이다. 그의 저서들을 보면, 특별히 바오로계의 지혜와 지식에 심취, 그리스도를 위한 뜨거운 사랑, 체험적 영성이 가득 담겨 있다. 보물과도 같은 그의 저서를 통해 오늘도 우리는 신앙

교부들과 만나 그들의 심오하고 견고한 지식뿐만 아니라 그리스
도교적 지혜, 삶과 일치하는 생활화된 신앙을 배울 수 있다.

성 요한의 영적 영향에 대한 연구는 스페인 국경을 넘어 독일,
이탈리아, 북아메리카에까지 이어졌으며, 최근의 박사학위 논문
들에서도 그의 영성을 주제로 한 연구가 활발하다.

성 요한은 스페인 교구사제의 수호성인이다. 오늘날에도 스페
인의 많은 신학교에서는 그의 모범적이고 스승다운 삶의 자취를
좇으며, 스페인과 남아메리카에서는 현행 사제 협의체들의 구심
점이 되고 있다.

2) 로욜라의 성 이냐시오

로욜라의 성 이냐시오(San Ignacho de Loyola, 1491~1556)는 본래
스페인 국왕을 섬기는 기사였다. 어느 날 《그리스도의 생애》
(Vita Christi)와 《성인들의 꽃》(Flos sanctorum)을 읽고 감응한 그
는 세속의 왕 대신 영원한 왕을 섬기는 기사가 되었다. 아시시의
성 프란체스코, 성 도미니크, 성 오노포리오 등의 모범을 따라 그
리스도를 위한 삶을 살고자 다짐했다.

그리스도 생애의 신비를 깊이 묵상하고 영적 식별의 은사를 입
은 그는 타인의 영혼을 돕고 구령하는 영광스러운 소명을 자신 안
에서 발견했다. 마침 로마 교황 아래 있던 교회의 보편적 봉사를

목표로 하는 예수회를 찾아 '영신수련'(*ejercicios espirituales*)을 통한 사도적 이상을 품은 몇몇 동료들과 함께 파리의 대학에서 본격적인 예수회 모임을 갖기 시작했다.

예수회 회원들은 1540년 교황 바오로 3세(Paulus PP. III, 재위 1534~1549)의 인가를 얻었다. 이어 1550년 교황 율리오 3세 (Iulius PP. III, 재위 1550~1555)가 '영신수련'을 실행하기 위한 주요 규칙서가 포함된 칙서를 선포함으로써 교황의 명에 따라 세계 곳곳으로 파견되었다.

1537년 이냐시오는 동료들에 의해 만장일치로 총장에 선출되어 운명할 때까지 20년 동안 로마에 머물면서, 영신지도는 물론 로마와 전 세계에서의 사도적 활동을 격려하고 추진했다.

이냐시오 역시 편지를 많이 썼다. 각 지역의 예수회 분원들과 기숙학교들의 운영에 필요한 회헌과 규칙을 만들고, 지구 곳곳에 파견된 회원들과 영적 서신을 교환했다. 교회 책임자들뿐 아니라 세속 정치인들과도 허물없이 교류하며 각자 고유의 신분 안에서 사도직을 수행하는 데 도움이 되도록 멘토가 되어 주었다.

그의 편지 사목(司牧)은 일반 사목이 아니라 좀더 구체적인 대상을 만나는 사목이다. 편지들은 당시의 인물·사건들과 관련된 성 이냐시오의 인격을 드러내 준다. 편지를 보낸 사건들도 무척 다양하고, 편지를 보낸 인물들의 범위도 매우 광범위하다. 황제, 왕, 황태자, 왕자, 정부 각료, 추기경, 주교, 귀족, 영적 딸과 수녀, 예수회 회원, 가족 등이 그들이다. 그의 표현은 엄격하고 신중했다. 그리스도 신자로서, 궁정인으로서, 외교가로서 최선을 다해 '주님께 대한' 존경 어린 정서를 담아 보냈다.

이와 함께 그는 하느님과의 지속적인 친교와 기도로 영적 식별에도 탁월한 능력을 보였다. 그의 유명한 저서 가운데《영신수련》은 이냐시오의 영성적 체험의 열매로서 하느님의 사람이 되려면 수련자 개인의 삶을 어떻게 정리해야 하는가, 또 신자들이 각자의 삶에서 어떻게 하느님을 찾을 수 있는가에 대한 방법을 제시한다. 그 방법은 곧 성찰을 전제로 한 기도에서 찾을 수 있다.

이냐시오가 꼽은 성찰의 첫 번째 단계는 내 곁에 하느님의 자리를 마련하는 일이다. 사소한 일상을 떠올리며 먼저 감사하고, 감사한 삶을 음미하며, 서서히 삶의 속도를 늦추고, 내면의 소리를 듣는다.

성찰의 두 번째 단계는 묵상이다. 하느님의 초대에 응하지 못한 부분들을 서서히 떠올린다. 예를 들면, 과거에는 별것 아닌 것들이 별난 것으로 다가온다. 태만, 외면, 무심함 같은 것들이다.

성찰의 마지막 단계는 점검이다. 머릿속에 영화 한 편을 상영하며 매 순간 내 안에, 타인 안에 하느님이 머물렀던 자리를 돌아본다. 돌아보면서 하느님의 뜻을 식별하고 내 삶의 길을 선택하는 해법을 얻는다. 그리하여 하느님 나라의 구현을 위해 그리스

피터 루벤스, 〈로욜라의 성 이냐시오〉, 1610~1612년, 노턴 사이먼 미술관 소장.

도가 했던 헌신적인 자기증여에 고무받으며 우리 삶의 도달 목표
도 그분을 닮는 것으로 귀착되도록 일깨워 준다.

이것이 이냐시오 성인의 영적 길 안내다.

그의 카리스마적 영성이 나누어 놓은 수도회의 회칙, 회헌이나
규범은 오늘까지 예수회가 적극적으로 활동하는 수도회로서 명망
을 유지하는 뒷심이 된다. 그 외에도 사도적 영성생활을 보여 주
는 영적 일기, 회개로부터 예수회 설립, 로마에서의 마지막 삶을
다룬 자서전이 남아 있다.

이냐시오 성인의 영향은 오늘도 지속된다. 그의 사목적 역동성
이 오랜 전통으로 이어지면서 예수회 회원들은 전 세계 수도회와
사람들(평신도나 수도자)에게 영감을 주며, 그가 세운 수도회 '회
헌'(constitutiones)과 저서들, 개인적 체험들은 예수회 신학자들은
물론 다른 신학자들에게도 연구 대상이 되었다.

혹자는 로욜라의 성 이냐시오가 혼자서 하느님과의 관계를 맺
는 일에 치중한 나머지, 교회 공동체에는 다소 소원했던 면이 없
지 않다고 비판하기도 했다. 그러나 이냐시오야말로 신앙인의 삶
이 어떠해야 하는지를 명료하게 제시하였다. 즉, 아무리 열심한
신자라도 삶에는 고통이 따르는 법, 훌륭한 영성을 가진 사람의
도움이 필요하다. 반대로 충일한 영적 지혜를 혼자서만 내면에
간직하고 있으면 그것은 이기적 욕심일 뿐이다. 무엇이든 좋은
것은 나누어야 한다. 인간은 바라든 바라지 않든 공동체에 속해

살 수밖에 없다.

종교는 하느님과 관계를 맺은 사람들의 공동체다. 하느님의 영을 입고 하느님의 뜻을 따르는 사람들이 좁게는 '교회' 안에서, 넓게는 세상의 모든 사람들과 소통하고 바른 길을 가도록 서로서로 도와주는 공동체적 영성을 성 이냐시오는 누구보다 중시했다.

3) 예수의 테레사

예수의 테레사(Santa Teresa de Jesus, 1515~1582)는 스페인 아빌라(Avila)에서 태어났다. 예수의 테레사는 태어난 곳과 가르멜회의 개혁 수도원을 창설한 곳의 명칭을 따서 아빌라(Avila)의 성녀 테레사라고도 알려져 있다. 또한 동명의 아기 예수의 테레사와 구별하기 위해 대(大) 테레사라고 부르기도 한다.

테레사는 일찍부터 성인들의 생애에 관한 책을 읽고 순교의 열성을 지녀, 동생과 함께 순교의 은총을 얻을 수 있는 무어인들 지역으로 가려고 가출하기도 했으며, 12세 때 어머니를 여의고 성모님에게 어머니가 되어 달라고 눈물로 기도하기도 했다. 은수자처럼 살아가는 숙부 곁에 머물던 그녀는 성 예로니모의 《편지》를 읽고 수녀가 되기로 결심했다.

그녀는 20세에 가르멜 강생 수녀원에 들어갔다. 그곳에서 수녀원에 들어가는 것을 허락해 달라는 편지를 썼다. 자녀들 중에서도 그녀를 유독 사랑한 아버지는 허락을 하고 지참금을 주고 수도원의 방세도 지불했다. 우리와는 다른 시대의 다른 풍습이다. 수련기 동안 성녀는 수도생활에 전심전력했다. 그러느라 건강이 나빠져 서원한 지 얼마 안 되어 수녀원을 나와야 했다. 한때 병이 깊어 그녀는 깊은 무의식 상태에까지 빠졌지만 마비된 상태에서 수녀원으로 돌아왔다.

성녀는 그 후 3년 동안(1539~1542) 걷지도 못했다. 그럼에도 날마다 성 요셉의 전구(轉求)를 빌며 성인에 대한 특별한 신심을 간직했다. 마침내 병이 낫고, 성녀는 그것이 성 요셉의 전구 덕이라고 굳게 믿으며 다른 이들에게도 전했다. 그러나 영적 시련은 끊이지 않았다.

다시 기도의 심각한 위기를 맞았고 그 위기는 18년 동안이나 지속되었다. 지쳐 기도를 포기하기에 이르렀을 때 성 아우구스티누스의 《고백록》이 그녀를 붙잡아 주었다. 채찍질당하고 상처로 뒤덮인 예수 그리스도의 모습 앞에서 어떤 위기든 극복할 수 있으며, 그러기 위해 하느님에게 온전히 자신을 내어 맡기도록 암시를 받았다.

예수의 테레사 성녀와 가르멜 수도회는 늘 함께 갔다. '맨발의 가르멜회'를 창시한 성녀 예수의 테레사는 가르멜 수도회 수녀들의 기도생활을 위해 지침서인 《완덕의 길》을 써서 수도원에 들어온 이들이 사사로운 우정을 버리고 무질서한 애착의 대상들을 피

Alonso del Arco, 〈성녀 예수의 테레사〉, 103×83cm,
캔버스에 유화, 1700년경, 라사로 갈디아노 미술관 소장.

하면서 극기와 잠심(潛心), 성체성사로 힘을 얻도록 응원해 주었
다. 그 외에 그녀의 저술로는 아빌라의 성 요한 성인의 도움으로
쓴 《자서전》과 그녀의 영성생활에 대한 연대기적 변화를 알 수
있는 내면 이야기를 담은 《아가서에 대한 묵상》 등이 있다.

　예수의 테레사는 어릴 때부터 신앙서적을 많이 읽어 지혜의 선
물을 담뿍 받았다. 그러나 읽은 작품들을 그대로 인용하지 않고
자신의 고유한 체험에 접목해 몸소 살고 깨달은 영성적 지혜를 선

사하였다. 그래서 예수의 테레사가 지은 책들은 문학적 걸작으로서, 그리고 영성의 결정(結晶)으로서 후세에 수도생활을 하는 사람들은 물론 일반 신자들에게도 많은 사랑을 받는다.

4) 십자가의 성 요한

십자가의 성 요한(San Juan de la Cruz, 1542~1591)은 스페인 아빌라 근교 폰티베로스에서 직조공이었던 곤살로 데 예페스(Gonzalo de Yepes)와 카탈리나(Catalina Alvarez) 사이의 세 아들 중 막내로 태어났다. 그의 가족은 극심한 빈곤과 궁핍 속에서 생활했다. 그러던 중 아버지와 형 루이스(Luis)는 요한이 어릴 때 사망했다. 그래서 요한은 어머니와 함께 메디나 델 캄포(Medina del Campo)에 정착해 살았으며, 성녀 막달레나 성당에서 복사를 하며 교리기숙학교에 들어가 읽고 쓰기를 배웠다. 그 후 예수회 학교에 들어가 수사학과 철학, 문학을 공부하면서 문학의 고전 작가들과 문예부흥의 문화를 접하고 성모 마리아에 대한 특별한 사랑과 신심을 갖게 된 그는 가르멜 수도회에 들어갔다. 축제 때 〈사랑의 시〉를 지어 공동체에 활력을 불어넣는 그를 눈여겨본 장상들이 가까운 살라망카대학으로 보내 공부하도록 했다.

요한은 1567년 메디나에서의 첫 미사 때 예수의 테레사를 만났다. 요한은 테레사에게 자신의 성소적 위기를 상의했다. 수도회에서 제공하는 화려한 미래도, 학문도, 하느님과 고독에의 갈증을 해소시킬 수는 없다고 고백했다. 테레사는 그에게 자신이 열망하는 그것을 바로 그녀가 여자 가르멜 수도회에서 하는 것처럼 남자 가르멜 수도회의 개혁에서 찾으라고 제안했다.

요한은 1568년 11월 '맨발의 가르멜회' 첫 수도원을 세고비아(Segovia)에 있는 두루엘로(Duruelo)에 설립하고, 알칼라에서 개혁 가르멜 수도자학교의 첫 학장이 되어 맨발의 젊은이들을 성소자로 양성하기 시작했다.

그러나 수도원을 연 지 약 10년이 지나면서 해이해진 남자 가르멜 수도원의 개혁을 모색했다. 그러던 중 1577년 10월 수도회 개혁을 반대하던 완화 가르멜회 수도자들에 의해 톨레도(Toledo) 수도원 다락방에 감금되었다. 그는 이곳에서 1578년 8월까지 '어두운 밤'을 체험했다. 이 당시의 체험을 바탕으로 그는 《영적 찬가》, 《로망스》(Romances), 《샘》(La Fonte), 《어둔 밤》 등 많은 영적 찬가를 지었다.

9개월 만에 감옥에서 탈출한 요한은 동료들의 박해를 받으면서도 굴하지 않았다. 오직 개혁적 수도자의 길을 걸으며 갈바리오 수도원장, 바에사 신학원 초대원장, 그라나다 수도원장, 세고비아 수도원장직을 수행했다.

그러나 수도회는 1591년 다시 총회를 열어 그의 직책을 박탈하고 멕시코로 추방하기로 했다. 하느님이 그에게 이제 그만 쉬라는 메시지를 보내 왔다. 요한은 병이 나서 자신의 소망대로 천국에서 아침 기도를 드리기 위해 먼 길을 떠난 것이다.

그는 1726년 시성(諡聖) 되었고, 1927년에는 교회박사로 선포되었다. 작은 체구에 겸손하고 온유한 성품이면서도 독창적이고 명쾌한 저술을 한 데 대한 상찬의 호칭이었다. 《가르멜의 산길》, 《영적 찬가》, 《사랑의 산 불꽃》 등을 친근한 카스티야어로 쓴 성 요한의 작품은 당대 스페인에서 출간된 수천여 권에 이르는 어느 영성서적보다 좋은 평을 받았다.

4. 바로크 시대의 계몽 영성(17~18세기)

근대 영성사에서 1598년은 매우 특별한 해다. 이해는 스페인을 세계에서 가장 부강한 나라로 만들고 무적함대를 자랑한 스페인 왕 펠리페 2세가 죽고, 프랑스 왕 앙리 4세가 신·구교 간 오랜 종교전쟁을 끝내고 칼뱅파의 신앙의 자유를 허락하는 낭트 칙령을 반포한 해다. 우연의 일치인지는 모르나 스페인의 영성의 샘이 고갈되어 갈 즈음, 프랑스에서 새롭고 직접적인 영성 재기의 길이 열린 것이다.

이후 프로테스탄트계 성직자들은 그리스도인들의 보편사제직을 선포하면서 성직자와 일반 신자의 구별을 없앴다. 그들은 오로지 공동체를 위한 설교와 봉사에 헌신하면서 신자들의 생활에 세심한 관심을 보였다. 그들의 영성은 낮은 자가 되어 낮은 자와 함께하는 신속하고 구체적인 행동으로 드러났다.

반면, 가톨릭 진영에서는 여전히 성직자 집단이 교회의 큰 군대였으며 신앙의 정체성을 유지해 주는 버팀목으로 인정받았다. 그로써 성직자 과잉을 초래, 아주 적은 숫자만 자기 교구에 머물 수 있었고, 많은 주교들은 사제직 직분조차 받을 수 없어 전전긍긍했다. 그들은 전례 거행의 기회도, 설교의 기회도 얻지 못한 채 자기 교구의 관리경영에 의탁하는 처지가 되었다.

그러나 교구 내 사정과 별도로 낭트 칙령 반포는 가톨릭교회에도 일면 영성 재기의 길을 열어 주었다. 트리엔트 공의회(1545~1563) 이후 교회의 쇄신이 다시 강한 규율, 윤리적 수덕주의로 기울어 갈 때 자유롭고 과감한 영성의 실천에 도전하는 계기가 되었다는 뜻이다.

그동안 성직자들은 자신들을 일반 신자들과 구분해 합당한 미사와 성사를 거행하는 일이 영성적 삶에 우선하는 일이라 여겼다. 하지만 새로운 바로크 시대에 접어들면서 정돈된 고전적 신앙은 다소 자유롭고 융통성을 보이는 신앙으로 변화하기 시작했다. 성직자들을 뽑고 양성하는 일에 힘을 쏟았을 뿐 아니라 맡겨진 일반 신자들의 교육과 어린 아이들의 신앙교육에도 관심을 갖기 시작했다. 설교도 그동안에는 수도자들이 순회하면서 하는 식이었으나 이제는 각 성당의 본당 사제가 직접 하도록 했다.

3차례의 트리엔트 공의회가 신교 측의 불참으로 무위로 끝나면서 가톨릭교회는 새로운 영성을 위한 확실한 효과를 거둘 수단으로 신학교 건립에 박차를 가했다. 이탈리아, 스페인, 프랑스를 중심으로 많은 신학교가 설립되었다. 교구에서 세운 중앙 신학교와 본당에서 세운 신학교 형태가 있었고 나중에는 신학교에 들어갈 신학생들을 위한 예비신학교(대신학교)도 세워졌다. 그들은 발전하는 사회의 영적 리더로서 필요한 학식과 삶의 윤리적 가치를 배우며 미래의 사제생활을 준비했다.

대중선교가 활발하게 전개되면서 모든 사목이 본당 중심으로 전개되고 가톨릭 신자들도 개신교 신자들처럼 자신이 다니는 성당을 중심으로 단합된 신앙생활을 이어 갔다. 트리엔트 공의회는 특히 본당을 영혼의 구원을 위한 장으로 삼고, 미사와 교리 교육을 위시한 다른 전례가 거행되는 장으로서의 위상을 확실히 했다. 그동안 어른들 위주의 교회운영에서 벗어나 어린이들을 위한 교리교육을 따로 준비해 실시함으로써 미래 그리스도 신앙의 지킴이들에 대한 관심도 갖기 시작했다. 그렇다고 개신교처럼 내 성당만을 고집하지는 않았다. 통일된 전례의식이 신자들을 자유롭게 놓아 주었기 때문이다.

이 외에도 특별한 전례에 따라 무거운 십자가를 지고 보속 행렬을 하거나 고해성사, 단식, 성모신심 기도를 통해 영성의 쇄신을 촉구했다. 그런가 하면 묵주기도, 성체조배, 성지순례, 성인 축일 현양 등 가시적 신심활동도 열심히 했다. 본당 중심의 이러한 일련의 대중적 신심은 오늘날까지 이어져 오며, 이로 말미암아 본당의 역할은 더욱 강화되었다. 특별히 교회는 고해성사를 통한 영적 쇄신을 사목의 주안으로 삼았다.

그러나 17세기 중반에 이르러 독일에서 불거진 신·구교 간 알력이 전쟁으로 비화, 덴마크·프랑스·스페인까지 얽히고설켜 약 30년 동안 이어졌다. 구교의 신교 탄압에서 불거진 이 전쟁은 지원군을 불러들이면서 국제전 양상을 띠었으나 이번에도 구교가 신교를 받아들이는 것으로 전쟁이 끝났다.

전쟁을 막아야 할 종교가 스스로 전쟁의 요인이 되는 일이 역사 속에서 반복되는 가운데 가톨릭의 영성도 점차 퇴조를 보이기 시작했다. 신자들은 교구와 수도회 안에 들어앉은 사제와 수도자들에게서 아무런 영감을 얻을 수 없었다. 영성은 말 그대로 이론 속에 갇혀 있었다.

이 와중에 '영성신학'(theologia spiritualis)이라는 수덕과목이 등장하여, 영성적 이론에 대한 주해와 요약들을 라틴어가 아닌 각국의 언어로 만들어 보급했다. 그런데 교회의 영성서적 집필 스타일도 어느새 바로크 문학의 영향을 받았다. 과장법, 은유법 등을 써서 외양적으로는 화려했다. 그러나 쇄신의 열정이나 주체들의 핵심이 빠지거나, 별 내용이 없는 막연한 심상을 그려 내는 문학적 취향으로 빠진 것이다. 이러한 현상은 수도생활, 성직자 양성, 교회 통치구조, 성사 집전 등에서도 일어났다.

더욱이 프랑스 성직자 총회가 트리엔트 공의회의 교령을 1615년에야 받아들였다. 교회의 수장인 교황을 중심으로 교도권을 안정적으로 운용하고자 한 트리엔트 공의회의 결정들을 프랑스에서는 다른 국가들보다 늦게 수용한 것이다. 신학교 설립도 다른 나라보다 10여 년이나 늦게 시작되었고 가톨릭 개혁의 구현도 정치적 대립 속에서 더디게 진행되었다. 많은 성직자나 수도자들이 권력을 가진 명문 가문과 관계를 맺거나 수도회 재정권을 가진 귀족 신자에게 종속되어 있어 때로는 영성생활이나 수도생활에 지장을 초래하기도 했다. 그들은 사제로서의 성사적, 직무적 본성이 아니라 한시적 '성직록'과 연결되어 있어 곤궁하고 불안했다. '교회록'이라고도 하는 성직록의 수입원은 교회가 갖는 동산과 부동산, 신자 단체나 국가에서 규칙적으로 지불하는 금품, 신자들의 헌금, 사례금, 수당으로 이뤄진다.

그럼에도 다른 한쪽에서는 다음 세기를 준비하는 수도회와 선교모임들이 활동을 시작했다. 이미 1529년 이래 파리에서 활동한 예수회를 비롯해서 1564년 성 필립보 네리(Fillippo de Neri)가 창립한 오라토리오회(Oratoriani)(1611), 장-자크 올리에의 성 쉴피스회(1642), 장 외드의 예수·마리아회(1643) 등이 지성적이고 윤리적인 영성을 가진 사제와 수도자들을 양성하는 데 진력했다.

5. 낭만주의 시대 이후의 영성(19~20세기) : 제 2차 바티칸 공의회 전까지 역사적·사상적 상황

1) 영성 재건의 배경(프랑스 혁명)

1789년 프랑스 혁명 이전의 프랑스는 유럽에서 가장 강대한 국가였다. 당시 인구가 약 2,600만 명으로, 대영제국 약 1,500만 명, 프러시아 약 800만 명과 비교해 가히 인구 면에서도 유럽의 최강국이었다. 정체는 왕정이었지만 예술과 철학 등 문화적 측면에서도 전 유럽을 지배할 정도였다. 이 시기 가톨릭 역사는 프랑스 역사와 맞물려 있다 해도 틀리지 않을 만큼 밀착되어 있었다. 그러나 왕정이 신뢰를 얻지 못해 프랑스 사회는 그리스도의 영성이 빛을 발하지 못한 채 몹시 어수선했다.

제 1신분인 성직자들은 총인구의 0.004퍼센트에 불과한데 전 국토의 10퍼센트를 소유하고, 거기다 면세 혜택까지 받았다. 제 2신분인 약 20만 명의 귀족은 전 국토의 20퍼센트를 차지, 봉건 영주로서 교회·군대·행정의 고위직을 맡고 있었다. 귀족의 자식들 가운데 고위 성직자가 되는 경우가 많았으며, 그들 가운데는 성직에서 벗어나는 삶을 산 사람들도 적지 않았다. 반면 일반 사제들은 평민과 동고동락하며 그리스도의 영성적 삶을 실천하고 불의한 성직자들을 비판했다. 제 3신분은 혁명을 주도한 시민,

농민, 도시의 노동자들이다.

　나폴레옹이 등장할 무렵 프랑스의 사회제도는 이러했다. 특히 인구의 85퍼센트를 차지하는 농민들은 절대적 빈곤에서 벗어나지 못하고 생존에 허덕였다. 더욱이 부역 요구, 하급 재판권, 주요시설 독점권 등 각종 특권들로 농민들은 영주의 종속에서 벗어날 수 없었다. 마침내 미국의 독립전쟁을 지원하고 돌아온 제3신분의 프랑스 지원병들이 목소리를 내기 시작했다.

　"사람은 누구나 신분 차별 없이 자유롭고 능력에 따라 행복하게 살 수 있어야 한다."

　그들의 목소리에 혁신적 사상가들의 목소리가 보태졌다. 그들은 특히 가톨릭교회의 정치·사회적 입지를 주시했다. 그들은 교회의 성직자들, 특히 교황이 오만할 정도로 권력을 휘두르고 관용적이지 못하며 너무 부유하다고 비판했다.

　사실 그랬다. 그들이 이끄는 교회의 영성은 메마를 대로 메말라 있어 사회복지에 대해 등한시하고 정치와 결탁, 하느님의 영성적 삶을 살고 있지 않았다. 지나치게 많은 땅을 소유한 수도회에 대한 제3신분층의 적개심이 컸으며, 정결과 순명의 서약(서원)이 인간 본질에 위배된다고 항변했다. 그들의 비판은 하느님의 계시와 교회 교도권의 권위조차 거부될 정도로 극렬했다.

　2천만 명이 넘는 프랑스 농민들이 세금과 굶주림에 시달리다

마침내 폭동을 일으켰다. 왕은 폭동을 가라앉히고 새로운 세금제도를 마련하기 위해 세 신분 대표와 함께 '3부회의'를 열었다. 시민, 노동자, 농민의 평민계급이 처음 나랏일에 정식으로 등장한 것이다. 이들을 지지하고 옹호하는 일부 성직자도 있었지만 대부분의 성직자가 귀족 출신이었던지라 여전히 소극적이었다. 그러니 3부회의는 처음부터 삐걱거렸다. 제3신분층 사람들은 3부회의를 포기하고 '국민의회'를 만들어 더 큰 힘으로 뭉쳤다.

특권 신분들의 권리만을 지켜 주려는 국왕과 제3신분층 사이에 마침내 충돌이 일어나고 말았다. 민병대와 시민들의 바스티유 감옥 습격을 기화로 혁명이 전국적으로 번졌다. 그 유명한 프랑스 혁명이 일어난 것이다. 이어 국민의회는 1789년 8월 4일 '인간과 시민의 권리들에 대한 선언'을 하고 자유, 평등, 사유재산권 등을 천명했다. 이는 오랫동안 유지된 절대왕정과 신분사회의 악습이라는 구체제(Ancien Regiem)를 혁파하고 부르주아의 이상을 토대로 한 새로운 사회질서를 확립하는 계기가 되었다.

프랑스 혁명은 이후 수많은 사회와 그 사회를 구성하는 사람들에게 하나의 모범적 선례가 되어 프랑스 역사 차원을 넘어 세계사적 의의를 갖게 되었다. 이후 일어난 일련의 사건으로 프랑스의 정치·사회적 구조가 근본적으로 바뀌었다. 동시에 영성적으로, 종교적으로도 극적인 변화를 가져왔다. 공포된 새 헌법에 따라 개인은 물론 사회적 집단들의 모든 특권이 박탈당했고, 일반인들과 같은 수준의 시민이 되어 법률에 복종해야 했다. 교회 재산이 모두 나라에 귀속되고 〈성직자 공민헌장〉에 따라 성직자들도 국가로부터 봉록을 받는 처지가 되었다. 따라서 성직자들은 국왕과 헌법 앞에서 굳게 충성을 맹세해야 했다.

프랑스 혁명과 프랑스 교회 사이의 조화로운 협조는 물 건너갔다. 1791년 프랑스가 교황청과 외교 관계를 단절한 것이다. 비극적 대립을 하는 가운데 프랑스 왕 루이 16세의 탈주사건이 드러나 프러시아와 전쟁을 하면서 프랑스는 다시 공포정치로 돌아갔다. 새 의회 '국민공회'(Convention Nationale) 는 왕과 왕비 (1793년 1월과 12월) 를 처형하고 파리 민중들은 혁명정부에 반기를 든 성직자들을 즉결 처형하기에 이르렀다.

국민공회하에 비그리스도교화 운동은 1794년까지 이어졌다. 그들은 성직자의 결혼을 강제로 추진하기도 했으며, 이를 거부하는 성직자는 혁명재판소에 회부되었다. 곳곳에 있는 가톨릭 전통을 없애기 위해 성당 건물이 파괴되고, 탑과 십자가가 훼손되었으며, 성인의 이름을 가진 도시 명칭이 세속적으로 수정되었다. 그런 중에도 은신하며 자신의 교구를 관리하고 지역주민을 위한 활동을 하며 신앙의 영성을 지킨 성직자들이 있었다.

1794년 국민공회가 최고가격제를 폐지하면서 식량위기를 초래, 1795년 4월과 5월 민중봉기가 일어나고, 망명에서 돌아온 왕

당파도 폭동을 일으켰으나 나폴레옹 군대에게 진압되었다. 새로운 헌법에 의해 탄생한 '총재정부' 역시 좌·우의 끊임없는 공격에 시달려야 했다. 집권세력에 의한 쿠데타가 반복적으로 일어나고 파벌 사이에 갈등이 증폭되면서 군인들이 정치적 충돌의 중재자로 등장했다. 그 한복판에 나폴레옹이 있었다. 군인이자 정치가인 나폴레옹 보나파르트(Napoléon Bonaparte, 1769~1821)는 프랑스 혁명 말기 무렵의 정치 지도자이자 1804년부터 1814년까지, 그리고 1815년 프랑스의 황제였다.

공포정치를 주도했던 로베스피에르를 제거하고 수립된 총재정부는 교회에 대해 관용정책을 펼쳤다. 그런데 성직자들 사이에 내분이 생겼다. 정부와의 화해를 거부하는 일부 성직자들이 비난하자 정부는 다시 가톨릭에 대한 비난으로 돌아섰다.

이런 상황에서 가톨릭은 예전의 지위를 확보하려고 1797년 봄 선거에서 대거 의회에 진출한 왕당파와 연합했다. 그러자 총재정부는 성직자 추방령과 체포령을 내렸다. 나폴레옹은 혁명파를 지지했다. 대불동맹이 와해된 후에도 영국과 오스트리아가 프랑스와 전쟁을 계속하고, 나폴레옹이 남부 이탈리아에서 로마로 진군해 교황청을 공격했다.

1799년 8월 나폴레옹은 이집트 원정에서 돌아와 파리 주둔 사령관이 되었으며, 이어 공포정치의 산실인 자코뱅파의 압력을 저지하고 헌법을 개정, 새로운 체제를 결성하려는 움직임의 한복판에 섰다. 혁명은 피를 흘리지 않고 성공했다. 포병장교 출신인 나폴레옹은 혁명 후 가톨릭과 화해했다. 혁명의 와중에서 귀족집단과 함께 기득권층으로 화살을 받던 성직자들의 재산을 보호하고 가톨릭을 국교로 승인했다. 그리고 누구나 법 앞에 평등하고 종교의 자유를 누릴 수 있으며 재산을 보호받을 수 있다는 내용의 법도 만들었다. 이것이 〈나폴레옹 법전〉이다.

그러나 나폴레옹은 조국 프랑스로 만족하지 않았다. 일의대수(一衣帶水) 유럽을 꿈꾸며 잇달아 전쟁을 일으켰다. 프랑스의 위기를 수습하고 새로운 법질서를 만들어 낸 전쟁영웅 나폴레옹 시대는 그러나 20년을 가지 못했다. 유럽제국의 꿈을 좇아 수많은 침략전쟁을 일으킨 그는 결국 프랑스 한 나라조차 통치하지 못하고 역사의 그늘로 사라졌다. 나라가 혁명의 회오리에 휩쓸리는 동안 교회는 스스로 발언권을 갖지 못한 채 혁명의 결론에 따를 수밖에 없었다.

18세기에서 19세기에 걸쳐 유럽은 혁명으로 날이 새고 혁명으로 날이 질 정도였다. 나폴레옹이 사라진 뒤 프랑스는 다시 왕정으로 복귀했지만 왕이 시민들의 참정권을 빼앗고 구질서 주체인 귀족들의 요구를 들어 주자 시민·학생·노동자가 주동이 되어 봉기해 왕을 폐위시켰다(1830). 혁명은 성공했지만 시민들은 단지 억압적인 왕권을 패배시켰다는 사실 자체에 기쁨을 느꼈을 뿐, 입헌왕정체제는 계속 이어졌다.

여전히 성년남성의 참정권은 3퍼센트에 불과하였고 97퍼센트는 참정권을 박탈당한 비민주적인 정부체제였다. 왕정으로 돌아간 프랑스 정부가 시민·노동자의 권익을 보장하는 어떤 조처도 취하지 않자 다시 반정부시위가 일어나고, 시위는 시민혁명으로 이어졌다. 이것이 1848년 2월 혁명이다.

1848년은 흔히 혁명의 원년으로 불린다. 전 유럽 지역에서 정치적 자유를 쟁취하기 위해, 또 민족감정을 고양시키기 위해 소요와 혁명이 끊임없이 발생했다. 거기에는 계속되는 경제위기와 본질적으로 유럽 민중이 느껴온 자유에 대한 결핍증이라는 뿌리 깊은 원인이 잠복해 있었다.

프랑스 혁명의 영향을 받아 오스트리아와 독일, 그리고 벨기에와 폴란드, 이탈리아에서도 자유주의 운동이 일어나고 그에 따라 보수적 전제군주체제가 무너지면서 유럽은 자유주의와 민족주의 시대로 들어서게 되었다. 이 가운데 이탈리아의 경우를 따로 보면, 1858년 사르데냐왕국 수상인 자유주의자 카보우르 백작 카밀로 벤소(이탈리아어: Camillo Benso Conte di Cavour, 1810~1861)의 주도로 민족주의자들의 국가통일운동이 전개되었다. 그때까지 이탈리아는 여러 나라로 나뉘어 각각의 지배하에 있었고, 중부지역만을 교황이 다스리고 있었다. 국민들은 자신들이 신의 보호를 받는 나라 국민이라고 굳게 믿었고, 왕이나 교황의 영을 따르는 것이 옳다고 생각하였다. 그러다가 프랑스 혁명 기간 중 나폴레옹에 의해 점령되면서 그들은 비로소 통일에 눈을 떴다.

이어 18세기 후반 프랑스 혁명보다 더 강한 힘이 등장, 전 유럽을 흔들어 놓았다. 바로 산업혁명이다. 프랑스 혁명이 자유를 얻기 위한 정치적 대변혁이었다면, 영국에서 시작된 산업혁명은 경제구조의 근간을 흔들어 놓은 경제적 대변화였다. 그 변화는 단순히 가시적 생산체제뿐 아니라 유럽인들의 정신세계, 생활패턴에까지 영향을 미쳤다.

정치적 자유뿐 아니라 경제적 평등도 어느 정도 이룬 프랑스 공화주의자들은 국가로부터 각별한 혜택을 받아 온 가톨릭에 대해 다시 날카롭게 공격했다. 그로 인해 교회 계통의 학교와 교회의 재산은 국가에서 거두어들였으며, 국가와 교회를 완전히 분리하고 교회를 대중화했다.

나아가 전통적 농업 노동력이 공장 노동력으로 이동하면서 도시 인구가 급증하고 인구의 이동은 그동안 끈끈했던 부모 자식 간의 유대와 혈통 간의 유대마저 느슨하게 만들었다. 그뿐 아니라 성직자와 마을 단위 공동체의 역할도 차츰 줄어들었다. 사람들은 과거의 전통적 관습이나 종교 또는 혈통에 묶여 있던 공동체 의식에서 벗어나 스스로 판단하고 행동하며 개인으로 살아가려는 태도를 갖게 되었다. 또한 그들은 기계를 다루면서 창의적 사고로 새로운 기술을 개발하는 등 적극적으로 산업사회의 일원이 되어

갔다. 그로 인해 더 이상 예속된 삶을 살려 하지 않았다.

그러나 자유가 모두에게 안온한 삶을 보장하지는 않았다. 서민들의 삶은 크게 달라지지 않았다. 철공소나 인쇄소 직공, 여관이나 술집 종업원, 광부, 우편배달부의 월급은 미미했고 도시 곳곳에는 빈민가가 늘었다. 그로 인해 사람들 사이에 계층이 생겼다. 바로 부자와 빈자이다. 여기에 더해서 나라와 나라 사이에도 계층이 생겼다. 식민국가와 피식민국가가 그것이다. 이는 유럽 여러 나라가 속속 산업화한 결과, 엄청난 잉여생산물의 원료 공급과 판로 개척을 위해 아시아와 아프리카 대륙으로 세력을 넓혀 가면서 국가 사이에 생긴 층이다.

자유주의가 삶의 모든 표현에 스며들면서 모든 생각들이 저마다 소리를 냈다. 상대주의, 긍정주의, 합리주의 실존주의, 낭만주의, 신고전주의, 상징주의, 초현실주의, 자본주의, 사회주의, 마르크스주의 등 가히 사상과 이념의 백가쟁명(百家爭鳴) 시대라 할 만했다. 또한 자연과학과 기술의 발전으로 라디오, 영화, 텔레비전 등 새로운 전달·표현 방식이 등장하고 문화와 사회전달의 국제적 현상으로서 스포츠 교류도 활발해졌다.

이 모든 현상들은 얼핏 보아 또 하나의 세속화의 도도한 흐름에 지나지 않는다 할 수도 있지만, 역으로 영성의 인도에 필요한 도구로 활용할 새로운 가치들이라 할 수도 있을 것이다. 그리스도의 영성이 다시 일자리를 얻었다. 도처에 그리스도의 정의와 애

긍(哀矜)을 필요로 하는 사람들이 넘쳐 났다.

2) 영성의 재건(19세기 중반까지)

19세기 말, 독일 인구 중 약 40퍼센트가 가톨릭 신자였고 그들은 황제와 교황에게 똑같이 충성을 바쳤다. 그러나 프로이센 출신 수상 비스마르크(Otto Eduard Leopold von Bismarck, 1815~1898)는 가톨릭을 억압하는 정책을 쓰면서 성직자 교육이나 신자들의 결혼문제까지 간섭할 수 있는 법을 만들기도 했다.

국민 대부분이 가톨릭 신자인 이탈리아에서 역시 민족국가로 가는 데 필수요소인 자유시민정신이 전통적 종교의식과 교황의 단호한 태도에 늘 저지를 당했다. 하지만 자유주의자들은 굴하지 않고 힘을 규합, 교황의 땅을 모두 거두어들여 이탈리아 발전의 계기로 삼아야 한다고 주장했다.

이후 이탈리아가 통일국가가 되면서 로마 가톨릭교회는 800년, 서로마제국 샤를마뉴 대제(Charlemagne, 재위 768~814)에게 받은 로마를 중심으로 한 땅을 통일 이탈리아왕국에 내놓게 된다. 1천여 년 동안 중세 유럽을 지배한 그리스도교는 십자군전쟁, 시민혁명 등으로 설 자리를 잃고, 르네상스와 산업혁명의 근대화 속에서 그 위상이 점점 더 낮아졌다. 이에 따라 가톨릭의 영성도 다시 교회 공간에 갇히는 듯했다.

영국·프랑스·독일을 중심으로 계몽주의 사상이 번져 나가면서 반봉건적, 반종교적, 반형이상학적 자세로 이성과 지식을 일깨워 사회를 변화시키려는 범세계적인 정신운동이 일어났다. 이른바 구체제를 혁파하고자 한 이들은 더 이상 교회의 전통적 체제를 안온한 울타리로 삼으려 하지 않고 자유로운 영혼을 고집하며 반사회적 풍조를 일으켰다. 이들로 인해 가톨릭교회는 큰 위기에 몰렸다.

이에 교황 비오 9세(Pius PP. IX, 재위 1846~1878)는 교회의 새로이 나아갈 길을 모색하고자 제 1차 바티칸 공의회(1869~1870)를 열었다. 그리고 이 공의회에서 도도한 세속화 흐름에 제동을 걸고 하느님을 섬기는 교회의 무류성(無謬性)을 다시 한 번 천명하는 한편, 변화하는 세상에 교회 또한 변화를 도출하고자 했다.

교회는 자의 반 타의 반으로 정치적 권력, 특권, 부를 내려놓으며 세속적 요소들을 정화하는 일을 수행했다. 또한 현격히 줄어드는 사제성소에 실망하지 않고 다양한 사목지침으로 사제의 사목활동을 강화했다. 세속에 대한 문제들도 외면하지 않고 꼼꼼히 살피며 질풍노도(疾風怒濤)와 같은 세상의 변화와 박해 속에서 교회는 다시금 일치와 통교의 의식을 회복했다. 세상은 사라져도 그리스도 신앙은 결코 사라지지 않는다는 절대 영성을 믿으며 적대적 환경 속에서도 그리스도 신앙의 근본가치를 살리려는 각성과 부흥에 힘을 쏟은 것이다.

이 무렵 그리스도교 신앙 재건에 영향을 준 문화운동이 있다. 바로 낭만주의와 옥스퍼드 운동이다. 낭만주의는 계몽주의와 프랑스 혁명에 대한 저항 시기에 재조명된 문예사조로서 아름다움을 찬미하고 개인의 감정이나 자유의지, 고유한 품성을 중요시했다. 따라서 종교의 연대의식 같은 것이 인간의 본성적 욕구를 억압하며 과거의 전통과 규범들은 인간의 꿈과 자유로운 상상력을 훼방한다고 생각했다.

낭만주의는 중세를 그리스도교 신앙의 고전시대라고 평가하고, 그리스도교의 현상 타파를 위한 반동으로서의 길을 제시해 주었다. 가톨릭이 의기소침해 있을 때, 이 반동적 사조는 마치 가톨릭 신앙에 대한 축성(祝聖)과도 같았다.

그리스도 신앙인들은 이제까지의 객관적이고 합리적인 사고로부터 해방, 자유롭고 주관적이며 내면의 정서에 충실한 삶을 살려고 했다. 낭만주의는 자연의 모습을 있는 그대로 보고 듣고 느끼면서 자연 속에 숨은 신비한 요소들에 특별한 가치를 부여하고 보이지 않는 종교의 신비에 대해서도 가치를 중시, 그리스도교 영성에 깊은 영향을 주면서 가톨릭의 부흥에 힘을 실어 주었다.

그 부흥의 곁가지로 영국에서는 또 하나, 옥스퍼드 운동이 일어났다. 옥스퍼드 운동은 1833년에서 1845년 사이 옥스퍼드대학을 중심으로 일어난 운동으로, 영국교회 이전의 가톨릭 전통을 되찾고 교회를 쇄신하도록 촉구했다. 나중에 영국교회의 훌륭한 인물들이 가톨릭으로 개종하면서 가톨릭교회로 확산되었다. 가톨릭의 전례적 신심이나 교회에 대한 순수한 감수성 등의 영성이 영국교회 신자들에게 감응을 준 것이다.

재건 시대에 가톨릭의 영성은 사도직을 수행하는 분파들이 역동적으로 활동하는 가운데 새로운 차원을 띠게 되었다. 기존 엘리트 집단의 색깔을 완전히 지우고 공동체와 함께하는 보다 능동적 영성, 가시적 영성 쪽으로 기울어 갔다. 아무리 훌륭한 영성도 자기 안에 갇혀 있거나 실효를 거두지 못한다면 의미가 없다. 그리스도인의 삶 또한 다른 삶과 마찬가지로 우리가 사는 세상 한가운데 존재함을 분명히 알도록 일깨우는 영성이어야 한다. 즉, 그리스도인의 삶이 곧 교회의 삶임을 깨닫고 신심과 영성이 잘 혼효(混淆)된 영적 재건을 위해 수도직도, 사도직도 심기일전했다.

프랑스 혁명 이후 오래된 수도회들이 혁명세력에 의해 압제받고 수도자들이 수도원에서 추방되는 수모를 겪었음에도 수도자들은 인내로써 자신들의 종교적 이상을 끌어안고 인고하면서 수도자의 삶을 지켜 나갔다. 또한 일반 신자들의 사목, 즉 보편 사제직에 대한 인식도 새롭게 부각되었다. 사목 프로그램이 지금처럼 다양하거나 체계화되지는 못했지만 교회 내 활동은 물론 사회활동에까지 범위를 넓혀 갔다.

교회의 영성 재건은 성체 신심에 대한 각성, 전례 신심의 쇄신,

마리아 신심의 부흥을 통해서도 진행되었다. 특히 마리아 신심은 초대교회로부터 내려온 '마리아 공경'의 여러 차례 발현으로 더욱 깊어졌다. 하느님의 어머니요 그리스도교의 보호자인 성모 마리아의 영성은 세상의 모든 신자들에게 전구와 기도로 그리스도 신앙을 보완해 준다. 이 일은 세상 끝 날까지 이어질 것이다.

3) 영성의 확산(19세기 중후반)

사회 구성원으로서의 집단적 결속요소이기도 했던 가톨릭교회는 몇 세기 동안의 시대변화를 겪으면서 보편적 신심과 자유의지에 따른 신앙을 권고하기 시작했다. 또한 개인적 형태의 신심기도와 함께 보다 현실적 필요에 따라 공동체에 대한 관심을 갖기 시작했다. 때로는 그 관심이 국가와 국가 간 이해관계에 연루돼 전쟁을 야기하기도 했다.

역사의 한복판에서, 때로는 틈새에 끼어들어 가톨릭이 불미한 상처를 만들기도 했지만 긴 역사의 물줄기를 따라 내려오며 겸허히 자신을 돌아보고 고유한 영성을 지켜 내려고 애써 왔다.

교회는 하느님의 집이다. 하느님의 집인 교회를 중심으로 그리스도인들은 공의회 회칙 안에 내포된 성인들의 통공과 신·망·애의 향주삼덕, 그중에도 으뜸인 애덕을 통해 영성의 참모습을 발견하고자 했다. 또한 그리스도 안에 모든 세례 받은 이들의 일치, 우주적 통교, 지역교회 간 일치 등을 통해 하느님 백성으로서의 영성생활에 진입할 수 있었다. 때로는 주춤거리기도 하고 엇갈리기도 했지만 교회의 영성은 점진적으로 발전하여 오늘날 우리들의 시대까지 중단된 적이 없다.

수도생활의 '재건'과 함께 사회에서 활동하는 일반 신자들의 사도직에도 활기가 넘쳤다. 각종 신심회, 수도회, 나아가 사제 영성이 현저하게 확산된 것이 이 시대의 특징적 성격이라 하겠다. 신비신학이 대두된 것도 이 무렵이다. 어떤 기적이나 비범한 사실, 또는 현상들이 전 교회로 확산되면서 불가사의한 일에 대한 신심과 경탄으로 새로운 환경이 만들어졌다. 성모 마리아의 발현이 그 좋은 예다.

탁월한 영성의 인물들이 자신들의 성덕을 통해 치열하고 신비한 영성적 메시지를 제공하기도 했다. 많은 인물 중 성녀 가타리나 라브레(Sancta Catharina Laboure, 1806~1876), 리지외의 성녀 테레사(Santa Teresa di Lisieux, 1873~1897년, 소화 테레사, 아기 예수의 성녀 테레사), 삼위일체의 복녀 엘리사벳(Beata Elisabetta della Trinità, 1880~1906), 성녀 젬마 갈가니(Santa Gemma Galgani, 1878~1903), 복자 샤를르 드 후코(Beato Charles de Foucauld, 1858~1916), 테레사 노이만(Therese Neumann, 1898~1962) 등을 들 수 있다. 신비신학은 탁월한 역사학자, 철학자, 심리학자의 분석에 힘입어 관심을 유발하기도 했다.

4) 영성의 수난(19세기 말~20세기 초)

교회의 영성이 점진적으로 되살아난 19세기 말쯤, 교회는 다시 힘의 집단으로 돌아가기 시작했다. 이는 20세기 초까지 지속되었다. 가톨릭 신앙의 선택은 여러 빛깔로 이분법화되었다. 믿는 이들과 믿지 않는 이들, 확신을 지닌 그리스도인과 자연주의 추종자들, 보수적 그리스도인과 자유주의적 그리스도인, 우파적 그리스도인과 좌파적 그리스도인 등이 그것이다.

교회는 제1차 바티칸 공의회 이래 가장 중앙집권화된 구조로 운영되었다. 당면한 문제들, 즉 교회와 국가의 통합-분리를 위한 투쟁, 교회의 새로운 문화에 대한 적응, 신앙과 과학, 민족 간 이념 간 대립의 극복을 위해서는 온 힘을 다 모아야 했기 때문이다.

발칸반도에서 일어난 사건 하나가 제1차 세계대전을 촉발했다. 1914년 6월 28일, 오스트리아 황태자 부부가 세르비아에서 암살당한 일을 기화로 범 게르만족과 범 슬라브족 간 오랜 민족갈등이 마침내 전쟁으로 분출된 것이다.

1871년 통일 이후 산업화에 성공하면서 군비를 확장한 독일제국은 이탈리아왕국과 오스트리아-헝가리제국을 끌어들여 3국동맹을 체결했고, 이에 독일을 견제하기 위해 영국·프랑스·러시아제국이 3국협상을 맺었다. 3국동맹도, 3국협상도 결코 진정한 평화나 공영을 위한 것이 아니라 상호 견제와 자국의 손익계산에 따른 것이었다. 거대한 두 적대세력 사이에서 가톨릭의 영성은 마치 나침반을 잃고 항해하듯 위태위태했다.

두 세력 공히 그리스도 사상의 전통적 가치보다 민족의 결속을 우위에 두고 세속적 이해관계에만 몰두, 인간을 물질화하고 생명의 근원을 부정하는 무신론적 입장에 섰다. 때맞춰 산업혁명에 따른 자본 축적이 양성한 자본주의의 맹점을 등에 업고 등장한 공산주의가 이념 투쟁을 하자 가톨릭교회는 1917년 교황을 정점으로 한 중앙집권체제를 더욱 강화하고 교회법을 새로 반포했다.

이념과 이념의 충돌이 극심해지면서 그리스도교를 향한 극우와 극좌의 폭력적인 박해 또한 극심해졌다. 세상의 화합과 평화에 이바지해야 할 그리스도 교회가 세상의 불화와 반목의 원인 제공자가 되는 형국으로 치달았다. 국가와 국가가 합종연횡(合從連橫)하면서 대륙에서는 오히려 혼란이 가중되고 인간의 근원에 대한 깊은 성찰이나 공동체를 위한 영성은 증발하고 말았다.

현대의 과학기술이 새로운 무기를 속속 개발하고, 그 무기들이 전쟁에 동원되고, 동원된 무기들이 인간 생명을 앗아가는 악순환의 과정 속에서 오랜 시간 축적된 유럽의 문화와 문명이 종언(終焉)을 고하는 듯했다.

그러나 모두 쏠리지는 않았다. 포화 속에서도 새로운 지성이 등장하고 새로운 영성가가 얼굴을 내밀었다. 그들은 짓눌린 가톨릭교회, 꺼져 가는 교회의 영성에 다시 불을 지피고자 보다 적극적인 자세를 취했다. 인류의 공멸을 경고하고, 인간의 존엄을 지키라고 호소하며, 상실과 폐허 속에 방황하는 하느님 백성을 위로했다.

때마침 존재 자체에 가치를 두는 실존주의 철학, 현상학, 내재철학 등 새로운 조류의 철학사조가 등장했다. 교회는 이들 철학사조들을 원용, 전쟁에 휩쓸린 사회를 진단하고 교회를 엄습하는 신앙적 위기를 타개하고자 했다.

이 무렵 독립한 지 150년도 채 안 된 미국의 성장이 세계질서 회복의 전기가 되어 주었다. 자유와 정의, 평등과 진보의 청교도 정신으로 무장하고 광활한 대륙을 개척한 프로테스탄트들은 가톨릭교회에도 신선한 공기를 주입했다. 북미의 가톨릭교회는 자유주의를 근간으로 보다 진취적이고 진보적인 방향으로 전례와 공동체 사목을 이끌어 갔다.

한편, 이 무렵 세계는 제1차 세계대전의 악몽에서 헤어나 겨우 숨을 돌리고 있었다. 그러나 민주체제에 패배했다고 믿었던 전제체제가 민족주의와 이데올로기의 옷으로 갈아입고 다시 자유민주주의를 넘어뜨리려고 결집했다. 그리고 또다시 세계대전이 벌어졌다. 인명 손실만 5천만 명에 이르는 제2차 세계대전의 참혹함은 인류 역사상 전무후무한 비극으로 기록되었고, 유럽의 기독교 문명은 인간 삶에 아무런 희망을 주지 못한다는 냉소적 눈총을 받아야 했다. 세계는 이제 오직 인간의 실존, 그 자체가 있을 뿐이

고 더 무서운 핵폭탄의 공포가 기다릴 뿐이라는 절망감에 빠지고
말았다.

5) 영성의 회귀 - 제 2차 바티칸 공의회

교회를 들여다볼 겨를도 없이 긴박하게 돌아간 세속에 휘둘렸던
그리스도인들의 영성을 회복하기 위한 움직임이 교회의 물밑에서
일어났다.

과도기 교황으로 선출된 교황 요한 23세(Ioannes PP. XXIII, 재
위 1958~1963년)는 그동안 이단 색출이나 교리 논쟁으로 소모적
사목을 해온 태도를 지양하고, 교회 일치와 현대감각에 맞는 사
목의 실천을 위해 공의회를 소집했다. 1959년부터 준비위원회를
설치, 10여 명의 교황청 고위성직자들을 위원으로 임명하여 그리
스도인의 생활 쇄신, 교회 규율의 현대적 적응, 갈라진 형제에
대한 우호적 태도를 제시하며 진정한 그리스도 영성의 회귀를 호
소했다.

1962년에서 1965년 사이 4회기에 걸쳐 공의회가 열렸다. 교황
은 '파괴 외에는 보지 못하고 현대사회를 나쁘게만 생각하며 언제
나 재난만을 예고하는' 성직자들의 방어적 태도를 비판하고 가톨
릭 신자 사이의 일치, 가톨릭 신자와 갈라진 그리스도인의 일치,
가톨릭 신자와 다른 신앙을 가진 종교인의 일치를 이루는 것이 공

의회의 임무라고 강조했다.

　역사상 가장 큰 규모였던 이 공의회는 교회 쇄신을 위한 방법으로 본질적 전통을 훼손하지 않는 범위 안에서 부적절한 형식을 제거하고 갈라진 형제들과 분열의 책임도 함께 나누어 가져야 한다고 고백하고 서로 용서해서 일치가 회복되기를 기대했다. 공의회는 일치를 위한 영성의 원천을 《성경》, 전례, 교회에서 찾았다.

　먼저 《성경》은 하느님의 말씀으로서 교회의 유일한 〈계시 헌장〉〔하느님의 말씀(Dei Verbum), 1965. 11. 18. : 하느님의 계시에 관한 교의 헌장〕이며, 모든 하느님 백성의 사고와 행동, 영성의 요소를 규정하는 '규범'(norma normans)이다. 《성경》 속 성령의 도움으로 그리스도 신자들은 자신 내면의 영적 사정을 깊이 이해할 수 있으며, 그로써 사도적 전승을 발전시켜 나갈 수 있다.

　다음으로 공의회는 〈전례 헌장〉〔거룩한 공의회(Sacrosanctum Concilium), 1963. 12. 4.〕을 제시했다. "전례는 교회의 활동이 지향하는 정점이며 그곳에서 교회의 모든 힘이 흘러나온다"고 언급함과 동시에 전통적 전례형식을 현대의 생활에 맞도록 개선하는 것 또한 영성생활에 좋은 반향이 된다고 지적했다. 그래서 전례 때 쓰던 라틴어를 각각의 모국어로 쓰도록 바꾸었다. 나아가 여성 신자들의 교회 내 위상을 높이는 길을 모색하고 마리아를 사목자의 어머니로 선언하기도 했다.

　끝으로 공의회가 재발견한 세 번째 원천은 교회다. 교회는 종교개혁자들이 말한 '완전한 사회'라는 법률적 차원을 넘어 현존으로서, 제도로서, 사명으로서 '하느님 백성'이며, '그리스도의 신비체'다. 공의회 이후의 교회에 대한 새로운 태도는 매우 인상 깊고 가히 혁명적이다. 이전에는 교회 내 신분 구분이 있었다. 보편적 주장은 아니나 이른바 '생활의 신분'이라 해서 신자들을 계급적으로 나누어 일반 신자들 가운데 특히 혼인한 신자는 '일종의 단죄된 대중'으로서 심지어 구원에 도달할 수 없다고까지 했다. 그러나 공의회는 모든 그리스도인들이 똑같이 성덕 안에 초대를 받았다고 선언했다.

공의회는 교회가 신자들의 현세적 재산, 일상의 일과, 혼인 및 가정생활, 육신의 고통 등 세상과의 다양한 관계 맺음에 적극적 자세로 임하도록 했다. 그리고 이 모든 것들이 성화의 수단이 될 수 있다고 했다. 이러한 결정은 제2차 바티칸 공의회의 괄목할 만한 기여였다.

이로써 영성의 원천인 교회는 영성을 사적인 정신활동 또는 가톨릭교회만의 전용물로 제한하지 않고 고전적 영성과 함께 세상, 사회, 역사와도 건강한 관계를 유지하도록 문을 열어 두었다. 이를테면 교회가 믿지 않는 사람들과도 어울리며 개신교, 동방교회와도 형제적 포용으로 영성을 교류하도록 힘써야 한다는 것이다. 그렇게 함으로써 수많은 영성의 달인, 성덕의 체험을 저술한 위대한 교부, 수도자, 성인들을 통해 내려온 참된 영성이 오늘의 삶

제 2차 바티칸 공의회 장면

안에서도 발현될 수 있게 되는 것이다.

제2차 바티칸 공의회는 위정자, 지식인, 예술가, 여성, 노동자, 고통 받는 이, 청소년에게 메시지를 발표하고 제262대 교황 바오로 6세는 1965년 12월 8일 성 베드로 대성전 광장에서 공의회 폐회를 선언했다. 그리고 공의회 폐회 전날인 12월 7일 콘스탄티노플 대주교와 함께 1054년에 내려진 콘스탄티노플교회와 로마교회 간의 '상호파문'을 철회했다.

이처럼 제2차 바티칸 공의회는 교황의 폐회 메시지에서 보듯 예전의 공의회와 달리 교회 교리를 공격하거나 교회 일치를 저해하는 것을 다루기 위해 소집되지 않았다. 이번 공의회는 오류를 정죄하는 데 엄격했던 과거의 교회와 달리 오늘의 교회는 자비의 약으로 서로를 치유하고, 불화의 씨앗을 근절하는 일보다 인류의 평화와 일치를 증진하는 일을 우선해야 한다는 메시지인 것이다.

6) 제2차 바티칸 공의회 이후의 영성

1970년대까지 교회는 성령에 대해서 거의 언급하지 않았다. 이는 영성이 성령에 따른 영적 삶이라는 정의를 외면한 것이다. 사도 바오로는 영성과 성령의 불가결의 관계를 두고 코린토들인에게 편지로 써서 일러 주었다.

"영적인 사람"(1코린 2:15)은 성령 안에서, 성령의 다른 "열매들"의 뿌리인 사랑을 통해 풍요로워진 사람이다. 그는 물과 성령으로 태어나 성령의 영감을 따라 사는 "그리스도를 입은 새 사람"(로마 13:14, 갈라 3:27, 에페 4:22~24, 골로 3:9~10)이다. 이는 영성생활이 지닌 성령론적 특성을 잘 반영하고, 성령의 성화(聖化)작용을 강조한 말이다. 성령의 재발견은 우리 시대의 새로운 영적 활기를 불러일으키는 표지의 발견이다.

제2차 바티칸 공의회는 성령의 역사(役事)를 오늘의 영성에 접목시켜 마침내 세속과 세상에 대한 시각을 새롭게 갖고 그 가치를 평가하는 일에 나섰다.

오늘날의 영성은 활동하는 영성이다. 세상으로부터 도피하던 중세의 영성이 아니다. 격변해 온 시대 흐름에 따라 종교에도 새로운 사고들이 만들어졌다. 활동과 관상, 성(聖)과 속(俗) 사이의 고전적 이분법을 완전히 파괴했다. 공의회는 '영성'에 대한 새로운 전망을 내놓았다. 즉, 세상과 한시적인 것과 육적인 것은 피해야 할 장애물이 아닐 뿐만 아니라, 영성생활을 위해 참아 내야 할 무엇도 아니다. 오히려 이것들 자체가 성화시키는 실재들이다. 이로써 '삶이 기도이며 모든 기도는 삶 안에서, 삶과 함께해야 한다'는 주장이 설득력을 얻기 시작했다.

이 '활동적 영성'이라는 새로운 신앙의 사고들이 몇몇 그리스도인 모임들에 의해 적극적 행동으로 나타나기 시작했다. 다른 영혼을 구원하는 '사도'가 되고자 했던 그리스도인 모임이 더욱 세속화되고 때로는 폭력적인 모임이 되었다. 사회주의를 지향하는 그리스도인의 기초공동체, 그리스도교적 정체성을 띤 민중공동체 등 모임들이 만들어지고 이들 모임은 '해방신학', '정치신학', '희망의 신학'의 이론적 지지를 받았다. 그들의 주장은, "그리스도인이 세상의 건설에 동참해야 한다면 세상으로부터 나와선 안 되고 그 안에서 세워야 한다"는 것이다.

일련의 움직임을 직시하며 공의회는 사목지침을 대폭 수정 발표했다. 그 첫 번째는 세속화되고 탈신성화된 세상 속으로 직접 들어가 인간 중심의 대중적 영성에 초점을 맞추었다. 두 번째는 가난에서 예언적 정체성을 발견하고 가난한 삶을 영적 체험의 큰 공간으로 삼았다. 세 번째는 공동체적 영성을 강조했다.

(1) 대중적 영성

1968년 프랑스 문화혁명은 그리스도교 역사를 또 한 번 뒤흔들었다. 세속화와 탈신성화의 돌풍이 인간활동의 모든 영역으로 불어닥친 것이다. 세속화 · 탈신성화된 환경이 인간의 삶 전체에 스며들었고, 신심 깊고 영적인 종교인들은 동화할 수 없는 이상한 상황을 당혹스럽게 지켜보며 그저 참을 뿐이었다. 때맞춰 그리스도교에 적대적인, 독창적이면서도 문제를 일으킬 제목의 책들이 속속 출간되면서 이러한 돌풍은 아예 가톨릭의 '전통적' 영성을 치울 부스러기로 간주하도록 끌어갔다. 《하느님의 죽음》(Gabbriel

Vahanian, 1960), 《복음의 세속적 의미》(Paul Ban Buren, 1963), 《그리스도교적 무신론의 복음》(Thomas J. J. Altizer, 1966) 등을 그 예로 들 수 있다.

이러한 세속화와 탈신성화의 불똥은 곧바로 대중적 종교심으로 옮겨붙어 교회를 강타했다. 식민지에서 해방된 신생 독립국의 신자들과 민주화 투쟁으로 나라의 주인이 된 신자들 사이에 다양한 쇄신의 돌풍이 불기 시작했다.

그런데 일반 국민과 엘리트 국민 간에 신앙의 태도가 판이했다. 일반 대중들은 그리스도 영성을 드러내는 비범하고 초자연적인 내용에 끌렸는데, 엘리트층에서는 '공식적'인 예절들의 거행에 충실해서 미사나 성사 참여에 더 무게를 두었다.

그리스도 생애의 단편적 내용을 드러내 축제를 벌이는 등의 떠들썩한 대중적 신심에는 긍정적인 면도 있지만 부정적인 면도 없지 않다. 물론 신앙도 축제처럼 느낄 수 있다. 교회의 전례 안에서 예수 생애의 희로애락을 연희적 퍼포먼스로 드러내는 것도 나쁘지 않다고 본다. 동적인 비주얼 문화에 익숙한 현대의 젊은이들을 그리스도 신앙 안에 끌어들이는 방법일 수도 있기에. 그렇더라도 중요한 것은 그리스도 예수의 영성만은 잠시도 잊어서는 안 된다는 점이다.

(2) 가난의 영성

다음으로 공의회는 사목방침을 철저히 인간중심주의로 전환했다. 그중에도 복음화로 해방시켜야 할 첫 대상으로서 '가난한 사람들'을 주목하고 사목적 선택에서 최우선 과제로 삼았다. 가난을 단지 단순한 행복의 차원으로 바라보는 통찰을 넘어, 다뤄야할 주제로 삼는 것이 아니라 해결해야 할 사건으로 받아들인 것이다. 가난의 원인을 추적하고 해결책을 모색하는 일은 단순한 신학적 명제가 아니라 새로운 영성의 실마리가 되었다. 오랫동안가난에 대해 교회가 가졌던 단편적 영성의 의미를 종합적으로 이해하게 된 것이다.

나아가 가난을 단지 개인이나 공동체의 사는 문제로 한정시키지 않고 그것을 뛰어넘는 영적 체험의 큰 공간으로 삼았다. 교회스스로 가난에서 자신의 예언적 정체성을 발견하고 가난한 자들의 교회라고 선포함으로써, 가난한 자의 소중한 영성을 천명하고가난한 삶의 해방을 선포했다.

(3) 연대성의 영성

공의회 이후의 영성은 더 이상 '세상에서의 도피'가 아니라 연대감을 체험하며 살도록 초대하는 '연대성'의 영성이다. 그리스도인은 그 어느 때보다 사람, 세상, 역사와 연대하는 공동체적 존재가되었다. 예수가 현실사회에 동참한 '육화된 인간'의 실존이라는 점을 상기, 연대성을 향한 개방적 사고의 함양이 요청되는 시대이다.

교회도 연대성에 대한 개방적 사고를 갖고 교회 내 신분이 단지 성령의 '은총과 카리스마'에 따른 봉사와 활동을 위한 구별일 뿐이며, 전쟁의 위험과 증오를 넘어 '평화와 일치의 영성'을 건설하는 데 세상과 함께할 필요가 있음을 역설한다.

그 결과 제2차 바티칸 공의회 이후 많은 공동체들이 나왔다. 그들의 공통적인 기본적 구성요소들은 '말씀'에 근거해서 설립되었다는 것이다. 그리스도 탄생 이후 역사를 관통하면서 영성을 양육했던 말씀이 높은 어좌에서 내려와 일반 백성, 평신도들에게로 퍼져 나갔다. 듣는 말씀이 아니라 스스로 읽고 이해하는 말씀을 중심으로 공동체가 형성되고, 공동체는 말씀과 전례와 기도로써 일치를 이루며 교회 안팎에서 봉사를 통해 영성을 살찌워 나갔다. 그리스도교는 다시 점진적 성장의 동력을 얻게 되었고, 다양한 공동체적 운동이 도처에서 일어나기 시작했다. 그리고 그 운동은 지금도 세계 도처에서 일어나고 있다.

또한 땅과의 연대도 중시, 생태학에 대해 주의를 환기시켰다. 자연을 보호하는 일은 사람을 구하는 일이다. 생태학은 인본주의의 한 형태이며, 인본주의는 그리스도교 사상의 근간이 된다. 자연을 지키는 일은 사람을 구하는 일이다. 자연의 일부인 사람이 자연의 혜택을 입으며 살아갈 때 비로소 사람답게 살 수 있기에 자연과 생명을 존중하는 통합적 교육에도 정진할 것을 촉구하고 있다.

제266대 교황 프란치스코(Franciscus PP., 재위 2013~)도 '생태 회칙'《찬미받으소서》를 통해 개발과 성장 제일주의에 제동을 걸었다. 다보스포럼에서도 지구 변화에 대한 대책을 하루빨리 강구해야 한다고 공표해, 세계의 지성들은 다양한 저서와 세미나, 강의, 강연, 시민활동 등을 통해 향후 30~40년이 인류의 지속가능 여부를 결정한다는 다급한 메시지를 제시했다.

6. 오늘의 영성

지금까지 교부 시대로부터 제2차 바티칸 공의회 이후까지 이르는 영성의 흐름을 대략적으로 살펴보았다. 긴 역사를 관통하면서도 영성의 주인은 언제나 하느님이고 영성의 혜택을 받는 사람은 그리스도인이다. 시대의 변화에 따라 그리스도 신자들이 느끼는 영성의 빛깔이 조금씩 바뀌기도 했지만 영성의 근본이 바뀌거나 달라진 적은 한 번도 없다.

그러나 시대에 유행이 있듯 영성의 발현도 세속의 변화나 변혁에 대처해야 한다. 이제 '영성'은 더욱 '육화'되고, 더 '인간적'이 되어 지나치게 신비함이나 초자연적 삶에 기울거나 도덕적·윤리주의적 도그마에 빠지지 않는다. 오직 그분의 성령을 통해 그분의 성성(聖性)만을 바라보도록 우리를 인도한다. 그 성성이 공동체 안에서 우리 모두가 사랑을 실현하고 그리스도의 신비체와의 일치를 구현하도록 역사하고 있음을 깨닫는다.

오늘의 그리스도 영성은 앞서 바티칸 공의회가 제시한 세 가지 원천들 속에서 자양분을 취하며 참삶으로의 회귀를 준비하고 있다. 그 원천은 첫째, 그리스도 신앙의 주춧돌이요 머리인 하느님의 말씀과 기도, 둘째, 더욱 경건하고 인격적인 참여를 통한 전례, 셋째, 교부들의 전통에 기초한 교회 공동체이다. 이 세 원천의 자양분에 힘입어 교회는 구체적 행동지침인 복음화를 위한 체계적인 교리교육을 실시하고, 기도와 관상 모임을 주선한다. 성인들의 통공에 대한 신심, 실천적 행동의 신심으로 영성을 풍요롭게 가꾸고 있다. 특히 소외된 사람들, 가난한 사람들을 위해 투신하는 영성의 '육화'는 그 어떤 영성보다 빛나는 자태를 드러내 보이며 그리스도 신앙인의 향기로운 표양으로 기림을 받는다.

많은 신학자와 철학자, 사회학자들은 오늘날 세계 도처에서 일어나는 전쟁과 사회적 갈등에 종교가 책임을 져야 할 부분이 많다고 지적한다. 그렇다. 많은 사람들이 종교라는 이름으로 위안을 받고 삶의 좌표를 얻기도 했지만, 종교 때문에 박해를 받고 심지어 목숨까지 잃기도 했음을 역사가 말해 준다. 현대세계의 수많은 병폐와 역사 속 악행에 대한 책임을 종교가 외면할 수 없는 처지인 것이다.

관용이란 말을 찾아볼 수조차 없는 유대인 박해, 종교전쟁, 종교재판 같은 역사 속 과오의 점점들, 이성으로도 이해할 수 없는 비열한 사회악(社會惡)이 종교의 이름으로 자행된 역사의 기록들은 오늘 지금 우리에게까지 그대로 각인되어 내려온다. 그것이 어느 종교이든 여전히 세계 도처에서 종교의 본령을 잃은 병폐와 악행이 끊이지 않고 있어 안타깝다. 이 모든 악행에 대한 책임을 종교가 외면할 수 없다. 그러나 현실은 그리 개운하지가 않았다. 근원적 모순 앞에 그리스도 신자도, 신자 아닌 사람도 어마지두해지고 만다.

다만 그럼에도 "바르게 살며 신용을 지키는 사람이 하나라도 있으면 나는 예루살렘을 용서하리라"(예레 5:1)고 한 야훼 하느님 말씀에서 희망을 찾아본다. 사랑과 용서와 자애를 실천하는 자선 단체들이 있고, 신앙을 자산으로 삼아 병들고 가난한 이웃을 위한 병원과 학교가 속속 세워지고 있다. 그 안에서 묵묵히 봉사하는 영적 수행자들이 있다.

신앙은 나와 하느님과의 관계 정립이다. 신앙을 갖는다 함은 일단 자기를 공개하는 데 동의한다는 의미다. 자신을 돌아봄에 떳떳하고 자랑스럽기만 한 사람은 단 한 명도 없을 것이다. 그러기에 신앙의 첫 단추는 일단 겸손으로부터 시작된다. 그 다음에야 자기 돌아봄, 더불어 살아갈 공동체에 대한 책임감 등이 들어

설 여지가 있는 것이다.

19세기에 가톨릭으로 개종해 사제가 된 아이작 헤커 신부가 지적한 대로,

"종교는 사람들을 소통시키고 바른 길을 가도록 도와준다. 우리가 공동체에 초대받은 것은 공동체의 전통과 구성원들과의 소통을 위해서다. 이와 함께 우리가 변해야 할 부분이 발견되면 공동체의 권고에 의해, 혹은 스스로 깨달아 변해야 한다".

그렇다. 사람은 본능적으로 함께하기를 원하는 사회적 동물이다. 종교는 그러한 인간 본능에 충실한 공동체다. 신앙인 가운데는 교회에 다니는 것은 기본 형식의 동참이고 진정한 영적 성장은 스스로 자기 비평, 온전히 자기 자신에게만 초점을 두고 생각하고 결론내리는 신자도 있다. 책을 많이 읽고 사회생활을 충실히 하는 사람 가운데 이런 사람을 발견한다. 그러나 신앙 공동체를 통해 하느님과 영성생활에 대해 이해하는 것은 개인 수준의 이해와 상상력을 훨씬 뛰어넘는 것이다. 혼자서는 발견할 수 없는 방식으로 자신의 영적 상상력을 넓힐 수 있다.

그리스도교가 불미한 역사의 오점들을 갖고는 있지만 가톨릭의 영성은 성령강림 이후 사도들로부터 교부들로, 다시 시대별 영성가들을 관통하며 기도·감사·겸손·가난·정결 같은 좋은 질료로 인류의 구원과 축복을 위해 역동적으로 활동했으며, 그 활동은 오늘도 이어진다.

제4부

교회, 어디로 가고 있나?

제11장

항해하는 그리스도교

바오로의 전도여행이 유럽 쪽으로 항로를 잡으면서 유럽의 역사를 이끌었던 그리스도교 배가 긴 역사를 통과하면서 이런저런 이유로 항로를 바꾸어 오대양 육대주의 다방향(多方向) 항해를 시작했다. 그런데 이 그리스도교 배에는 순수한 그리스도 신앙을 가진 사람만 승선한 것이 아니라 국가의 필요에 의해 국가가 가진 은밀한 목표의 달성을 의도한 사람들도 함께 탔다.

19세기, 아프리카·아시아에 식민국가를 건설한 정복자들이 자신의 음흉한 욕심을 감추기 위한 방패로 그리스도의 복음을 내세웠다. 그러나 탐욕이 그리스도의 사랑으로 포장된 교회는 피식민국가 국민에게 아무런 위로를 줄 수 없었다. 위로는커녕 고통과 상실과 상처만 주었다.

그러나 민족자결주의가 힘을 얻게 된 20세기 들어서 과거 식민국가였던 아프리카, 아시아의 교회들은 서구 유럽 교회가 부러워 할 만큼 세상의 위로자로 성장하고 있다. 한 예로, 20세기가 시작할 무렵 아프리카의 가톨릭 인구는 약 170만 명에 지나지 않았지만 새로운 세기가 시작할 무렵에는 약 1억 1천만 명에 이르렀다. 지난 십수 세기 동안 '가톨릭' 하면 유럽을 떠올릴 만큼 유럽 가톨릭의 영향력은 절대적이었다. 그런 유럽의 지역패권주의에 대항이라도 하려는 듯 오늘날 가톨릭교회의 중력은 아프리카와 아시아, 아메리카 쪽으로 서서히 이동하는 추세를 보이고 있다.

공산정권이 무너지는 것을 전혀 예상치 못했듯이, 예상치 못한 현상이 교회 안에서 일어나고 있다. 참으로 놀라운 역사의 전개가 아닐 수 없다. 이름만 희망의 대륙이던 아프리카가 21세기 들어 진정 희망의 대륙이 되려 하고 있다.

아프리카 사람들은 가톨릭에 대해 매우 친화적이다. 아직도 부족 단위 구성원들로 결속되어 있기는 하지만 적어도 그리스도 신자들은 자신들이 하나의 커다란 대륙의 일원이면서 교회에 평등하게 속한다는 사실에, 주교와 추기경 같은 대륙의 성직자들이 다른 대륙의 성직자들과 동등한 인정을 받는다는 사실에 자부심을 갖고 있다. 또 아프리카 그리스도교 신자들은 특히 시원적인 감각의 전통과 가톨릭의 근원성이 잘 결합된 영속적인 가치로서 가톨릭 신앙을 지켜 나가고 있다. 서구열강의 식민지배를 받으며 겪은 고통이 컸던 만큼 자유인으로서 신자가 된 그들은 가톨릭에

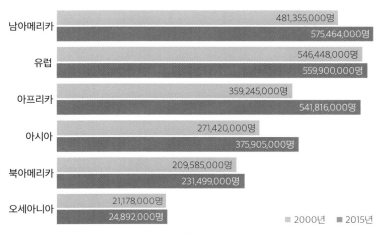

대륙별 그리스도교 인구 증감

남아메리카
481,355,000명
575,464,000명

유럽
546,448,000명
559,900,000명

아프리카
359,245,000명
541,816,000명

아시아
271,420,000명
375,905,000명

북아메리카
209,585,000명
231,499,000명

오세아니아
21,178,000명
24,892,000명

■ 2000년 ■ 2015년

자료: "Status of Global Christianity, 2015", *International Bulletin of Missionary Research*, 39(1).

케냐 서부 한 가톨릭교회의 미사 시간.

새로운 희망을 안고 부족 간의 갈등 같은 구조적 문제들을 가톨릭의 평화와 화해로 해결하려는 노력을 기울이며 공동체 신앙을 펼쳐 간다.

전통적으로 프로테스탄트 국가인 미국 내 가톨릭교회도 오늘날 세계 가톨릭교회에 적지 않은 영향력을 갖게 되었다. 기존의 형식에 안주하는 교회에 비판적인 성명을 내고 가톨릭 공동체 안에서의 민주적인 그리스도교를 옹호하는 발언을 주저하지 않는 일단의 신자들이 교회를 역동적으로 끌어간다.

가장 눈에 띄는 현상은 교회 안에 새로운 수도 공동체가 생겨난다는 것이다. 이들은 수도회가 요구하는 삶의 형식을 충실히 따르고 교부들의 신앙서적을 읽으면서 자신의 모습을 가다듬고 헌신적인 생활을 하려는 용기, 봉사하는 용기를 실천하고 있다. 규모가 큰 교육체계와 의료시스템을 통해 그리스도 신앙인의 사회적 책임을 기꺼이 수행하는가 하면 거대한 세속적 경험의 집합체로 각인된 미국사회에서 교회의 소극적인 그리스도교 풍토를 배격하는 데 앞장서고 있다.

솔선수범하는 가톨릭 사목을 보면서 성공회 신부들이 개종하는가 하면 그동안 가장 날카로운 비판자였던 개신교와의 만남을 통해 이해의 지평을 넓혀 가고 있다. 그동안 비판 일변도였던 개신교 신자들은 비로소 가톨릭이 《성경》을 홀대하고 교회가 교황의 지배로 뒤덮여 있는 것이 아니라, 가톨릭에서도 《성경》이 모든 신앙의 중심에 굳건히 자리해 있고 교황이 《성경》을 지키는 수문장임을 알게 되었다.

라틴아메리카는 그 유명한 해방신학의 진원지다. 오랜 시간 정치적·경제적 불평등과 부조리로부터 자유롭지 못했던 악조건에서 해방되기를 염원하는 움직임의 선두에 가톨릭이 선 것이다. 가톨릭 신학자들이 주도하고 진보적 개신교 신학자들이 동참함으로써 해방신학은 초교파적인 기독교 신학운동으로 발전했다. 한때 라틴아메리카는 '해방신학'이라는 플래카드 하나로 전 세계 가톨릭에 새바람을 불어넣었다.

해방신학은 그리스도교의 가르침을 정의롭지 못한 정치·경제·사회적 조건으로부터의 해방으로 이해하고 실천을 강조한 기독교 신학운동이다. 특히 제2차 바티칸 공의회를 통해 교회가 보여준 개방적인 대사회적 태도에서 힘을 얻어 사회문제가 신학의 비판대상이 될 수 있다는 정치신학을 태동시킨 것이다.

해방신학은 그동안 《성경》과 전통에 대한 연역적 해석을 주요 임무로 한 서구 신학의 방법론을 거부하고 실천을 통한 진리 인식이라는 독특한 신학방법을 추구한다. 여기서 진리 인식이란 구체적인 역사적 사건을 통해서 드러나는 인식을 말한다. 해방신학에서 말하는 죄의 개념은 역사 안에서 이루어지는 모든 차원의 사회적 왜곡상태를 포함한다. 그것은 개인적 차원뿐 아니라 사회적, 역사적 차원의 문제도 포함한다. 따라서 인간 존엄성을 해치는 모든 사회구조는 집단적 죄악이 되는 것이다.

해방신학은 한편으로 '하느님이 나타나는 자리는 바로 가난한 사람들 곁'이라는 그리스도의 현존을 강하게 주장하면서, 다른 한편으로는 빈곤을 '신의 뜻에 어긋나는 사회적 악'으로 규정하고 이를 타파하는 일이 신앙인의 책무라는 주장으로 과격성을 동시에 드러낸다.

1984년 신앙교리성은 라틴아메리카의 특수한 사회적 상황을 배경으로 태동한 해방신학의 긍정적 측면을 인정하는 동시에 두 가지 염려에 대해 경고했다. 하나는 해방신학이 계급투쟁을 인정하는 결과를 초래할 수 있다는 염려, 또 하나는 해방에 대한 염원으로 폭력을 정당화할 수 있다는 염려이다.

그럼에도 해방신학은 사회에 대한 교회의 책임을 분명하게 설파한다는 평을 받는다. 무엇보다 남미의 기초교회 공동체가 초대교회가 실현하려고 했던 공동체적 가치를 추구하며 하느님 나라의 자녀로 살기 위해 추구했던 내적 생활양식을 복원해 냈다는 긍정적 평을 받는다. 이들은 교계 중심의 교회가 아니라 자발적인 공동체를 운영하면서 지금도 라틴아메리카의 교회를 쇄신하는 힘으로 작용한다.

한때 들불처럼 일던 해방신학은 교황청의 염려대로 자칫 마르크스주의 이데올로기와 경계가 불분명하다는 지적을 받으면서 파급력이 주춤했다. 그러나 근래에 와서 교황 프란치스코의 '가난한 자를 위한 교회' 천명으로 해방신학의 긍정적 측면이 새롭게 조명을 받고 있기도 하다.

자본주의 3.0 시대에 들어서도 부의 독점 현상이 심화되고, 분배의 정의가 제대로 실현되지 못한 것 또한 현실이다. 교회는 바로 이 점에 주목해야 한다. 오늘의 교회가 오늘의 문제를 풀지 못하면 내일의 교회는 지금보다 훨씬 무거운 문제들을 떠안게 될 것이기 때문이다.

아시아는 어떠한가?

이미 오래전부터 태평양 국가들이 새로운 세기에는 교회뿐 아니라 정치·경제적으로 중요한 입지를 갖게 될 것이라는 예측이 나오고 있다. 그리스도교가 기존의 종교를 변형시키거나 다양한 방식으로 토착화해 자생적인 종교만큼이나 힘을 발휘하기도 했다. 이는 그동안의 일방적 수용에서 벗어나 '유럽의 지역주의'에 대항하려는 새로운 충동이라고 말할 수 있을 것이다. 숫자만 가지고 말하더라도 이미 교회의 중력이 점차 유럽에서 다른 대륙으로 옮겨 가고 있음이 자명하다.

스페인의 식민지배로 일찌감치 가톨릭 신앙을 갖게 된 필리핀 신자들은 나라가 위기에 처할 때마다 신앙의 결집력으로 극복하였으며, 열악한 환경 속에서도 인내와 기도로 기다리는 표양(表樣)을 보인다. 또한 1986년 독재정권에 항거, 민주정부가 들어서는 데 가톨릭이 결집의 후원자 역할을 하기도 했다.

일본은 가톨릭 신자 수는 많지 않지만 가톨릭 문화나 예술에 대한 관심은 크다. 그들의 전통 신앙인 신도(神道)보다야 약하지만 엄연한 사회적 현실로서 좋은 표양을 보이며 일본을 지탱하는 한 부분의 실체가 되고 있다. 순교성인이 배출될 만큼 신앙의 전통이 전해 내려오며, 일부 지역에서 가톨릭의 파워는 막강하다. 게다가 그동안 추기경들이 모두 사망하여 2017년 현재 추기경이 한 분도 안 계심에도 불구하고 로마 교황청에서의 위상은 결코 왜소하지 않다.

인도는 가톨릭 신자가 아주 적다. 그러나 구태의 힌두주의에서 벗어난 신 힌두주의의 조금은 자유주의적인 입장으로 선회하고 있다. 최근에는 그리스도교로부터 인간의 본질, 생의 근원을 묵상하는 방법을 배우고, 아시아 종교 세계에 대해 논의하며, 신앙의 위상문제를 다루는 일에 주도적 역할을 수행하기도 한다.

특히 1950년 캘커타라고 불렸던 콜카타에 '사랑의 선교회'를 설립하고 빈민구호활동을 하며 일생을 보낸 빈자의 어머니 성녀 마더 테레사(St. Mother Teresa, 1910~1997)의 그리스도적 삶이 큰 반향을 일으켜, 그녀의 거룩한 삶에 감동을 받은 신자들이 늘고 있다. 2003년 10월 교황 요한 바오로 2세(Ioannes Paulus PP. II,

재위 1978~2005)에 의해 시복(諡福)된 테레사 수녀는 2016년 9월 교황 프란치스코에 의해 성녀 반열에 올랐다.

아시아에서 가톨릭이 자리를 잡지 못한 나라로 중국이 있다. 흑묘백묘론(黑猫白描論)으로 사회주의 국가이면서 자본주의 경제를 도입, 세계의 경제대국으로 성장한 중국은 국제적으로 큰 비중을 갖는 나라이다. 그럼에도 가톨릭 신자 수는 지극히 미미하다. 그러나 최근 중국 공산당 지도자들이 자국 내 가톨릭 신자들을 주목하고 있다는 소식이 들려온다.

예단하기는 어렵지만, 국제질서에서 점점 큰 비중을 갖기 시작한 아시아의 대국인 중국, 중국인은 아시아 가톨릭의 거대한 잠재적 인구다. 그들의 전통적 사상인 인의예지(仁義禮智), 측은지심(惻隱之心)에 그리스도 정신이 접목될 때 어쩌면 오랫동안 유럽의 정신으로 인식되었던 그리스도교가 아시아의 정신으로 새 옷을 갈아입을지도 모른다. 이미 정치·경제·군사 등의 부문에서 세계의 움직임을 주도하는 그들의 영향력이 종교를 비켜가지 못할 것이기 때문이다. 그 가능성을 같은 유교국가였던 한국의 가톨릭에서 예견해 봄 직하다.

대한민국은 전인구의 약 11퍼센트가 가톨릭 신자(2016년 기준, 인구 5,285만 7,893명 중 574만 1,949명, 한국천주교주교회의 가톨릭사목연구소 집계)이고, 약 30퍼센트가 개신교를 포함한 그리스도교 신자이다. 더구나 자생적 신앙으로 성장해 온 국가인 대한민국의 그리스도 교회는 어떤가? 결론부터 말하면, 아시아 그 어느 나라와도 비교할 수 없을 만치 역동적인 사목활동이 행해지며 해외 선교에도 적극적이다. 그럼에도 많은 문제를 안고 있는 것 또한 사실이다.

20세기 후반 들어 유럽에서는 인구감소와 교회에 대한 소극적 태도가 맞물려 주일 미사 횟수가 점점 줄어들고 미사 드리러 오는 신자들이 없어 개문휴업(開門休業)하는 교회도 적지 않다고 한다. 그리스도교를 전 세계로 전파하는 데 일등공신이었던 유럽의 교회가 언제부터인가 세상으로부터 격리되고 자신의 대륙에서조차 외면당한 채 붕 떠 있다. 서구사회의 인구감소와 맞물린 그리스도교 감소가 장차 가톨릭교회에 어떤 영향을 초래할 것인가 하는 문제를 다른 대륙의 일로만 바라볼 수 없는 일이다.

이는 우리 교회의 현주소를 밝혀 볼 필요를 느끼는 이유이기도 하다. 교적에 오른 신자 수 대비 주일미사에 참여하는 신자 수가 점점 줄고 있고, 신자들의 현실 삶의 질에 대비해 영적 삶의 질이 크게 개선되지 않는다고 교회는 걱정한다. 그러한 걱정으로 교회의 신앙이 풀이 죽으면 자칫 '근원'에 대한 불안감을 야기하여 막 사는 쪽으로 몰고 가지 않을까 염려스럽다.

제 12 장

오늘의 교회

1. 흔들리는 교회

사도 성 바오로의 이방인 선교 덕분에 유럽, 서남아시아로 전파된 그리스도교는 313년 로마 황제 콘스탄티누스에 의해 공인되고 380년 테오도시우스 1세 때 로마의 국교가 됨으로써 비로소 인류 역사에 등장했다. 교회는 왕과 귀족들로부터 얻은 땅에 교회를 짓고 수도원을 세워 영적 자산인 말씀과 말씀의 전달형식인 전례 의식을 통해 그리스도를 세상에 선포하는 일을 지속해 왔다.

한때 유럽 땅의 4분의 1을 차지할 만큼 막강한 힘을 가졌던 교회는 그 후 세기를 이어 가며 아프리카, 북아메리카, 남아메리카, 극동아시아까지 퍼졌다. 그 과정에서 개별 민족의 역사적·문화적 차이에 따른 순교와 박해의 역사가 있었고, 정치·사회적 이념이나 이견들로 인해 교회와 대립한 역사도 있었다.

초기 그리스도교 신자들은 자신들의 종교에 대해 토를 달거나 꼬치꼬치 캐물을 필요 없이 조상들에 의해 검증된 종교로 이해했기 때문에 신앙의 힘을 보존하기가 수월했다. 그들에게 교회는 형이상학적 인간 존재의 근원을 천착하는 어려운 주제가 아니라 내세의 보증이면서 현세의 삶의 형식이었다. 아기가 태어나고, 자라 결혼하고, 병들거나 나이 들어 죽음을 맞을 때 교회가 주관하였고, 심지어 교회는 '파문'(破門)이라는 이름으로 죄에 대한 재판권을 행사하기도 했다.

교황은 하느님을 대신해 일정한 영토를 갖고 정치 수장인 전제군주와 함께 세상을 다스렸다. 때로 교황과 국왕 사이에 알력이 있거나 교회에 저항하는 힘이 자생적으로 생겼을 경우, 전 세계와 연결된 네트워크를 통해 그리스도 신자들은 교회의 수장을 따르도록 암묵적 강요를 받기도 했다. 정말이지 교황의 권위는 그 누구도 대항할 수 없는 성채와 같았다. 그런 제도적 규율체제 안에서 신자들은 교회의 획일화된 세계관을 따르지 않을 수 없었다.

교회는 힘으로 뭉쳐 있을 때 커다란 과오를 범하기도 했다. 한 예로 성지를 탈환한다는 명목으로 일으킨 7차에 걸친 십자군전쟁을 들 수 있다. 그 전쟁이 희생시킨 엄청난 수의 이슬람교 신자들, 종교개혁의 와중에 희생된 수많은 그리스도인들에게 그리스도교의 관용과 사랑의 보편교리는 허구에 불과한 것으로 이해될 수밖에 없었다. 이후로도 계속된 종교전쟁, 전염병 등으로 대 홍역을 치르면서 교회의 힘은 차츰 약화되어 갔다. 여기에 더해서 2세기에 걸쳐 신을 중심으로 한 세계관이 인간 중심의 인본주의적 세계관으로 바뀌면서 마침내 교회의 입지가 걷잡을 수 없이 흔들리기 시작했다. 교회의 본고장인 유럽이 교회를 중심으로 한 사회에서 인간 이성의 사회로 본격적인 탈바꿈을 시작한 것이다.

십자군전쟁을 계기로 일어난 도시의 신흥세력이 그리스도교의 종교적 속박에서 벗어나 그리스·로마의 고전에서 빌려 온 인본주의 피켓을 높이 치켜들고 상업·무역업을 통한 경제적 부를 얻게 되었다. 그들은 현실에서 생활하는 그 자체를 긍정적으로 받아들이고 합리주의를 중시하는 철학자, 삶을 예술로 승화시키는 고귀한 작업을 하는 인간에 대한 지원을 아끼지 않았다.

17~18세기에 걸쳐 이성과 지식을 바탕으로 새로운 사회질서를 이루려는 혁신적이고 반봉건적·반종교적인 계몽주의 사상까지 대두됨으로써 교회의 종교적 설득력은 더욱 약화되었다. 인간은 종교를 가질 수 있으나 그것은 어디까지나 주관적이고 때로 자의적인 태도에 의한 것이고, 종교의 교의(敎義)조차 주관적 잣대로 해석할 수 있다는 극단적 사고까지 갖게 되었다.

르네상스의 인본주의적 사고와 계몽주의의 반봉건적·반형이상학적 사상이 피워 낸 다양한 업적은 경제뿐 아니라 산업·과학

분야에서도 두각을 보였고 모험가들의 신대륙 발견에 견인차가 되어 주었다. 그러나 곧 문제가 뒤따랐다. 산업혁명에 따른 새로운 계층 간 갈등이 불거졌고, 이 갈등은 시민혁명의 기폭제가 되었다. 나아가 산업화의 격랑으로 사회의 지층이 흔들리면서 과거 전통적 관습이나 종교 또는 혈통에 의해 묶여 있던 사람들이 하나둘 공동체에서 벗어나기 시작했다. 그로 인해 성직자와 마을 단위 공동체의 역할이 크게 줄어들고 가족 간 결속력도 느슨해져 가족 구성원 개개의 역할로 바뀌게 되었다. 즉, 모든 개인이 개인으로서 살아가게 되었고, 가까이 있어도 서로 동떨어져 사는 듯한 거리감을 갖게 되었다. 일상에서 피부로 느껴졌던 종교의 체온이 사라진 것이다.

산업혁명의 파급력은 가공할 만했다. 대량생산된 상품의 유통과 재화(財貨)의 재사용 문제가 발생하면서 국가경영에 새로운 패러다임을 요구하게 되었다. 바로 식민지 확보다. 19세기 100년 동안 마침내 서구 열강은 아시아와 아프리카 등 세계 곳곳의 자원국을 찾아 식민지로 삼고 자신의 세력을 넓혀 갔다. 더 많은 제품의 원료를 공급받기 위해, 더 넓은 제품의 판로를 확보하기 위해, 선발 산업국가와 후발 산업국가 간에 식민지 쟁탈전이 경쟁적으로 벌어졌다. 이 쟁탈전은 민족국가 간의 경쟁으로 비화해서 마침내 두 차례의 세계대전을 일으켰고, 그 와중에 이념 전쟁까지 촉발했다.

　살상과 인간 존엄성의 파괴를 자초한 역사의 격랑 속에서 교회는 세상으로부터 완전히 격리되어 있거나 수도원에서 숨을 죽이고 있는 듯 보였다. 수도자들은 기도와 노동으로 그리스도를 현양하는 한편, 많은 그리스도 협력자들과 함께 전쟁의 상흔을 치유하는 현장에서 전쟁의 후유증으로 아파하는 사람들을 위로하는 데 앞장섰다. 오늘날 가톨릭이 숱한 과오에도 불구하고 비교적 신뢰를 잃지 않은 종교로 남을 수 있었던 것은 이러한 수도자들 덕분이라 할 수 있을 것이다. 그들의 주님을 향한 순종과 세상에 대한 온전한 사랑, 청빈과 겸손의 삶은 오늘날에도 수도원 밖 사목자들이나 일반 신자들에게 좋은 표양이 되어 준다.

　'아무리 보잘것없는 사람이어도 자기를 알아주기를 바라는 꿈을 갖고 있다'는 화두(話頭) 하나로 인도 캘커타(현재의 콜카타)에서 가난한 자와 병든 자들의 자존을 지켜 주는 어머니로 산 성녀 테레사도 아일랜드 로레토 수녀회 소속 수녀였다. 그들은 단 열 사람의 의인만으로도 세상을 멸하지 않겠다는 하느님의 결연한 의지를 믿고, 그 믿음에 따라 세상의 한 모퉁이를 의롭게 가꾸어 온 사람들이다.

　그럼에도 세상은 여전히 불목하고 곳곳에서 종교전쟁이 일어나고 있다. 어수선한 세상 한가운데서 교회의 양상 또한 복잡하게 돌아간다. 신앙의 매너리즘, 교조적인 권위에 진력이 난 서양의 교회가 있는가 하면 동양의 순교자 교회도 있고 남미의 정치·사회적 참여교회도 있다. 특히 참여교회는 교의나 전례 등에서 불거지는 교회 내 신앙 자체의 주제보다는 빈곤, 궁핍, 착취 등 사회적 테마를 교회 안으로 끌어와 교회의 소극적 태도를 성토하며 때로는 투쟁을 정당화해 더 큰 문제로 비화하기도 했다. 남미가 아니더라도 지나친 현실 참여로 교회 내 갈등을 유발하는 사례가 지구촌 곳곳에서 일어나고 있다.

또한 그럼에도 교회는 여전히 살아 숨 쉰다. 인간 자유를 구속하고 기본권을 훼손하는 획일화된 정치적 메커니즘(mechanism)에 대해 성격은 다르나 과거 계몽시대, 세상이 교회에 대항했던 것과 같은 방식으로 대항하는 최후의 보루로 남아 있다. 하느님의 무류성, 생명의 근원에 대한 믿음, 구원의 명제를 밝히려고 애쓰던 그리스도인들이 세계 곳곳에서 순교하였고, 인간 본연의 삶을 소중히 지키려는 선한 공동체의 결속을 파괴하는 어떤 이념에 대해서도 교회는 끝까지, 단호하게 거부했다. 그렇게 교회는 흔들리면서 살아남았다. 살아서 지금도 세상 속에서 세상과 함께 숨 쉬고 있다.

그런데 갈수록 태산이다. 산업혁명, 과학혁명을 지나 이른바 4차 산업혁명이라 일컫는 정보혁명의 시대에 돌입하면서 교회는 개개 인간과 인간 간의 유대조차 끊으려는 세상과 마주쳤다. 수많은 개인들이 개인으로 살면서 스펙 쌓기로 존재감을 과시하거나 물질과 소비의 감미로운 유혹에 정신을 팔고 있다.

개인의 지적 용적률이 평준화되어 가는 오늘의 그리스도 신앙인에게 모태신앙의 관습과 같은 신앙이 아니라 인간적 성숙과 잠재력까지도 발휘할 수 있도록 힘차고 신나는 그리스도 신앙의 굴기(屈起)가 요구된다. 소통의 부재로 모래알처럼 부서지고 흔들리는 우리의 교회를 어떻게 붙잡을 것인가, 오늘의 교회가 자문하며 진지하게 고민해야 할 때다.

2. 도전 받는 교회

인간이 계몽되고 신을 중심으로 한 세계관이 인간 중심의 세계관으로 옮겨 가면서부터 교회에 대한 도전은 이미 시작됐다. 다양한 인간 능력의 개화로 세상은 교회의 창 말고 다양한 새 창을 갖게 되었다. 그로 인해 교회의 권위는 전과 비교할 수 없을 만큼 왜소해지고 마침내 교회 내 인식의 변화까지 초래했다.

경건한 자세로 자신을 성찰하고 교회의 의식행렬에 참여하면서 말씀을 식별하고 그 의미를 깨달으려는 사람에 대해 자기안주에 빠진 '신앙 이기주의자들'이라 매도한다. 사제 직무에 충실히 임하고 하느님 구원과 은총의 표지인 전례를 무엇보다 소중히 지켜가는 성직자들을 오히려 이방인 취급하는 그리스도 신자의 목소리가 나온다. 심지어 그리스도 가치관이 자신의 삶과 아무 상관이 없다는 식의 사고를 가진 젊은이들조차 적지 않다. 교회를 시대에 뒤떨어진 것으로 여기고 교회의 교의가 모든 인간에 공히 적용될 수 없다는 주관적 의식이 팽배하다.

이러한 가치 전도(轉倒) 내지 복고적 움직임은 멀리는 르네상스 시대, 가까이는 계몽주의 시대부터 인간 내면에 잠재한 의식의 발로이기도 하다. 저들 사상은 한마디로 과학적으로 증명될 수 있는 것만이 최상의 기준이 될 수 있으며 기적이나 계시를 통해 인간 이성이 폄훼될 수 없다는 논리다. 말하자면 만인에게 만인의 종교가 있다는 식이다.

하지만 종교를 순수 주관적인 것으로 단순화하여 더 이상 종교가 내적 변형을 일으키는 힘을 갖지 못한다는 논리 또한 완전하지 못하다. 자연과학의 제한된 합리성은 인간의 본질적인 질문에 해답을 주지 못하기 때문이다.

이를테면, 나는 누구인가, 나는 어디서 왔는가, 나는 도대체 왜 존재하는가 등의 질문들은 합리성 저편의 문제이지, 인간 이성으로 완벽한 답을 얻을 수 있는 질문이 아니다. 그렇다고 단순한 주관이나 비합리적 사고로 답을 구할 수도 없다.

여기에 딜레마가 있다. 교회가 사회 전체를 포용하는 '삶의 형식'으로서의 지위를 잃었는데 그 반대편 인식체계 또한 온전한 답을 제시하지 못하는 것이다. 계몽주의 말기, 프랑스 혁명이 일어

나기 전, 이미 사람들은 그리스도교의 달라이 라마(Dalai Lama)
인 교황이 이성의 세기가 시작된 이 마당에서 사라져야 한다는 식
의 말까지 공공연하게 하곤 했다.

특히 그리스도 신앙에 커다란 위협이 되었던 유물론적 이데올
로기는 무산자의 힘을 드높이고 유산자의 수고까지도 악으로 치
부, 무력화하려는 억지 논리를 펴면서 교회 안까지 침투해 들어
왔다. 그들은 영원한 삶, 하느님 뜻을 따르는 교회 공동체를 흔들
어 놓았다. 인간의 가치를 노동가치의 척도로 삼고 인간을 실험
도구로 삼는 비상식적 이데올로기 앞에 교회가 심기일전, 카운터
파트로 나섰다. 하느님의 용기였다. 많은 수도자, 신자들이 이념
에 희생되었지만 끝내 교회는 일어섰다. 교황 베네딕토 16세의
지적대로 "교회가 인간에게 자유의 자리를 마련해 주고 억압에 대
해서는 최후의 선을 긋는" 소명을 게을리하지 않은 것이다.

도전은 이어졌다. 아날로그 시대가 디지털 시대로 넘어간 지
불과 몇 년도 안 되어 인공지능의 시대가 온다는 말이 공공연히
나돈다. 그 인공지능이 인간의 지능은 물론 감성까지도 지배할지
모른다는 가설에 관심이 빠져 있고 그 가설을 증명하는 데 올인하
는 형국이다. 종교에 대한 새로운 시선과 이해가 절실하게 요구
되는 때다. 새로운 복음화를 위한 행동이 필요하다.

교황 베네딕토 16세가 말했다.

오늘날 사람들은 십자가에 달린 그리스도 피가 인간의 죄에 대한 보속(補贖)이라는 사실을 쉽사리 받아들이지 않고 있다. 그리스도 신앙인에게는 참으로 위대하고 참된 사실이지만 그러한 우리의 사고가 난맥의 세계관을 뚫고 복음의 위대하고 영속적인 가치를 주입해 주기가 지난(至難)하다. 분명한 것은 과학만으로 우리의 삶을 충족하지 못한다는 점이다. 과학은 우리에게 커다란 선물을 주는 한 분야일 뿐이며 과학도 사람이 사람으로 남는다는 조건에 매여 있음을 알아야 한다.

그렇다. 사람이 외부조건에 의해 변한다 해도 결국 언제나 그대로 사람으로 남을 것이며, 과학적 지성체계가 아무리 훌륭하다 해도 과학이 신의 자리를 대신할 수는 없을 것이다.

길을 잃으면 처음 출발한 자리로 돌아가라는 말처럼, 처음으로 돌아가 그 근원의 메시지를 찾아 오늘의 교회가 안은 여러 문제들을 짚어 나가면서 미래의 교회를 열어야 할 것이다. 그것은 신화시대의 자연현상에 대한 외경(畏敬)이 아니라 지극히 보편적인 물음, 곧 '모든 것은 어디로부터인가 온 것일 수밖에 없지 않은가?'에 대한 각성이다. 그리스도 신앙인은 이 근원의 각성을 '로고스'에서 찾을 수 있다. 하느님의 말씀, 즉 복음을 면밀히 탐색하고 새로운 틀의 복음화 작업을 시작해야 한다.

오늘 우리 사회는 교육 혜택이 평준화되어 지적 용적률이 높아지고 분배의 정의에 힘입어 다양한 복지가 실행되는 사회다. 이러한 사회의 구성원으로 사는 오늘의 신앙인에게 복음적 삶은 어떤 삶이어야 하는지 각자의 마음으로부터 밝혀내도록 해야 한다. 복음이 시대 속에서 이해되고 수용되도록 교회의 지체인 우리의 삶을 공동체의 삶에 좀더 밀착시켜야 할 것이다. 자신의 신앙이 입으로 갖는 신앙인지 몸으로 말하는 신앙인지, 기득권의 닫힌 공간에 머무른 신앙인지 문이 없는 개방된 신앙인지, 누구보다 자신에게 먼저 물어야 할 것이다. 언제나 그래 왔듯이 우리는 '우리' 안에서 살 수밖에 없기 때문이다.

지구촌은 이미 비밀이 없는 세상이 되었다. 잘사는 사람들은 자신을 노출시키지 않으려고 애를 쓰지만 쉽지 않다. 반대로 가난한 사람들은 다양한 매체를 통해 자신을 드러내려고 애를 쓰고 자신의 처지를 외면하는 사람들에 대해 적개심을 드러내기도 한다. 성직자에 대해서도 예외가 아니다.

모든 사회문제가 교회의 문제가 되고 있다. 교회가 사회로 창을 내지 않고 교회의 울짱 안에 안주하기를 바란다면 그것은 이미 숨 쉬는 생명체가 아니다. 하느님의 말씀이 생명이듯 말씀을 섬기는 교회 또한 생명이며, 생명으로서의 활동을 해야 한다. 교회의 생명활동은 교회 구성원, 곧 신자들에 의해 이루어진다. 신자들이 현세를 살면서 생각과 말과 행동으로 교회의 가르침을 실행하고 전파하는 모든 것들이 교회의 생명활동인 것이다. 그래서 교회는 교회의 울짱 밖에서 세상의 일들을 온몸으로 겪으면서 거기서 배태되는 여러 문제들을 교회 밖 사람들과 함께 끌어안으며 해결해 나가야 한다. 단, 해결방법을 세상적인 방법이 아닌 그리스도 신앙 안에서 강구해야 한다. 더 많이 참고, 더 많이 기다리고, 더 많이 이해하면서 세상의 문제와 맞서야 하는 데서 깊은 고뇌와 고통이 수반되기도 한다. 한 예로 인구문제가 있다.

반세기 전만 해도 산업국가의 인구가 전 세계 인구의 3분의 1을 넘지 않았다. 그런데 두 세대 만에 전체 인구의 90퍼센트가 개발도상국가 이상에 산다. 미래의 교회를 내다보는 데 인구분포 또한 간과할 수 없는 현상이다. 그리스도 교회의 중심이었던 유럽의 인구감소가 그리스도교의 무게중심 이동을 불가피하게 하는 이유이기도 하다. 그 중심이 어떤 문명, 혹은 어떤 사회로 이동할지에 대한 예측을 조심스럽게 해볼 필요가 있다. 더 나아가 우리에게 밀려오는 문제들을 교회가 직시해야 할 때가 오고 있다. 모든 종교는 다 같다고 보는 종교다원주의가 그리스도 신앙을 경시하는 태도와 그리스도교에 대한 적대감을 부추기며 젊은이들의 시선을 끌어가고 있다.

게다가 교회가 항해할 때 절대적으로 필요한 사제와 수도자 성소가 감소하고 있다는 통계 사실은 교회의 앞날을 더욱 어둡게 하고 있다. 1965년에서 1995년 사이 30년 동안 캐나다, 프랑스, 독일, 네덜란드, 영국 등 서구 가톨릭 국가들의 신학생이 50퍼센트 이상 감소했다. 안타깝게도 오늘의 교회는 오늘의 세상만큼 복잡하며 격변의 소용돌이 속에서 허우적대고 있다. 세속주의와 종교다원주의, 종교 자체에 대한 무관심 등 세상의 도전을 받으며 교회 내에서도, 교회 밖에서도 삶과 밀착된 신앙생활을 하는 것이 점점 힘들어진다.

3. 불일치 속의 교회

교회와 사회는 다른 공간에 있는가? 교회의 위기와 사회의 위기는 별개의 문제인가? 물음에 대한 대답부터 해보면 모두 아니다. 교회는 그리스도 복음을 전파하기 위해 사람이 사는 세상에 창을 내야 하고, 세상은 그리스도 복음을 통해 인간 실존의 근원을 알아챌 수 있는 교회의 문을 두드려야 하기 때문이다.

세상의 가치는 시시때때로 변한다. 어제까지 그릇되다 한 것이 오늘 바르다 하고, 오늘 그릇되다 한 가치가 내일은 바른 가치로 대접받는다. 탐욕스러운 자본주의의 고삐 풀린 경제가 유형무형의 인문학적 가치들을 무위화하고, '속도가 선(善)이다'는 의식이 팽배해 과정이 무시되며, '모로 가도 서울만 가면 된다'는 식으로 도덕적 방향까지 잃어 간다. 이를테면 대기업의 효율성 극대화에 시달리면서 노동자들이 감당하기 힘든 스트레스를 받고, 가족 간 유대가 느슨해지면서 아이들은 가정에서 즐거움을 찾는 대신 밖에서 허상을 찾거나 전자오락 게임에 맛 들인 지 오래다.

이런 상황에서 오늘날에는 그리스도교를 경시하는 태도와 그리스도교에 대한 적대감조차 생기고 있다. 기실 긴 역사를 관통해 보면 교회가 문명의 발달에 많이 기여해 왔는데도 홀대를 받는 것이다. 오스트리아의 프란츠 쾨니히 추기경이 지적한 대로 "오늘의 교회는 세상과 따로따로 가고 있다. 그것은 현대인의 의식과 교회의 가르침 사이의 불일치가 더 커지고 있다는 반증"이다.

교회를 표현할 수 있는 원죄, 구원, 보속 등의 낱말은 진실을 표현하는 단어이긴 하나 오늘의 사람들에게 진지하게 받아들여지지 못하고 있다. 프랑스의 수학자 겸 철학자인 피에르시몽 라플라스(Pierre-Simon Laplace)의 말을 빌리자면, 오늘의 경제적 발달과 진보적 사상은 "신이라는 가설을 쓸데없는 것처럼 생각하게 되었다. 오늘날 사람들은 이전에 오로지 신에게 고대했던 것을 자신의 능력으로 해낼 수 있다, 과학이 대신 해줄 수 있다"고 생각한다. 이런 자기합리적 사고, 과학적 지성체계는 신앙문제를 태곳적 이야기 아니면 신화적인 것으로 보고 종교, 적어도 그리스도교를 과거의 유물로 취급하려 한다.

그렇다면 이 모든 현상들을 손을 보아 제자리로 돌려놓고 교회의 복음적 단어들이 다시 이해될 수 있게 하는 책임은 어디 있는

가. 두말할 것도 없이 교회에 있다. 교회가 있고 그다음으로 부름 받은 사목자가 있고 그들을 따르는 신자들이 있는 이상, 소통결 핍증을 앓는 교회의 치유 방책이 교회 자체로부터 나와야 하는 것은 자명하다. 그중에도 일차적으로 교회를 지키는 성직자 집단이 팔 걷고 나서야 하는 일이다. 세상의 방법이 아닌 교회의 방법을 따라 세상이 이웃 삼고 싶은 교회, 문턱이 낮은 교회가 되기 위해 무엇을 어떻게 해야 할지 진지하게 생각해야 할 때다. 제도 교회의 전례나 근본교리 내용이 오늘의 젊은이들에게 얼마나 깊은 반향을 주고 있는가. 생각이 단순하고 속도에 익숙해진 현대인에게 고루하고 다소 위협적인 면이 있음을 간과해서는 안 될 것이다.

이제 교회는 중세가 아니다. 교회는 더 이상 사회 전체에 해당하는 삶의 형식이라는 지위를 갖고 있지 못하다. 조상들에 의해 검증된 종교로 이해, 신앙의 힘을 보존할 수 있는 시대는 더욱 아니다. 수백 년에 걸쳐 이미 교회와 세계는 딴 살림을 해왔다. 현대인의 사고, 의식상태와 교회의 가르침 사이에 간극이 생긴 것이다. 이 의사소통 장애에는 교회 자신에게 어느 정도 책임이 있다. 무엇보다 교회가 달라진 현대인에게 과거 방식이 아닌 오늘의 방식으로 원죄니 구원이니 보속 같은 신앙의 구성요소들을 설명할 방법을 찾아내지 못하고 있다. 말하자면 중세의 언어로 현대어를 쓰는 사람에게 신앙을 말하는 식인 것이다.

최근 그것을 알아챈 한국 교회는 하나의 실천과제로 고해성사의 부담을 줄이기 위해 한국천주교주교회의에서 교회법 (989조) 으로 방책을 내놓았다. 즉, 언제 어디서든 1년에 딱 1번만 고해성사를 보면 성사 의무를 지킨 것으로 한다는 내용이다.

제 13 장

미래의 교회

1. 네트워크로 엮인 지구촌

로마 교황청의 우산 아래 일사불란했던 가톨릭교회 시스템이 발달한 정보기술 덕분에 교회의 사목 시간을 단축시키고 공간을 확장하고 있다.

지난 수십 년간 세계질서의 변화 속에서 가장 두드러진 현상은 세계의 '지구촌화'다. 이는 달리 표현해 '세계화'라고도 한다. 세계화는 의식의 지평 확장으로 지구인의 생각과 말과 행동을 상호 의존적이고 때로는 동질적으로 이어지게 한다. 지구촌 반대편 사람이 먹는 것을 나도 먹고, 먹고 싶다. 내가 입은 옷을 지구 반대편 사람도 입고, 입고 싶어 한다.

언뜻 보아 그다지 대단한 일이 아닌 듯싶다. 그러나 문제의 발단이 여기서 시작된다. 전 지구 사람들이 작은 마을, 이웃사촌처럼 살아갈 수 있도록 정보의 교환이 빨라지면서, 한쪽에서는 사람들이 자기들의 고유한 문화 풍습이 거추장스럽게 느껴진다며 내려놓는가 하면 다른 한쪽에서는 반대현상이 일어났다. 어디 놓아도 우리 것인 줄 알도록 해야지 하고 지켜 내는 사람도 있다. 전 지구화와 각 지역화의 양극현상이다. 정교한 정보망에 편입되어 지역의 사안들이 전 지구적 사안으로 문제시되고(좋은 것이든 나쁜 것이든) 거꾸로 전 지구적 유행의 욕구가 작은 이웃마을의 욕구처럼 친근하게 다가온다. 그것이 좋은 것이든 나쁜 것이든.

이처럼 지구촌화는 전 세계 사람들의 초문화적 접촉으로 국경을 무의미하게 하고 정체성의 위기감마저 초래하는 반면, 교회가 하나의 네트워크로 모이게도 했다. 세계는 범지구적 연대활동으로 생태파괴나 핵전쟁 같은 지구 공동의 위기에도 연대할 수 있게 되었다.

그로 인해서 교회는 새로운 기회와 도전에 맞닥뜨렸다. 세계 속에 나의 지역을 보여 주기 위해 지역 공동체가 무엇을 해야 할지를 고민하고, 전 지구적 문제에 대처하고, 공동선 구현을 위해 머리를 맞대고(실제는 네트워크) 유기적인 협력을 할 수 있게 되었다. 특히 가톨릭교회는 바티칸을 중심으로 한 전 세계 네트워크를 가지고 있어 이 조직의 장점을 십분 활용하고 교회 밖의 새로운 네트워크와 연계해서 교회 내외의 문제들을 풀어 나갈 수 있을 것이다.

　교회는 또 발달한 정보기술을 십분 활용, '종이책《성경》'에만 의존하지 말고 언제 어디서나 볼 수 있는 '디지털《성경》읽기'를 통해서 새로운 선교의 패러다임을 구축할 필요가 있다. 반가운 것은 최근 디지털《성경》, 소리로 듣는《성경》이 시판되었고 주 교회의 홈페이지에서《성경》쓰기, 쌍방향 정보교류 등 다양한 콘텐츠가 운용되고 있다는 점이다. 이미 시대는 변했다. 아날로그에서 디지털로, 디지털에서 인공지능으로, 교회는 시대에 떠밀리지 않고 의식구조의 변화를 수용하는 구조로 운영방식을 바꾸지 않으면 도리어 퇴보할 지경이다.

　당연히 복음은 '기쁜 소식'이다. 그러나 오늘의 신앙인에게 솔직히 이것을 확인한다면 그렇다고 대답할 사람이 몇이나 있을까? 복음을 전하는 데도 시대에 맞는 옷을 입어야 한다. 정장 차림으로 문법을 말하듯 들려준다면 재미없다고 다음번에 교회에 오고 싶어 하지 않을지도 모른다. 그것이 요즘 세태이다.

　초대교회에 설교교사가 따로 있었듯이 주일미사 때 강론의 고정강사를 본당 사제로 국한하는 것도 재고해 볼 일이다. 본당 사제가 일이 있어 대타로 오는 사제가 아니라 순회하면서 오직 열정과 재미와 감동을 유발하는 강사의 강론을 주기적으로 들을 수 있으면 특히 젊은 신자들은 좋아할 것이다.

2. 웰다잉의 선두주자, 가톨릭

'웰빙', '웰다잉'이라는 말이 새로운 유행어로 등극했다. 잘 살고 잘 죽는 것을 두고 하는 말이다. 웰빙이 의식주 문제를 넘어서 질병 없이 건강한 인생을 살자는 말인 데 반해, 웰다잉은 죽음이 닥쳐와도 두려워하지 말고 꿋꿋하게 남은 생을 마무리하자는 조금은 단호한 의지의 발로다. 웰빙은 식사나 생활패턴을 통해, 영혼이 아닌 몸 가꾸기에 열중하며 시선을 자기 자신에게 고정시키도록 한다. 반면 웰다잉은 웰빙보다 꽤 진지하다. 웰빙도 가끔은 마음의 평화, 영성에 대해 생각하도록 한다. 그러나 그것은 살아 있음에 대한 감사와 평화로움을 추구하는 자기 자신의 내재적 영성이다. 반면 웰다잉은 보다 근원적이고 초월적인 영성에 지향을 둔다. 이 새로운 유행어를 교회는 어떻게 이해하고 받아들여야 할까?

우선 둘 모두 중요하다. 웰빙 문화가 가톨릭적 웰빙을 이끄는 일도 중요하고, 웰다잉된 근원적 삶을 인도하는 일도 중요하다. 그러려면 웰빙 문화가 상업주의에 끌려다니지 않도록 공동체형 웰빙 문화를 개방하고, 자연친화적 먹거리, 환경운동 등을 통해 모두가 함께 누리는 생태주의적 웰빙 문화를 주도해야 할 것이다.

또 전 세계적으로 표준화된 소비생활(코카콜라, 맥도날드 등)에 물린 사람들이 어느 날 갑자기 공허감, 소외감, 무력감을 호소하며 일상에 대한 회의에 사로잡힐 때 교회가 역할을 해야 할 것이다. 강요된 질서에 순응하는 수동적 삶을 거부하고 자신의 삶을 자신만의 의미 있는 역사로 인식할 수 있도록 인도해야 할 것이다. 마치 하느님이 인간에 대해 개별적 사랑을 선사한 것처럼.

웰다잉은 고령화시대를 맞은 오늘의 노인층에게 가장 큰 화두 (話頭) 이다. 한국사회도 급속도로 고령화되고 있다. 유엔이 정한 기준에 의하면 65세 이상 노인층 비율이 총인구의 14%를 넘으면 '고령사회', 그리고 20%를 넘으면 '초고령사회'가 된다고 한다. 이 기준을 따르면 한국은 이미 2000년에 '고령화사회'에 들어섰고, 2019년에는 '고령사회'로 들어설 것이다.

인구 고령화 현상은 선진국에서 먼저 대두된 사회문제다. 문제의 심각성은 한국의 고령화 속도가 압도적으로 빠른 데다 상당수 노인들이 자력으로 노후를 담보할 수 있는 경제력을 축적하지 못했다는 데 있다. 한국 가톨릭교회의 노령화는 한국사회보다 더 빠르게 진행되고 있다. 2002년 평균 신자 증가율이 2.8퍼센트였는데, 그중 50~59세가 12.8퍼센트, 70세 이상은 15.2퍼센트였다. 이와 대조적으로 40세 이전 전 연령층에서는 신자 수가 마이너스 성장세다. 자연적 고령화에 인위적 고령화(높은 연령층 신자가 늘고 낮은 연령층 신자는 감소) 라는 요인의 중복이 교회의 고령화를 부채질하는 셈이다.

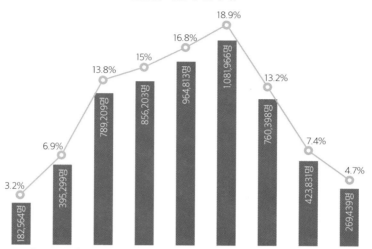

연령별 가톨릭 신자 규모

- 0~9세: 182,564명, 3.2%
- 10~19세: 395,299명, 6.9%
- 20~29세: 789,209명, 13.8%
- 30~39세: 856,203명, 15%
- 40~49세: 964,813명, 16.8%
- 50~59세: 1,081,966명, 18.9%
- 60~69세: 760,398명, 13.2%
- 70~79세: 423,831명, 7.4%
- 80세 이상: 269,439명, 4.7%

자료: "한국 천주교회 통계 2016", 한국천주교주교회의.

　더욱이 가톨릭교회 신자 고령화 현상은 개신교보다 심각하게 빠른 진행을 보인다. 1998년 한국갤럽 조사에 따르면, 종교 내 청년 인구(18~30세) 비율이 개신교는 46퍼센트에 육박한 반면 가톨릭은 19퍼센트에 그쳤다(한국갤럽, 《한국인의 종교와 종교의식》, 1998년). 참고로 불교는 33퍼센트였다. 이후 이러한 현상은 더욱 가속화되어 "한국 천주교회 통계 2016"에 따르면, 2016년 가톨릭교회 내 20~29세 청년 인구 비율은 13.8퍼센트에 그쳤다. 우리가 서구 교회를 따라가는 현실은 통계보다 현실에서 더 두드러진다. 일어나는 현상을 막을 수는 없다.

총력을 기울여 젊은 신자들을 끌어들여야 한다. 그를 위해 노인 신자가 들고 일어나야 한다. 어떻게? 신앙의 대물림을 위해 피나는 노력을 해야 한다는 뜻이다. 유아세례, 첫 영성체, 주일학교 등 끊임없이 가족의 신앙 캘린더(*calendar*)를 일깨워 주고 기도로 돕는 일을 해야 한다.

유대교는 민족종교 특성상 전도(傳道)를 할 수 없다. 그럼에도 수천 년간 사멸되지 않고 끄떡없이 이어 왔다. 그 비법은 바로 신앙의 대물림이다. 박해 시대에 가톨릭이 존속할 수 있었던 것도 신앙의 대물림 덕분이다. 오늘 우리 신자들은 이 원리의 중요성을 모른다. 교회가 간곡하게 인식시켜 주지 않은 책임도 있다.

오락, 관광, 운동 같은 프로그램도 노인들을 위해 필요하겠지만, 그보다 앞서 남은 생을 복음적 접근으로 보내도록 보완되어야 한다. 노인들의 실존적 욕구 해소, 궁극적 죽음과 내세에 대한 자아정리, 일생의 경험을 기록하는 일 같은 웰다잉으로 인도하는 프로그램이 개발·시행되어야 할 것이다.

1988년 국내 최초로 강남성모병원에 호스피스 병동이 개설되어 죽음을 앞둔 환자들의 고통과 두려움을 완화시켜 주는 일을 하고 있다. 웰다잉에 대한 인식을 처음 의료제도 안에 도입, 죽음의 참뜻을 깨닫고 마지막 순간까지 하느님이 함께하고 있다는 안도와 믿음을 선사하는 프로그램이다. 가톨릭이 웰다잉의 선두주자가 된 것은 자랑할 만하다.

3. 선교 영성이 절실하다

오늘의 삶은 계층의 삶이 아니다. 만인이 자유정신을 갖고 스스로 사도직을 수행한다고 생각하는 시대다. 따라서 교회의 인도자에게 이끌려 찾아오는 신자를 맞는 안이한 교회가 아니라 초기 교회의 사도들이 그러했듯이 사목자 스스로 고뇌하며 찾아 나서는 교회가 되도록 과감한 행동지침이 제시되어야 할 때다. 그것은 세계의 교회가 나아가야 할 공동의 미래 교회상이기도 하다.

앞서 교황 베네딕토 16세와 인터뷰를 했던 페터 제발트 종교전문기자가 교황에게 사목자에 대해 물었다.

"사회에서 나타나는 교회의 모습은 훨씬 위협적이고 고루한 모습입니다. 제도 교회가 그렇게 완고한 이유는 무엇인가요? 교회는 양떼의 목자로서 좀더 어머니 같은 태도로 신자들의 영혼을 위해 노력해야 하지 않을까요?"

이에 대해 교황 베네딕토 16세는 이렇게 대답했다.

"오늘의 교회가 세상의 문제를 지적하고 옥죄는 일에 너무 치우쳐 있지 않나 하는 인상을 받습니다 …. 성윤리, 사회적 불평등에 대한 목청을 높이는 일 등 세계로 내보내는 말과 신앙의 핵심을 전도하는 말을 어떤 비율로 섞어야 할지 심각히 생각해 보아야 합니다."

교회가 주변 일에 관심을 갖기에 앞서 교회 안에서 신중한 태도

최초의 아메리카 대륙 출신이자 최초의 예수회 출신 교황, 프란치스코.

를 보이기를 권고하는 말이다. 주변이 소란하게 움직인다 해서 교회가 덩달아 소란할 필요는 없다. 교회 안에도 할 일은 태산이다. 바깥세상일 못지않게 신앙의 핵심을 전도하고 실천하는 일 또한 중요하다. 그 일을 잘 해냄으로써 오히려 바깥세상을 근원적으로 변화시킬 수 있을 것이다.

축제나 캠핑 등의 동적인 프로그램과 함께 영혼의 자양분이 되는 프로그램, 곧 어린이들의 인성을 바른 방향으로 인도하는 실질적 프로그램을 가동하고 어머니들이 자녀교육의 실질적인 조언을 얻을 수 있는 기회를 마련하는 등 좀더 구체적인 방법을 궁리할 필요가 있다. 그럴 때 교회 안의 식구끼리 해결하려 들지 말고 교회 밖에서 강사를 데려오는 것도 바람직하다. 가끔 대림절이나 사순절 특강을 들으면 함량 미달인 강의도 없지 않다. 교회가 교회 밖으로 나가듯 교회 바깥에서도 교회 안으로 들어올 수 있도록 하면 훨씬 소통이 잘될 것이다. 우리 사회의 문제점을 인식하고 함께 고민하는 것은 바람직한 일이나 즉흥적 반응은 삼가야 할 것이다. 교회의 정신은 곧 그리스도 정신이다. 개개인의 진지한 영적 성찰을 통해 스스로 실천가능한 일부터 실행에 옮겨야 한다.

"교회는 하느님 나라를 실현하는 과정에서 필요한 세상에서의 잠정적 역할을 부여받은 존재지 교회가 곧 하느님 나라는 아니다."

교회가 교도권의 주인장이 되어 온 세상 일을 도맡아 처리하려 드는 데 대한 대한민국 한 주교의 지적은 설득력을 갖는다.

교황 프란치스코는 《복음의 기쁨》이라는 주제로 현대 세계의 복음 선포에 관한 권고를 세계 교회에 보냈다. 그 내용을 요약하면, "선교 영성의 과제와 응답, 그를 위해 버려야 할 이기적 나태나 무익한 비관주의, 패배주의에 대한 경고, 불필요한 도전에 대한 담대함의 촉구 등이 담겨 있다. 또한 선교활력이 절실히 필요한데 많은 신자들이 사도직 활동을 맡아 달라는 부탁을 받으면 선뜻 응하는 데 주저한다. 조금은 성가시고 자유시간을 빼앗길지 모른다는 생각을 갖기도 한다"는 것이다. 교황은 특히 여성 신자들의 선교 영성을 높이 샀다.

교육수준이 평준화되고 전문적 재능을 가진 신자들이 많아진 오늘의 사회에서 교회는 이들을 교회의 일꾼으로 섬겨야 합니다. 깊은 공동체 의식을 지니고 사랑 실천과 교리 교육, 신앙 거행 등 교회 안에서 요구되는 다양한 임무는 물론 직업과 지적 생활의 복음화 같은 사목적 도전에도 참여시켜야 합니다. 아울러 여성의 역할이 필요합니다. 사제는 특유의 감수성, 직관, 고유한 역량을 가진 여성들과 사목적 책임을 나눠야 합니다. 여성들은 개인과 가정과 단체를 이끄는 데 도움을 주고 신학적 성찰에 새로운 기여를 합니다. 남녀의 동등한 존엄에 대한 확신에 기초하여 여성의 합법적 권리가 존중되어야 한다는 사회적 요구는 교회 안에도 도전적이고 심오한 문제로 제기되고 있습니다.

제 2차 바티칸 공의회 이후 50여 년이 지난 지금에도 우리는 우리 시대의 문제들로 여전히 고통 받으며 낙천적 신앙으로부터 멀어지고 있다. 보상이나 인간적 영예를 얻으려는 세상의 악과 교회의 악이 우리의 신앙적 헌신과 열정을 훼방하려고 들지만 그럼에도 우리는 "죄가 많은 곳에는 은총도 풍성하게 내렸습니다"(로마 5:20) 하는 말씀을 잊지 않으려 애쓴다. 우리가 혹 어둠에 묻혀 있다 해도 성령의 빛은 소리 없이 우리 영혼을 비추며 '물이 어떻게 포도주로 변화할 수 있는지, 밀이 어떻게 가라지들 가운데서 자랄 수 있는지'를 식별하도록 도와준다. 세상에 어떤 재앙이 예견된다 해도 그리스도 신자는 하느님의 헤아릴 길 없는 드높은 계획의 완성을 지향하며 그 안에서 혹여 있을 수 있는 역경조차도 커다란 보탬이 된다는 것을 알아야 한다.

역경에 굴복하지 않고, 자신의 한계를 고통스럽게 깨닫게 된다 하더라도 굴복하지 말고 "내 권능은 약한 자 안에서 완전히 드러난다"(2코린 12:9)는 사도 바오로의 말을 방패삼아 비관주의나 패배주의로부터 자신을 보호해야 한다.

특히 교황은 주님의 사랑의 치마폭에 자신을 감추고 주님의 영광이라는 너울을 쓰고 인간적인 영광과 개인의 안녕을 추구하는 영적 세속성에 대해 강력한 경고를 했다. 그 영적 세속성의 영향으로 교회 공동체 안에서 파벌을 만들고 경쟁의식을 키우는 일을 엄중 경고했다.

이 세속성은 크게 두 가지, 영지주의와 신 펠리기우스주의에서 드러난다. 이는 특정 정보와 경험, 사상에 관심을 기울이고 자기 자신의 생각과 감정에 갇혀 자아도취적이고 권위주의적인 엘리트주의다. 그들은 정작 예수 그리스도나 다른 사람의 구원에는 관심이 없고, 가톨릭 교리나 양식의 특정 부분에 집착하는 데 힘을 소진한다. 말 그대로 불손한 형태의 이지러진 그리스도교 신자 부류다. 그들은 높고 먼 데서 홀로 세상을 내려다보며 복음적 실천을 하는 대신 쉴 새 없이 문제를 제기하는 데 힘을 다 쏟는 사람들이다. 그들은 사회현상에 대해 매우 즉흥적 반응을 보이는 반면 자신은 계명만을 바라보며 느긋한 태도를 보인다. 그들을 통해서는 복음을 얻는 게 아니라 오히려 빼앗기기 십상이다.

일부 교회 공동체 신자들은 자신은 특별히 다르다고 여기며 교회 내 단체나 모임에서 파벌을 만들곤 한다. 그들은 교회 안에서 끊임없이 싸움을 부추기고 공동체의 화합을 저해하는, 매우 위험한 영적 악의 화신이다. 그럼에도 교회는 그들도 품어 안아야 한다. 내가 싫어하는 사람을 위해 기도하는 것은 바로 사랑으로 나아가는 아름다운 발걸음이며 복음의 실천이다. 내 안의 형제애의 이상을 빼앗기지 않도록 하는 일이 그리스도가 더 원하는 일이기에 그리 해야 하는 것이다.

제 14 장

한국 가톨릭의 현주소

1. 늙어 가는 교회

신앙 선조들의 순교의 꽃에서 피어나고 튼실한 신앙의 결실을 맺으며 자라 온 한국의 가톨릭 또한 전 지구적 환경 변화 앞에 서 있다. 그 환경변화에는 긍정적인 면도 있지만 부정적 요소 또한 적지 않다.

더구나 순전히 자생적 성장을 해온 대한민국의 그리스도 교회는 어떠한가? 결론부터 말하면 아시아 그 어느 나라와도 비교할 수 없을 만치 역동적인 사목활동이 행해지고, 해외 선교도 적극적이다. 적어도 외양만으로는 아직 건강하다. 그러나 조금 더 내면으로 들어가면 정신 차리고 해결하지 않으면 안 될 문제들을 갖고 있다. 문제 해결과 함께 새롭게 시작해야 할 일들도 많다.

우리 교회의 현주소 또한 밝지 않기 때문이다. 교적에 올라 있는 신자 수 대비 주일미사에 참여하는 신자 수가 점점 줄고 있다. 2015년 기준, 전체 가톨릭 신자 중 주일미사에 참여하는 신자 수는 20퍼센트에도 미치지 못한다. 그나마 젊은 신자의 참여는 더 적다. 교회가 늙어 가고 있다고 걱정하는 목소리가 사목자들로부터 나오는 실정이다. 과거와 달리 교회가 사회와 그 안에서 이루어지는 모든 것과 관계있다며 사회에서 결정되고 행해지는 일들에 관심을 갖도록 촉구하고 있지만 그것은 일부 성향의 신자들에게 어필할 뿐이다. 대다수 신자들 개개인의 현실 삶 안에서 그리스도인으로서의 영적 삶의 질은 여전히 크게 개선되지 않고 있다는 평이다.

미국 독립선언서에는 "아메리카 국민은 자연법과 하느님의 율법에 의해 그 권리를 주창하고 그렇게 주창할 권리를 창조주인 하느님으로 부여받았다"고 적혀 있다. 지극히 개인적인 신앙의 결속체가 오늘의 미국을 만들어 가는 동력인 것이다. 이에 비해 가톨릭은 집단적 신앙을 강조한 면이 없지 않다. 그로써 국가권력의 감시대상이 되기도 했다. 19세기 초까지도 그랬다. 그러면서 공동체로서의 교회가 갈등의 원인이 되고 일반 신자들은 교도권에 대한 복종에 길들여져 왔다.

지금도 그 유산은 남아 있다. 그리스도인들이 개인의 자유를 말하고, 교회의 문제를 허심탄회하게 말하고, 자기 의지로 신앙을 갖고자 해도 여의치 않다. 교회 내 문제에 대해 주저함 없이 자기 생각을 말하기가 힘든 분위기다. 특히 교도권을 향한 쓴소리는 더욱 발붙이기가 어렵다. 그에 비해 개신교는 비교적 자유로운 편이다. 철통같은 교도권의 구속도 덜 받고 즐겁게 신앙을 누린다. 물론 개신교라고 해서 모두 그런 것은 아니다.

경박하고 아름답지 못한 가톨릭의 사목현장 또한 적지 않다.

가톨릭 신자건 개신교 신자건 중요한 것은 모래 위가 아닌 반석 위에 그리스도 영성의 집을 지어 자신의 신앙을 꿋꿋하게 지켜 나가는 것이다. "하느님의 나라를 선포"(루가 9:2) 하는 것이 그리스도 공동체 안에서 이루어지기 위해서는 먼저 공동체 구성원 각자의 영적 실체부터 진단해야 할 것이다. 무리 속에 휩쓸리지 않고 스스로 판단하여 행한 일이 그리스도 정신에 부합한지를 먼저 확인해야 할 것이다.

2. 사목자가 달라져야 한다

종종 신자들끼리 함께하는 자리에서 사제 이야기를 한다. 특히 자기 본당의 사목 책임을 맡은 사제에 대해서는 더 많은 이야기를 나눈다. 사제에 대한 호불호(好不好)를 떠나 신자들은 사제 한 사람을 통해 교도권을 가진 교회 전체를 본다. 그도 그럴 것이, 일반 신자가 교구의 간부사제나 교구장을 만날 기회는 거의 없지 않은가. 신자들의 사제 한 사람에 대한 생각이 가톨릭교회 전체에 대한 이미지를 좋게도 만들고 나쁘게도 만들 수 있는 개연성이 여기 숨어 있다.

반대로 신자들의 시선이 자칫 사제들의 현장 사목을 힘들게 할 수도 있다. 한 사람의 사제가 수많은 신자들의 입에 오르내리는 것이 결코 바람직한 일은 아닐 것이다. 하지만 다시 생각의 방향을 바꿔 신자들 입장에서 보면 그들이 나누는 이야기 속에 교회에 대한 염원, 불편함, 고마움, 문제의식 등이 들어 있다. 사목 일꾼들은 과연 얼마나 세상에 나누어 줄 빛과 소금을 갖고 있는지, 얼마나 적극적인 자세로 사목 현장에서 신자들의 이야기에 귀를 기울이며 복음을 실행하고 있는지, 언제까지 교회 안에 들어오는 신자들에게만 친절할 것인지 생각해 보아야 한다. 교회 밖으로 나아가 현장을 다니며 삽을 들 일이 있으면 삽을 들고 호미를 잡을 일이 있으면 호미를 잡아야 한다. 교회의 현장 사목자가 많아져야 한국의 가톨릭이 씩씩하게 앞으로 나갈 수 있다. 신자들은 사제의 가려운 등을 긁어 줄 수 없다 해도 사제는 신자들의 가려운 등을 긁어 주어야 한다. 그러기 위해 먼저 신자들을 찾아 나서는 사목이 절실히 요구되는 때다.

참으로 다가가고 싶은 부드럽고 친절한 사제, 언제든 만나고 싶다면 '오케이!' 해줄 사제상을 예수와 자캐오의 만남에 기대어

종교별 종교의 사회적 영향력 변화: "과거에 비해 영향력이 증가하고 있다"

단위: %

	1984년	1989년	1997년	2004년	2014년
불교인	66	69	54	54	50
개신교인	84	81	64	55	59
천주교인	77	80	67	68	48
비종교인	63	66	58	52	40

자료: 《한국인의 종교 1984~2014》, 한국갤럽, 91~92쪽.

종교별 "품위나 자격이 없는 성직자가 매우 많다 + 어느 정도 있다"

단위: %

	1984년	1989년	1997년	2004년	2014년
불교인	66	71	80	88	88
개신교인	64	71	72	83	85
천주교인	60	64	69	79	89
비종교인	66	71	84	88	87

자료: 《한국인의 종교 1984~2014》, 한국갤럽, 95~96쪽.

그려 본다.

예리코 거리를 지나가는 예수를 보고 싶어 땅딸이 자캐오는 돌무화과 나무로 올라갔다. 그는 세관장이고 또 부자였다. 예수가 그 자캐오를 보았다. 그리고 내려오라고 손짓했다. 자캐오는 그 순간 결심했다. 그리고 안 하던 말을 예수 앞에서 하고 만다.

"저의 재산의 반을 가난한 이에게 주겠습니다. 그리고 제가 다른 사람 것을 혹 가로챘다면 네 곱절로 갚겠습니다."

예수의 내려오라는 손짓 하나에 자캐오는 그만 속을 다 드러내 보이고 만다. 예수의 친절이 자석이 되어 그를 끌어당긴 것이다.

그런 자캐오를 예수는 활짝 팔을 벌려 구원으로 초대한다.

사제는 신자 개개인 안에 박힌 선함의 씨앗을 찾아내 저들의 신앙의 밭에 뿌리를 내리고 꽃을 피우고 열매를 맺도록 도와야 한다. 공동체 안에서 한 사람 한 사람의 신앙을 들여다보는 노력을 쉬지 않고 해야 하는 이유이다. 그로써 사제 또한 결실을 얻을 수 있는 것이다. 신자들의 사소한 선행도 홀보지 말고 칭찬해 주어야 한다. 먼저 인사를 받는 대신 먼저 인사를 하는 사제, 보이는 데서나 보이지 않는 데서나 신자 개개인을 마음에 담고 축복해 주는 사제의 정성으로 교회의 힘이 커질 수 있다. 거기서 치유와 변화의 힘도 얻게 될 것이다.

조금 생뚱맞은 생각일지도 모르나 이런 상상을 해볼 때가 있다. 본당 사제가 교회 신자들의 이름을 모두 적고 본명도 함께 적어 성인호칭기도를 하듯 기도 중에 기억해 준다면 주님이 그 사제에게 무어라 칭찬해 줄까?

교황 프란치스코는 현대 세계의 복음 선포에 관한 권고 《복음의 기쁨》에서 교회를 위해 헌신적으로 일하는 모든 사목 일꾼들에게 감사의 마음을 전하면서, 아울러 오늘날 사목 일꾼들이 겪는 유혹에 대해 주의를 환기시킨다.

많은 사제들이 개인적 시간을 갖는 데 집착합니다. 이는 많은 사람들이 지나칠 정도로 개인의 자유를 지키려는 데서 기인하는데, 이는 자신의 복음화 임무를 하느님 사랑에 대한 기쁜 응답이 아니라 위험한 독처럼 여기는 것입니다.

뼈 있는 지적이다. 신자들과의 만남에 인색하고 소명으로 받은 복음화 임무를 개인적인 것으로 안주시키는 사제들을 어렵지 않게 만난다. 사제는 온몸과 마음, 영혼을 모두 바쳐 성소의 부름에 응한 사람들이다. 그 온몸과 마음 안에 시간도 물론 들어 있다. 양떼의 목자로서, 성모님을 공경하는 교회답게, 사목자도 어머니와 같이 친절하고 부드러운 태도로 교회를 끌어갈 때다. 신자들의 삶에 가까이 다가가 그들의 내면의 고뇌와 아픔과 어깨동무를 해줄 수 있는 사목 현장의 지킴이가 되어야 할 것이다.

중국 두메산골에서 용기와 인내로 가난하고 병든 신자들을 돌본 《천국의 열쇠》(A. J. 크로닌 지음)의 주인공, 프랜시스 치점 신부처럼 늘 신자들 곁에 머무는 사제가 그립다. 전례에 충실한 사목자로서의 태도에서 나아가 신자들과 동행하는 용기 있는 사제, 신자 한 사람 한 사람이 내적 충만감을 얻도록 세심한 관찰을 솔선수범하는 사제, 바로 이 시대에 필요한 사제상이다. 사제의 직분을 차디찬 권위로 감싸려는 사제는 자신을 신자들로부터 떨어져 먼발치에서 바라보는 박제화된 사제로 만들 뿐이다. 신자들에게 세례가 그리스도의 신비로 들어오는 시작이라 한 바오로 사도의 말대로라면 사제의 서품 또한 그리스도의 소명에 대한 첫 조아

림일 것이다.

우스갯말이 있다. 스님이 머리를 깎고 스님 옷을 입고 절에 들어가면 홀로 수도의 첫걸음마를 떼고 부처님 앞에 엎드리는데, 사제는 서품을 받아 사제복을 입고 교회로 들어가면 걸음마를 다 끝내고 신자들 앞에 똑바로 선다고.

3. 누구를 위한 강론인가

제 2차 바티칸 공의회의 선구적 신학자인 로마노 과르다니는 교회의 미래에 대해 "근본화(Verwesentlichung)가 가장 근본적인 현상이 될 것"이라고 말했다. 그러니까 미래의 가톨릭교회가 계속되는 신자 수 감소나 저조한 미사 참여로 풀이 죽지 않기 위해서는 우리 교회와 신앙 속에서 정말 남겨 보존해야 할 것, 중요한 것들을 추려 내 신자들에게 반복해서 일깨워 주어야 한다고 했다.

그 일을 위해 사제나 수도자들이 누구보다 먼저 적극적 자세로 나서야 할 것이다. 격식을 갖춘 전례에 충실한 사목자로서의 태도를 내려놓고 신자들과 동행하는 용기 있는 사제, 신자 한 사람 한 사람의 현세적 표양이 되어 내적 충만감을 선사하는 사제가 이 시대에 필요한 사제상이다.

사제는 은수자(隱修者)의 삶을 살 수 없다. 반대로 사제가 지나치게 현실의 정치적 사안에 깊이 개입하는 것도 신자들을 불안하게 하고 때로 교회 내 분열의 소지를 만든다. 특히 교회 주일미사에서 사제의 강론은 전례의 꽃과 같다. 신자들은 경건한 미사를 드리는 중 말씀의 꽃향기를 맡고 싶어 경청한다. 그런데 아니다. 꽃은커녕 고약한 냄새가 나는 강론을 들을 때가 있다. 각인각색의 삶을 사는 신자들이 듣고 있는데 도무지 누구를 위한 강론인지 알 수가 없다. 한쪽으로 쏠린, 매우 위험한 자기 노출이다. 신자들은 영혼의 자양분을 얻으려다 스트레스만 잔뜩 받고 만다.

그렇다. 주일미사 또는 주중미사 때 사제의 강론으로 받은 상처 내지 불쾌함을 토로하는 신자들을 심심찮게 만난다. 사제는 한 국가의 국민이면서 인류 구원의 소명을 받은 국경 없는 지구마을 대변자다. 그것이 사제의 입지를 힘들게 하는 요소가 될 수도 있다. 그렇더라도 지구상의 모든 사제는 한 국가의 국민으로서의 정체성에 우선해 사목을 해야 한다. 공산국가나 사회주의국가에 사제가 발을 못 붙이는 것은 바로 사제가 그리스도의 사랑을 외면하는 국가를 따를 수 없기 때문이다.

그리스도의 사랑이 곧 사제의 정체성 아니던가. 그런데도 우리 교회에서는 사제가 신자들에게 진보냐 보수냐를 묻는다. 이유야 어찌 되었건 신자들을 자신의 눈높이로 앉혀 놓고 들으라는 식의 무례이다. 강론을 하고 강론을 듣는 관계가 주종관계 혹은 상하관계가 아니거늘 의식의 평형감각을 잃고 있는 것이다. 전쟁의 참상을 온몸으로 겪은 신자가 노구를 끌고 미사에 왔는데 이제 갓 서품을 받은 젊은 사제가 지식으로 배운 각질과도 같은 이념 이야기를 태연히 늘어놓는 교회 또한 한국의 교회다.

교회가 이념 공부하는 곳은 아니지 않은가. 모름지기 사제는 세상을 하느님 뜻의 총화(總和)로 보면서 신자들을 인도하는 목자가 되어야 할 것이다.

4. 신자들도 달라져야 한다

가끔 주변 신자들로부터 자신의 신앙이 매너리즘(mannerism)에 빠져 있는 것 같다는 말을 듣는다. 말을 듣는 순간 누구 한 사람의 문제가 아님을 직감한다. 그렇다. 미래 예측 자체가 불가하다는 말이 나오는 이 시대, 한 번쯤 우리의 신앙을 각자 냉정하게 되돌아볼 때가 왔다. 우리 모두는 세례 때 신앙의 거울을 받았다. 이제 그때 받은 각자의 신앙거울을 다시 꺼내 닦아 그리스도를 따르고자 소명을 받은 성도로서 자신을 발견해야 하지 않을까.

우리는 그저 평범한 신자, 곧 평신도가 아니라 성스러운 무리, 곧 성도다. 사도 바오로도 당신 자신을 성도라 불렀다. 〈에페소인들에게 보낸 편지〉에서 바오로는 그리스도 신자를 아홉 번이나 성도라 불러 주었다. 서품을 받은 사제에게 사제의 직분이 있듯

346

이 세례를 받은 그리스도인 역시 성도로서 받은 직분이 있다는 말이다. 습관처럼 미사에 오가는 대신 신앙인으로서 자신의 정체성을 항상 유념해야 한다.

정체성은 신앙의 주춧돌이다. 주춧돌 위에 신앙의 집을 지을 수 있다. 세례는 신앙의 집의 기초공사와 같다. 주춧돌 위에 기초공사까지 하고 나면 얼추 신앙인의 폼은 난다. 그러나 거기서 끝내면 어찌 될 것인가. 신앙의 집이 기초공사만 하고 썰렁하니 서 있는 꼴이다. 묵상으로 벽을 세우고 실천으로 방을 덥혀 하느님을 초대하는 작업을 계속 이어가야 한다. 중요한 것은 집을 짓는 동안 자신이 주체가 되어야 한다는 점이다. 책을 눈으로 읽지 않고 마음으로 읽어야 하듯, 사제의 미사 진행을 눈으로만 따라가는 수동적 신앙에서 스스로 미사를 거행하는 주인이 되어 자신을 이끄는 능동적 신앙으로 업그레이드해야 할 때다. 그래야 미사 중 조는 일도 없을 것이고 분심(分心)도 안 들 것이다.

날마다 자신의 신앙을 솔직하게 들여다보는 깊은 묵상에 따라 신앙의 태도를 정하고 실천 방법을 찾는 것이야말로 신앙의 집을 아름답게 꾸미는 지름길이다. 자신의 신앙이 믿음의 군중심리에 휩쓸린 신앙은 아닌지, 교회 안에 멈춰 있는 신앙은 아닌지, 혹여 이력에만 머물러 있는 신앙은 아닌지 스스로에게 자문해 보아야 할 것이다.

그리스도인은 본질적으로 미래의 사람이다. 그리스도 신자들은 그리스도 예수의 죽음과 부활에 동참함으로써 자신의 삶이 죽음 너머 부활로까지 이어지는 참된 미래를 보장받은 사람들이다. 그것을 끊임없이 묵상해야 한다.

좀더 솔직하게 생각해 보자. 모든 인간이 가장 무서워하는 절대 공포, 두려움의 절벽, 그것이 죽음이다. 신앙이 주는 선물은 바로 이 인생의 최종 절벽을 두려움 없이 넘어서게 하는 희망이 아닌가. 죽음에 대한 묵상은 삶에 대한 묵상과 맞닿아 있다. 적어도 주일에 한 번 미사를 드리며 우리의 신앙의 정체성에 대해 진지하게 생각해 볼 필요가 여기 있다.

끝으로 생각 하나를 덧붙여 본다. 오늘의 그리스도 신자들이 특히 성찰해야 할 부분은 봉사를 너무 거시적 안목으로만 바라본다는 점이다. 그래서 겁을 먹고 주춤 뒤로 물러서고 만다. '사랑의 선교회'를 세운 테레사 수녀가 자신의 봉사는 아주 작은 몸짓일 뿐이라고 말한 것처럼 도처에 흩어져 있는 생활 속 작은 문제들을 개선하는 일에 관한 봉사는 대부분 거창한 봉사가 아니다. 그러나 정말 꼭 필요한 봉사이고, 그런 작은 봉사조차 큰 용기를 필요로 하며 효과 또한 작지 않다.

공익방송 캠페인에나 나올 법한 작은 배려의 몸짓 하나, 성가신 발품 한 번 내놓는 일에 그리스도 신자들이 소극적이고 친절한 말 한마디의 위로에도 인색하다는 말을 듣는다. 이를테면, 사소한 공중질서를 지키는 일에 가톨릭 신자들만이라도 합심해 개선해 나간다면 우리 사는 세상이 훨씬 밝고 건강해질 것이다. 세상을 혼탁하게 하는 불의나 각종 비리의 유혹 앞에 그리스도 정신을 방패로 삼는다면 넘어가는 일이 없을 것이다. 산재한 작은 불편들을 해소하는 데 그리스도 신앙인이 팔 걷고 나선다면 세상의 어두운 곳이 상당 부분 밝아질 것이다. 그 모든 것이 받은 생명을 주신 분의 뜻에 맞게 색칠하는 한 방편이기 때문이다.

정말 소중한 생명인 시간을 할애해 성지순례를 하고, 묵주기도를 바치고, 고해성사를 볼 때마다 그러한 일들이 자신의 내면의 영성에 얼마나 보탬이 되었는지 진지하게 계산해 볼 수 있어야 한다. 시장에서 물건 하나를 살 때도 꼼꼼하게 계산을 하는데 하물며 근원에 관한 일에 있어서야 더 말할 나위가 없겠다.

바다보다 낮은 땅, 바닷물을 막으려 쌓은 둑에 생긴 작은 구멍을 발견하고 밤새 손으로, 팔로, 그리고 온몸으로 막은 네덜란드의 용감한 소년처럼 그리스도 신앙인은 세상에 범람하는 악의 둑이 터져 그리스도 정신을 덮치지 않도록 한생을 다 내놓고 긴장 속에 용감하게 막아 내야 할 것이다. 이제는 신자들이 달라져야 한다.

내
생
의
시
간
나
무

문득 세월을 본다. 남은 생, 내가 맞이할 세월보다 떠나보낸 세월이 더 많음을 깨닫는다. 눈앞에 보이는 이 세월 앞에 남은 나의 시간이 수런거린다. 한생 끌어안았던 지난간 시간들도 바람 따라 수런거린다. 저들이 내게 무어라 말을 건네 온다. 침묵 중에 듣는다. 비바람, 눈보라, 천둥 번개 속에 참고 견디어 낸 한 그루 시간 나무가 보인다. 희로애락의 열매들이 보인다.

결코 혼자서 키운 나무가 아니다. 시간의 이랑마다 세월의 공유지에서 함께 숨 쉬며 함께 마음을 나누었던 분들이 있고 그 마음 덕분에 오늘 이곳에 내가 있구나!

감사한다. 그중에도 특별히 나를 찜해 주신 그분의 은총의 신호와 내게 주신 한없는 사랑에 감사드린다. 생을 돌아볼 시간이 되었음을 일깨워 주심에도 감사드린다.

바쁘게 사느라 그냥 지나친 일들, 아니면 용기가 없어 외면한 사람들을 떠올리며 이해와 관용과 온유를 나누고 싶다. 매무새를 바로 하고 마음을 다잡아 지나온 생을 돌아보는 가운데 이 일이 참으로 소중한 일임을 새삼 깨닫는다.

주신 시간이 다하면 언젠가 나의 시간 나무도 마른 잎을 털어 버리고 뿌리로 돌아갈 것이다. 그러나 그 마른 잎이 다시금 자양분이 되어 또 다른 시간 나무를 키워 내리란 기대를 해본다. 그 나무가 내 자녀의 나무든 아니면 내 이웃, 친지의 나무든…. 그러면 내 마른 잎들이 다시 살아나는 것이 되지 않겠는가. 누구든 자신의 시간이 자신의 역사가 될 수 있기에.

　나는 1940년 1월 7일 전라북도 익산시 화선동 79번지에서 태어났다. 익산은 지금의 행정지명이고, 내가 태어날 때는 이리(裡里)였다. 고향 사람들은 이 한자 조어(造語) 대신 우리말로 '솜리'라고 부르기를 좋아한다.

　고향이 전북 무주인 아버지 김해(金海) 김(金) 씨 경융(敬隆)과 경북 거창이 고향인 어머니 연안(延安) 이(李) 씨 한영(漢永)의 외아들로, 위로는 누님이 세 분, 아래로는 누이가 하나 있다.

　이상하게도 출생지는 익산인데 언제나 마음의 고향으로는 무주가 떠오른다. 일제 강점기, 철도가 지나가는 교통 요지였고 전국 20대 도시 중 하나였던 익산에서 유년기를 보낸 내게 아버지의 원적지 무주가 고향 아닌 고향 내를 풍겨 주는 것이다. 어쩌면 외아들인 내게 아버지가 알게 모르게 당신의 고향, 조상 대대로 이어 온 고향을 입력시켜 주지 않았을까 싶다.

　나의 본관(本貫)은 김해 김(金), 김수로왕의 12대손인 김유신의 직계 3대 종파(京派, 四君派, 三賢派) 가운데 연산군의 난정(亂政)과 무오사화에 충절과 기개로 저항한 삼현파의 후손이다.

　흔히 무주 하면 오래전 오지의 대명사처럼 불리던 '무주 구천동'을 떠올린다. 그러나 그 무주는 깊은 골짜기 안칠 녘에 큰 가람이 자리했던 심심산골을 말하고, 우리 집안 대소가들이 모여 산 무주 읍내에는 오래된 향교가 있었고, 100년이 넘는 전통을 가진 초등학교도 있다. 어릴 적 큰댁에 가보면 전기가 공급되었을 만큼 근대문명의 혜택을 입은 곳이기도 하다.

아버지는 무주 중농(中農)의 아들로 서울 중동중학교를 다녔고 학창시절에는 연식정구선수였다. 공부보다는 여기(餘技)를 꽤나 좋아해 바둑과 시조창을 즐긴 한량 같은 분이셨다. 지금으로 보면 재주가 다양한 자유인, 아니면 가인(歌人) 언저리에라도 올랐을지 모르겠으나, 어쨌든 농토를 가졌으면서도 농민이 아니었고, 도시생활을 하면서도 딱히 이름이 붙는 직업이 없었다.

어머니는 경상도 거창 지방 선비의 3녀 2남 가운데 둘째 딸로, 키가 크고 과묵한 분이셨다. 열여섯 어린 나이에 한 보부상의 중매로 그 옛날 백제와 신라 사이의 경계였던 나제통문(羅濟通門)을 통해 무주로 시집왔다. 어머니는 원체 말수가 적은 데다 아들을 강하게 키우고 싶은 생각에서인지 나를 그다지 살갑게 대해 주지 않았다. 게다가 가장이 집 밖으로 도는 동안 혼자서 가계와 살림을 도맡아 챙기느라 어머니의 삶은 늘 고단했다.

어머니의 용단이었을까, 아니면 다른 연유가 있었던 걸까, 정확히 알 수 없으나 내가 태어나기 전, 우리 집은 무주에서 어머니의 친척이 있는 익산으로 이사했다. 그곳에서 나와 누이가 태어났다. 당시 익산은 일제강점기, 강경으로 가려던 철로 계획이 익산으로 바뀌면서 교통 요지가 되어 제법 큰 도시의 면모를 갖춘 곳이었다.

익산으로 이사한 다음부터 생계는 아예 어머니가 도맡다시피 했다. 가까운 읍면 소재지 학생들에게 숙식을 제공하며 생계를 꾸렸고, 큰누나도 어머니 곁에서 힘을 보탰다. 여성의 교육환경이 폐쇄적일 때 큰누나는 대학을 나와 교편을 잡고 있었다. 그때까지 우리 집에서 유일하게 공인된 직업을 가지고 있었던 분이다. 큰누나는 때로 아버지를 대신해 보호자 역할을 하고 훗날 내가 상급학교에 진학할 때마다 이런저런 조언을 많이 해주며 나의 앞날에 대해 관심을 놓지 않았다.

빠듯한 살림을 하면서도 어머니는 남에게는 푼더분했다. 하숙생들이 어머니가 차려 준 밥상에서 허발하여 먹는 모습을 보면서, 집에 일가친척들이 시도 때도 없이 드나들어도 싫은 내색 하나 않고, 보부상 아줌마가 오면 공짜 밥, 공짜 잠자리를 내주는 걸 보면서 우리 형제들은 어머니의 품성을 조금씩 알아챘다. 말없이 가장의 몫까지 짊어지고 꿋꿋이 살아 낸 어머니의 수고와 너른 품의 공덕이 흐르고 흘러 자손들에게까지 미쳤으리라 짐작해 본다.

1인당 국민소득이 50달러도 안 되던 시절, 먹거리도 입성도 모두 부족했지만 사회적 분위기가 개개인의 삶에 상대적 결핍을 유발하지는 않았다. 나 또한 넉넉하지는 않았지만 유치원을 다녔고 세 누나들 보살핌 속에 비교적 안온하게 지낼 수 있었다.

그런 내게 한국전쟁은 난생처음 겪는 커다란 시련이요 공포였다. 열두 살, 초등학교 5학년 때다. 익산이 전쟁의 소용돌이에 휘몰린 접적지역은 아니었지만 좀더 안전한 곳으로 떠나야 할 상황이었다. 아버지는 나와 셋째 누나만을 데리고 무주 고향으로 피란 갔다. 다행히 무주에는 사상이 다르다고 같은 마을 사람끼리 반목하고 밀고하는 등의 일이 없어 안심할 수 있었다.

지금은 무주가 반디의 군락으로 유명한 곳이기도 하지만 본시 마을 기질이 양순했던지 판소리 〈호남가〉에서도 무주는 인심 좋고 초목이 아름다운 고을로 불린다.

익산에서 초등학교를 마치고 국가고시를 통해 공립학교인 이리 동중학교에 입학했다. 중학교에 들어가면서부터 가난이 발목을 잡기 시작했다. 월사금(月謝金)을 제때 내지 못해 서무실 호출을 자주 받았다. 당시에는 월사금을 제때 내지 못한 학생은 시험 때가 되면 교실에서 쫓겨나 시험을 칠 수 없었다. 지금 같으면 어린 학생의 마음에 상처를 주는, 생각도 할 수 없는 일이겠지만 그땐 그랬다. 친구들은 시험을 보는데 그러지 못하고 따로 먼저 귀가하는 내 마음에 드리운 그늘은 곧바로 성적으로 나타났다.

당연히 성적이 떨어지고 공부하고 싶은 의욕도 잃어 갔다. 마음 둘 곳을 찾지 못해 방황할 때 음악 선생님이 나를 불렀다. 박경환 선생님이다. 선생님은 내게 밴드부(brass band)에 들어오라고 권유했다. 피난처를 찾은 듯 들어갔다. 내가 다룬 악기는 관악기 바리톤(baritone)이었다.

상급반이 되어 학교 대항 경연대회에 출전하였다. 우리가 연주할 곡은 오스트리아의 군악으로 작곡가 바그너(J. F. Wagner)가 지은 〈쌍두(雙頭)의 독수리 깃발 아래〉(Under the Double Eagle)였다. 이 곡에는 바리톤이 단독(solo)으로 연주하는 대목이 있었다. 나의 연주가 중요해진 것이다. 아뿔싸, 이때 집에서 역기를 들다 넘어져 그만 왼쪽 팔목 골절상을 입고 말았다. 누구보다 내가 몹시 힘들어 할 때 손을 잡아 주신 음악 선생님에게 미안했다. 말은 안 해도 큰 행사를 앞두고 선생님이 얼마나 놀라셨을까? 다행히도 다친 팔을 보호대로 동여매고 경연을 무사히 끝낼 수 있었다.

상급학교 진학 시기가 다가왔다. 문제가 또 불거졌다. 고등학교에 진학하려면 중학교 졸업증서가 필요한데 학교 서무과에서 졸업증서를 발급해 주지 않는 것이었다. 미납된 수업료 때문에 고등학교에 지원할 수 없는 사달이 났다. 다행히 또 도움의 손길이 다가왔다. 이번에도 박경환 선생님이었다. 그분의 대납으로 졸업증명서를 받아 이리남성고등학교에 입학원서를 접수하고 돌아서서 안도의 숨을 쉴 수 있었다.

그런데 산 넘어 산이라던가, 수업료 미납이 해결되니 이번에는 나의 입학시험 성적이 문제였다. 암기과목은 집중적으로 공부해서 가까스로 일정 수준까지 끌어올릴 수 있었지만 수학은 짧은 시간에 쉽게 끌어올릴 수가 없었다.

난감해 하고 있을 때, 하늘이 도와준 걸까, 내가 지망한 학교에 음악 선생님이 새로 부임하여 밴드부를 키우기 위한 새 단원을 뽑는다고 했다. 첼로를 전공하신 선생님은 신입생 가운데 악기를 다룰 수 있는 학생을 뽑기로 했다. 내가 뽑혔다. 덕분에 신입생 면접에서 취악대 특기자로 인정받아 지망한 학교에 진학하게 되었다. 내가 걱정했던 수학성적의 부진을 밴드부 경험이 벌충해 준 셈이다.

이리남성고등학교(지금은 익산남성고등학교)는 당시 그 지역에서는 많은 학생들이 진학을 선망하던 학교였다. 이 기쁜 소식을 누구보다 먼저 고생하시는 어머니에게 알리고 싶어 달려갔다. 늘 그러하듯 어머니의 표정은 담담했다. 하지만 아들의 진로가 정해진 데 대해 안도하는 빛이 역력했다.

고등학교에 진학한 후 미진했던 공부를 보충하고자 맘먹고 책상 앞에 앉았다. 공부뿐만 아니라 웅변과 운동 같은 것도 열심히 해 자신감을 얻기 시작했다.

고등학교를 졸업하자 '대학'이란 두 글자가 성큼 얼굴을 내밀었다. 대학은 선택의 폭이 넓었다. 지방 대학을 갈 수도 있고, 서울에 있는 대학을 갈 수도 있었다. 기왕 공부할 거면 서울의 대학으로 가는 게 좋겠다는 큰누나의 권유로 서울 소재의 대학을 지망하기로 마음먹었다. 그리고 서울로 향했다. 꿈이 담긴 보퉁이를 안고 내 생애 처음 대한민국 수도 서울행 기차를 탔다. 외숙이 교사로 근무하는 신교동 농아학교 관사에 짐을 풀고 대학 입학시험을 치렀다.

고려대학교 정경대학 경제학과, 그러나 첫해 시험에 떨어지고 말았다. 이듬해 다시 지망, 합격했다.

입학하고 나니 듣던 대로 민족대학으로서의 건학이념과 순박하고 다소 털털한 학생들의 본새가 타관인데도 맘을 편안하게 해주었다. 잘 들어왔다는 생각이 들었다. 안 그래도 학교 홍보 차원에서 각 지방을 순회하며 보여 준 고려대 축구팀의 멋진 플레이가 운동을 좋아하는 내게 친밀감을 갖도록 이끌어 준 터였다.

그럼에도 서울에서의 대학생활 또한 고향의 학창생활처럼 녹록지가 않았다. 더구나 가세가 더욱 기울어 생존의 늪에서 빠져나오는 것, 그 이상을 기대할 수 없었다. 캠퍼스의 신선한 공기를 맘껏 마셔 볼 겨를도 없이 수업을 듣는 시간 말고는 학비를 마련하느라 발로 뛰지 않으면 안 되었다.

어느 날 외할머니가 천주교 신자를 통하여 일자리를 주선해 주셨다. 우유배달 일자리였다. 새벽에 우유배달을 시작했다. 그러나 결코 쉬운 일은 아니었다. 우유배달을 마치고 나면 두부공장에서 염소 사료를 얻어다 목장에 가져다준 다음 학교로 향했다. 북한산 기슭에서 캠퍼스가 있는 안암동까지 때로는 걷고 때로는 대중교통을 이용했다.

참 고단했다. 게다가 새벽 아르바이트를 마치고 하는 등교인지라 부지런히 가도 강의시간을 맞추기 쉽지 않았다. 강의시간에 졸음이 밀려와 꾸벅꾸벅 조는 때도 있었다. 그래도 꼭두새벽부터 발로 뛴 그 시간 덕분에 지금 산수(傘壽)를 바라보는 나이에도 걷는 일에 두려움이 없으니 감사할 뿐이다.

그렇게 생존과 학문, 다소 이질적인 두 가지 명제를 안고 4년의 대학생활을 하지 않으면 안 되었다. 그래도 꿈은 키워야 하지 않겠는가 싶어 열심히 강의를 듣고 짬짬이 도서관에 들르거나 태권도 도장에 들러 심신(心身)을 단련했다. 그리고 아르바이트도 기회가 오는 대로 놓지 않았다. 어찌 보면 전 국민의 1%도 안 되는 대학생 가운데 한 사람이 되었건만 양양함이나 낭만 같은 것은 아예 접어 둘 수밖에 없었다.

가뭄에 단비랄까, 대학 2학년 2학기부터 국비 대여 장학금을 받았다. 정부가 새로 마련한 장학제도로, 가정형편이 어려우나 성적이 우수한 학생에게 학자금을 장기대여해 주는 것이었다. 대학 등록금과 최소한의 학비문제가 해결되었다. 조금 숨통이 트였다. 공부에 열중할 수 있게 되었고 생활에도 다소 여유가 생겼다.

대학 1학년, 캠퍼스의 이런저런 환경에 조금씩 적응하고 2학년을 맞았을 때 대한민국 역사에 큰 획을 긋는 사건이 터졌다. 건국의 큰 틀을 짜고 초대 대통령에 취임했던 이승만의 장기집권을 위한 부정선거가 당시 집권당이었던 자유당에 의해 자행된 것이다. 이른바 3·15 부정선거였다.

가장 먼저 마산의 학생과 시민들이 부정선거를 규탄하는 시위를 벌였다. 경찰이 총과 최루탄을 발사하며 시위를 진압하는 와중에 17세의 고교생 김주열 군이 최루탄에 눈을 맞아 목숨을 잃었다. 당황한 경찰은 시민들 몰래 김주열 군을 돌에 매달아 마산 앞바다에 빠뜨렸다. 그러나 달포가 지난 1960년 4월 11일 한 낚시꾼이 마산시 신포동 중앙부두 근처에서 수면 위로 떠오른 김 군의 시체를 발견했다. 이 사건은 마산 시민뿐만 아니라 전 국민을 분노케 하였고 급기야 나라 전체를 시위의 수라장으로 내몰았다.

다만, 이때까지의 시위는 전국 지방 단위의 중·고등학생들에 의해 주도되었다. 시위가 혁명으로 치닫는 데 도화선이 된 일이 대학에서 일어났다. 〈고대신보〉(고려대학교 신문)에 "우리는 행동성이 결여된 기형 지식인을 거부한다"라는 사설이 나가면서 학생들의 가슴에 '저항의 불'이 지펴진 것이다.

오전 제 2교시 강의가 없어 도서관에서 공부하고 있는데, 인촌

《민주혁명의 기록》(동아일보사, 1960)에 4·19 당시 저자의 모습이 수록되었다.

동상 앞에서 신입생 환영회가 있으니 모두 나오라는 전갈을 받았다. 나가 보니 이미 많은 학생들이 '高大'라고 쓰인 머리띠를 두르고 한목소리로 3·15 부정선거를 규탄하고 있었다.

본관 앞 광장 연단 위에서 정경대학 학생위원장 이세기 선배와 상과대학 위원장 이기택 선배의 구호 제창과 함께 학생들은 스크럼을 짜고 운동장을 돌아 교문 밖으로 나갔다. 안암동파출소 앞, 종로 4가, 종로 2가까지, 경찰의 제지를 넘어 태평로 소재 국회의사당(현재 서울시의회 건물)까지 진출했다. 그곳에서 "부정선거 다시 하라", "자유당 독재 물러가라", "학원의 자유를 보장하라" 등의 구호를 외치며 연좌시위를 벌였다.

이때의 내 모습이 1960년에 동아일보사가 발행한 《민주혁명의 기록》이라는 제하의 4·19 화보집에 동기인 장화수(경제 59) 학우와 함께 수록되어 있음을 나중에 알았다.

오후 늦게 고려대 선배인 이철승 의원의 만류와 유진오 총장의 호소를 듣고 시위를 풀었다. 돌아갈 때는 경찰 체포를 우려, 처음 시위를 주도한 학생위원장단 대신 김한중(경제 57) 응원단장과 독고중훈(철학 57) 선배가 대열을 리드했다. 선두에는 태권도부와 역도부원들이 나섰다. 태권도부원이었던 나도 전언기(농학 59) 학우와 함께 앞장을 섰다.

선두가 종로 4가 천일백화점까지 이르렀을 때, 자유당(당시의 집권당)의 조종을 받던 화랑동지회 소속 정치깡패들의 기습을 받았다. 많은 학우들이 다쳤다. 나도 그중 한 사람이었다. 교복이 찢기고 각목을 휘두르는 정치깡패들의 공격을 막아 내느라 팔목에 심한 부상을 입었다. 부상 정도가 아니라 생명의 위협까지 느꼈다.

순간 기지를 발휘해 가까운 양복지 도매가게로 뛰어들었다. 엉겁결에 가게 주인이 양복감으로 둘둘 말아 숨겨 주었다. 그 덕분에 무사히 위기를 넘길 수 있었다. 그분의 이름도 성도 모른 채 지나간 일이 되고 말았으나 위험으로부터 나를 보호해 준 고마운 분임을 두고두고 잊지 않는다.

마산 김주열 군 사건이 3·15 부정선거를 규탄하는 전국시위의 도화선이 되었다면, 4·18 고대 학생의거는 온 국민이 합세하여 독재와 부정부패를 규탄한 4·19 민주혁명의 도화선이 되어 주었다. 내 대학생활 4년은 그처럼 시대의 소용돌이 속을 휘돌아 나온 긴장의 시간이었다.

1963년 2월 25일 대학을 졸업하고 ROTC 1기로 육군 소위에 임관했다. 당시 5·16 쿠데타 이후 얼마 안 됐을 때 재학 2년생을 대상으로 ROTC(*Reserve Officers' Training Corps*, 학생군사교육단)의 모집 공모가 났다. 이때 학생들 간에 응모 여부를 두고 어찌할 것인지 잠깐 동안 동요가 있었다. 그러나 나는 학업을 중단하지 않고 군복무를 마칠 수 있고, 기왕이면 사병 생활보다 장교 생활이 훗날 도움이 될 것 같다는 판단 아래 응모를 했다.

ROTC는 4년제 대학교 재학생을 선발하여 2년간 군사교육을 실시하고 졸업과 동시에 장교로 임관하는 제도이다. 임관과 동시에 병과별로 보충교육을 받게 되었는데, 내가 배속된 병과(兵科)는 군수물자의 물류를 주로 담당하는 수송병과였다.

1963년 6월 10일, 진해에 소재한 수송기지사령부에 입교했다. 함께 입교한 동기는 총 80명, 자율시스템하에 입교 동기생 대표로 선임되어 동기생들의 병영생활을 지휘·감독하고 학습관리를 맡았다.

3개월간 교육을 마치고 우리는 다시 전·후방의 수송 관련 부대로 배속되어 각자 임지로 떠났다. 나는 수송기지사령부(수송병과의 최고지휘부) 내 수송기지창에 자충(自充)되면서 본격적인 군복무를 시작했다. 복무기간은 2년으로, 전반 1년은 진해 소재 수송기지창에서 미군 고문단과 업무협의를 하는 군원장교(軍援將校)로, 후반 1년은 원주 소재 제1군 사령부 직할 77경비행기부대에서 교육 및 관리장교로 직무를 수행했다. 그렇게 의무복무기간 2년을 마치고 1965년 6월 30일 만기 전역했다.

잠깐 여기서 외할머니와 나와의 관계에 대해 얘기를 해야겠다. 외할머니는 내게 유독 많은 사랑을 주셨다. 평탄하지 않은 생을 살아온 분답게 외할머니는 험난한 세파를 헤쳐 나가는 지혜를 참 많이도 깨우쳐 주셨다. 아주 사소한 것까지도. 거기에 우리나라의 야사(野史)까지 꿰어 들려주셨다.

한번은 어릴 때부터 나의 앉은 자세가 구부정한 데 대한 염려를 어느 선비의 이야기로 에둘러 지적해 주기도 했다. 이 선비 역시 자세가 반듯하지 못했던 모양이다. 자세만 바르면 딱 맞는 재상 감인데, 하고 주위 사람들이 아쉬워하자 그의 현명한 아내가 송판을 등에 붙여 자세를 바로잡자 정승이 되었다는 것이다. 외손자의 자세 교정에 대한 간절한 바람을 그런 긍정적 얘기로 색칠해 준 것이다.

그런 외할머니가 어느 날 새벽미사를 다녀오신 뒤 심장마비로 돌아가셨다. 외할머니와의 이별은 내 생애 최초의 깊은 상실감으로 각인되었다. 나를 그토록 사랑하고 아껴 주시던 외할머니를 다시 뵐 수 없다는 허탈감, 하루아침에 의지할 곳을 잃은 허허로움에 맥없이 지내던 어느 날 나는 외할머니가 다니시던 성당을 찾았다. 미사가 없어 텅 빈 성당 의자에 앉았다. 십자가 고상을 바라보았다. 외할머니가 이생과 작별을 하는 의식을 정성스레 치러주던 사제와 신자들의 모습이 떠올랐다. 언젠가 나도 하느님의 부르심에 응답하리라 마음을 정하고 일단 입대를 했다.

군 복무 중 시간이 날 때마다 성당을 찾았다. 어디서나 성당은 엄숙하고 경건한 분위기였다. 길고 풍성한 제의를 입은 사제가 라틴어로 경건하게 미사를 드린다. 그리고 강론을 한다. 허전하고 허허롭던 마음이 편안해지고 무언가로 채워지는 느낌이었다. 아직 세례를 받지 않았는데도 평화의 축복을 받은 것이다.

1965년 4월 1일, 만기 제대를 3개월 정도 앞두고 부대에서 가까운 원주교구 단구동성당에서 예비자 교리교육을 받고 세례를 받았다. 입대 전, 외할머니와의 이별을 슬퍼하며 성당에 다니겠노라 약속했던 내게 하느님이 한 아름 위로와 축복을 주시는 것 같았다. 푸근했다. 외할머니에 대한 그리움, 감사한 마음을 세례로 보여드렸구나 하는 생각에 또한 뿌듯했다. 내가 군에 있는 동안 어머니와 누이도 외할머니가 다니던 성당에서 세례를 받아 신앙생활을 하고 있었다. 훗날 아버지도 세례를 받았다. 신앙의 물꼬를 터주신 외할머니 덕에 미흡하지만 우리 집이 가톨릭 신앙가족이 되어 가고 있었다. 신앙의 물꼬를 터주신 외할머니께 감사드린다.

내게 세례를 주신 사제는 김계춘 도미니크 신부였다. 지금은 은퇴해 부산교구에서 원로사제로 계시는데, 요즈음도 국가의 안보를 걱정하며 일부 사제들의 과도한 현실 정치문제 개입에 대해 염려를 내려놓지 못하고 계신다.

군 복무를 끝내고 나니 무엇보다 취업이 문제였다. 모교 교무처의 취업안내 교직원이 한국은행을 권유했다. 권유받은 대로 시험을 보았다. 그러나 결과는 낙방이었다. 모든 결과는 원인 속에 들어 있었다. 취업시험 준비가 부족했던 것이다. 대안으로 공익성이 있는 대한상공회의소에 응모하여 입사했다. 그런데 6개월 정도 근무하다 보니 비전이 보이지 않아 퇴직을 했다.

다시 고민했다. 나의 사회적 진로 선택을 어떻게 할 것인가? 고시 준비를 계속할까? 아니면 안정된 시중은행을 택할까? 고민 중에 고생하시는 어머님의 모습이 보이기도 하고, 결혼을 해 떠난 큰누나 다음으로 양장점을 하며 어려운 집안 살림을 도맡아 꾸리다시피 한 작은누나의 짠한 모습이 눈에 밟혔다.

작은누나를 생각하면 언제나 마음이 먹먹해진다. 성장기에 큰누나의 그늘에 가려 자기표현을 제대로 하지 못한 누나, 그럼에도 어려운 집안 형편의 구원투수가 되었던 누나가 지금은 슬하에 자식조차 없어 요양원에서 지내고 있다. 가족을 위해 당신 생을 참 많이 덜어내야 했던 작은누나, 어렵게 배운 양장기술도 본인의 삶에는 아무런 도움을 주지도 못한 채 가족 연대의 짐을 지어왔으니 … 그저 미안하고 아리다.

368

결국 나는 행정고시를 접고 은행을 선택했다. 1966년 말 한일은행(현 우리은행의 전신)에 들어가 기획조사부 요원으로 2년여 기간 근무하게 되었다. 그리고 한일은행 재직 중 결혼을 했다. 군복무 중이던 시절에 대학 친구와 함께 종로에 있는 음악감상실 '르네상스'에 갔다가 우연히 한 여대생을 만났다. 그 사람이 지금의 내 아내 이정원이다.

그때 나는 초급장교였고 그녀는 대학생이었다. 현역 군인으로 진해에서 근무하고 있었던지라 자주 만날 수는 없었고 편지를 자주 주고받았다. 이따금 서울에 외출 나오면 광화문 근처 찻집(자유다방)에서 만나 Nana Mouskouri의 〈드럼 치는 소년〉을 즐겨 듣기도 하고, 재건 데이트(그저 걷기)도 하며 마음을 나누고 미래를 기약했다. 그리고 1967년 11월 4일 세종로 성당에서 혼배성사를 올렸다.

1968년 큰아들이 태어났고, 이어 1973년 작은아들을 얻었다. 내가 한국외환은행 런던지점에서 근무할 때였다. 작은 애를 받은 영국 간호사들이 몽고반점을 신기하게 보던 모습이 기억 속에 있다. 두 아들 모두 지금은 가정을 갖고 아버지가 되어 사회의 일원으로 성실히 살아가고 있다.

1969년 한일은행에서 한국외환은행으로 옮겨 앉았다. 한국은행에서 외환전문은행으로 분리 독립한 한국외환은행의 경제조사부 요원으로 뽑혀 일하게 된 것이다.

한국외환은행으로 전직한 지 3년 1개월째 되던 1972년 5월 어느 날 승진과 함께 런던지점 소속 경제조사역으로 발령받았다. 한국외환은행 런던지점은 뉴욕지점, 동경지점과 함께 3대 거점 지점이었다. 이 세 점포는 지리적 위치와 시장 규모 및 금융 기능상 매우 중요한 포스트였다.

평범한 은행원으로 해외 근무 기회를 얻은 것은 행운이라면 행운이었다. 더구나 당시 해외지점에 경제조사원을 파견하는 것은 전례 없는 일이었다. 이는 아마 새로 부임한 은행장의 탁월한 안목과 국내 금융상황의 변화에 따른 판단이 아니었나 싶다.

신임 행장이 부임했을 당시 국제금융시장은 격동기였다. 1971년 8월 15일 미국의 37대 대통령 리처드 닉슨이 달러의 금태환(金兌換) 정지를 선언(닉슨 쇼크)함으로써 종래의 고정환율제도가 붕괴되고 새로운 달러본위제도가 채택되었다. 이는 유럽 및 일본의 눈부신 경제성장과 그에 힘입은 대미(對美) 수출 신장으로 인해 미국의 무역수지 적자가 만성적으로 늘어난 데 따른 조치였다.

미 달러의 태환(兌換)을 위해 보유하고 있던 상당량의 금(gold)이 유출되고 세계 기축통화인 미국 달러의 신인도(信認度)가 손상되는 것을 막고자 단행된 이 조치로 인해 국제통화제도는 도리어 혼란에 빠지고 세계무역은 위축되었다. 게다가 달러 위기는 더욱 심각해져 한국을 비롯한 후진국 경제에 큰 타격을 주기에 이르렀다. 이런 국제금융시장의 혼란기에 국제금융을 전담한 경험은 내게 새로운 기회를 얻는 계기가 되어 주었다.

한국외환은행 런던지점에서 경제조사 책임자로 근무하는 동안 세계경제에 엄청난 충격을 준 또 하나의 사건을 경험한다. 제1차 석유파동(oil shock)이다. 1974년 1월 1일 석유수출국기구(OPEC)가 주도한 제1차 석유파동 이후 중동의 오일 달러(oil money 또는 oil dollar)가 국제금융시장의 새로운 화두가 됐다. 오일 달러의 개념과 원천, 오일 달러가 세계경제에 미치는 영향과 그 운용 실태 등을 조사하여 국내(정부와 본점)에 보고했다. 그 보고서는 당시 국내에 자료가 전무했던 중동 오일 달러 시장을 이해하는 데 도움을 주었고, 우리나라 외자 조달에 웬만큼 기여했다는 평가를 받기도 했다.

3년 동안의 한국외환은행 런던지점 근무를 마치고 귀국했다. 격변하는 국제금융시장에 부응하기 위해 정부는 새로운 금융관계 법률을 제정·공포하였다. 이른바 〈종합금융회사에 관한 법률〉(1976, 약칭 종금법)이다. 이 법의 제정으로 종합금융회사(merchant bank)가 외국 금융기관과의 합작으로 새롭게 탄생, 증권 중개업무와 보험업무를 제외한 거의 모든 금융업무를 복합적으로 취급할 수 있는 제2금융기관이 된 것이다.

제 1차로 정부의 설립인가를 받은 종금사는 6개사였다. 현대그룹이 중동 자본과 합작으로 설립한 국제종합금융회사(후에 현대종합금융회사로 개명)도 그 가운데 하나였다. 나는 1976년 한국외환은행을 떠나 현대종합금융회사 창립요원으로 참여하여, 1990년 중반까지 새로운 금융상품을 개발하고 리스크 관리방법을 개선하는 등 회사의 성장 발전에 진력했다. 그 후, 1990년 후반 정부의 단기투자금융회사 개편정책이 발표됨에 따라 나는 현대종금을 떠나 삼양그룹으로 전직, 전북투자금융회사를 삼양종합금융으로 전환하고, 1996년까지 대표이사 사장직을 수행했다.

대학을 나와 군 복무를 마치고 사회에 발을 들인 이후로 내 삶은 줄곧 금융인(金融人)으로서의 삶이었다. 머문 자리에서 주어진 상황에 충실한 삶이었던 것 같다. 60 고개를 넘으면서 내 삶의 용적률을 좀더 높이고 싶은 생각이 들기 시작했다.

'그러려면 좀더 넓은 세상 밖으로 나를 내보내야 하지 않을까' 고민을 하던 차에 예상치 못한 인연 하나가 내게 날아왔다. 《신화는 없다》의 주인공인 이명박과의 만남이었다. 물론 대통령이 되기 전에도 인연이 없지는 않았다. 같은 고려대를 나온 교우(校友)였다. 그러나 그 인연은 보통명사 같은 인연이었다.

1991년 제 14대 대통령 선거가 본격적으로 전개될 즈음 현대그룹 발전사를 관통해 온 이명박 회장이 현대그룹을 떠나 정계로 진출했다. 당시 현대그룹 사장단 일원이었던 신철규 선배(신현송 청와대 국제경제특보의 부친)가 이명박 회장의 후견인 역할을 하다 건강이 갑자기 악화되어, 내게 "이명박 회장을 잘 보필하라"는 당부를 남기고 하늘나라로 떠났다. 각중에 임무 하나가 내게 떨어진 것이다.

1992년 국회의원으로 당선되어 정치에 입문한 이명박 의원은 21세기를 대비한 국가경제발전의 합리적 모델을 찾고자 궁리를 하고 있었다. 이를 위해 1994년 12월 동아시아연구원(국제전략연구소, GSI(*Global Strategy Institute*)의 전신)을 개원했다. 초대 원장으로 내가 임명되었다. 본격적인 인연이 시작된 것이다.

국회의원 이명박은 2002년, '청계천 살리기'와 '서울시내 교통개혁' 등 차별화된 공약을 들고 단기필마(單騎匹馬)로 서울시장 선거에 출마하여 당선되었다. 이어 2007년 대통령 선거에서 야당 후보자(정동영)를 530만 표 차이로 누르고 대한민국 제 17대 대통령으로 당선되었다.

나는 그가 시장 선거에 출마했을 때도, 대통령 선거 때도 함께 뛰었다. 시작은 작은 인연이었는데, 하나의 인연이 또 하나의 인연으로 이어지고 어느새 끊을 수 없는 인연이 되었다. 그러나 어떤 인연도 뜬금없이 나타나는 경우는 없으리라. 물론 나 혼자만의 뜻으로 맺어지는 인연 또한 없을 터다.

청와대로 들어간 대통령을 따라 나도 청와대에 들어갔다. 나는 대통령실 총무비서관으로 출발하여 총무기획관으로 승진, 4년여 동안 청와대 살림을 꾸려 가며 대통령의 국정수행을 묵묵히 보좌했다.

지금은 이명박 전 대통령이 전직 대통령으로서 재직 중의 경험과 국제 네트워크를 활용하여 대한민국의 지속 가능한 발전과 지구촌의 동반 성장을 위해 일하도록 돕고 있다. 또한 재직 중 미진했던 부분을 돌아보며 늘 국민 곁에서 국민을 위해 일하는 섬김의 대통령으로 남도록 미력이나마 힘을 보태려 애쓰고 있다.

끝으로 내 마지막 일터였던 청와대 생활을 조금 언급하려다.

총무기획관실은 후선에서 각 수석실이 분야별 소임을 다할 수 있도록 돕는, 말하자면 전체 수석실의 후방지원부서다. 그런 만큼 일이 참 많은 부처였다. 청와대 내부인력 관리, 예산 편성 및 집행, 업무시스템(전산) 유지 관리, 집무환경의 개선 정비 및 미화, 직원 후생(건강) 관리 등 '총무'라는 말 그대로 청와대 전체 살림을 관장하는 부서다.

많은 일들을 추진했지만 그중에 기억해 두고 싶은 몇 가지가 있다. 그 하나로, 완전 폐쇄형이었던 대통령 비서실(위민관)을 개방

형으로 개조, 비서관실의 칸막이를 철거하고 높이도 낮추었다. 그동안 행정관들은 비서관과 비서실 사이에 폐쇄형 칸막이가 설치되어 소통이 어려운 공간에서 일하느라 많은 불편을 겪었다.

다음으로 연풍문(年豐門)을 새로 지었다. 연풍문은 청와대를 찾는 국민과의 첫 만남 장소였던 기존의 열악한 북악안내실을 철거하고 그 자리에 지은 2층 건물이다. 1층에는 방문자 안내실과 출입게이트, 은행 지점이 있고, 2층에는 북카페와 휴게실 그리고 회의실을 두어 소통과 더불어 업무 효율성을 높일 수 있도록 배치했다.

또한 연풍문은 그린 오피스(green office)다. 지하 200미터의 섭씨 15도 정도의 지열을 냉난방 에너지로 이용하고, 건물 일체형 태양광 발전시스템을 가동함으로써 비슷한 규모의 건물에 비해 에너지를 20%가량 아낄 수 있는 환경 친화적 건물이다.

괜찮은 휴식공간도 새로 꾸몄다. 오랫동안 침엽수 그늘에 가려 마치 폐쇄정원과도 같았던 비서동 앞 공간을 리모델링해 '버들마당'이라는 이름으로 새로 단장한 것이다. 안 그래도 비서동이 40년 이상 된 노후 건물이어서 직원들의 휴식공간이 마땅치 않았는데 버들마당이 좋은 휴식처가 되어 주었다. 칙칙했던 숲이 친환경적 열린 공간으로 바뀌고 직원들의 휴식공간으로도 활용하는 일거양득의 공간이 되었다.

그뿐만 아니라 천원지방(天圓地方, 하늘은 둥글고 땅은 네모나다)

의 기본 설계 위에 중앙분수대, 야생화 산책로, 스테이지도 가설해 국민과 소통하는 작은 음악회나 문화행사도 개최할 수 있도록 했다. 그 밖에도 청와대 사랑채 신축, 녹색성장관 개관, 청와대 내 어린이집 개원, 영빈관 앞 분수대 주변 정비 등 외형 건물의 리모델링과 녹색 환경 조성에 힘을 기울였다.

이런저런 일을 꽤 많이 주선했지만 무엇보다 청와대를 떠나서도 보람으로 여겨지는 것이 두 가지 있다. 하나는 청와대 어린이집을 개원한 일이다. 청와대는 다른 직장에 비해 출입에 제한이 많은 곳인지라 직장 부근에 자녀를 맡기는 일이 쉽지 않았다. 이러한 불편을 해소하고자 2010년도에 청와대 옆 궁정동에 연면적 1,500제곱미터에 150여 명을 수용할 수 있는 어린이집을 신축, 개원했다.

또 하나는 청와대 직원들 가운데 가톨릭 신자들과 함께 '청가회'(청와대 가톨릭 신자 모임)를 만든 것이다. 그 취지는 정부와 교회 사이에 이해의 폭을 넓히고, 나아가 80명이 넘는 가톨릭 신자들의 신앙생활을 돕는다는 것이었다. 실제로 신자들이 새벽에 출근하여 저녁 늦게까지 업무에 종사하다 보면 교회에 나가 신앙생활을 제대로 한다는 게 결코 쉬운 일이 아니었다. 청가회는 서울 교구의 협력을 얻어 2010년 4월 지도신부를 모시고 첫 미사를 올린 후 지금까지 월례미사를 계속 올리고 있다.

청와대 생활을 하면서 바쁜 중 어렵게 짬을 내어 교리신학원의 통신교리를 수강했다. 4년 동안 집중해서 하지 못한 아쉬움은 없지 않지만 마라톤처럼 긴 시간의 행간에서 내 신앙의 주인이 늘 나를 보고 계심을 감지했다. 《성경》을 읽으며, 미사 중 복음과 강론을 들으며, 무엇보다 내게 세례명을 주신 바오로 사도의 지극한 영성을 묵상하며 '닮고 싶다' '닮고 싶다' 중얼거리기도 했다. 그럼에도 아무런 행동을 하지 못하는 안타까움, 죄송함이 뭔가 밀린 숙제처럼 나를 불안하게 한다. 금융인의 삶을 마감할 때부터 묵상 중에 떠올렸던 많은 생각들이 다시금 내 앞에서 어른거린다. 세례를 받은 지 50여 년, 얼마나 웅숭깊은 신앙의 그릇을 빚어 왔는지 자문해 본다. 자신이 없다. 통회와 보속과 감사는 또 얼마나 했는지, 역시 자신이 없다.

그럼에도 무어든 하고 싶다. 독서를 통해, 신학원에서 배운 다양한 영성체험의 예화를 묵상하며 내 삶의 지향 목표를 새롭게 세우고 싶다. 그리하여 내 영혼 안에 용소의 물처럼 깊고 푸른 신앙의 샘을 갖고 싶다. 그 물을 나누어 마시고 싶다. 물맛이 좋다는 칭찬도 듣고 싶다. 아직 구체적인 그림은 그리지 못했지만 조금씩 밑그림을 그려 볼 참이다. 혼자서 조용히, 그리고 서서히. 내 안에 자리한 잡다한 '나'를 가지치기하면서, 오른손이 하는 것을 왼손이 모르게 하라는 말씀을 유념하며 차근차근 해볼 참이다.

글을 쓰면서 책의 내용 중 상당 부분이 가톨릭교회의 언저리를

맴돌고 있음에 놀란다. 그것이 내 한생의 절체절명의 화두였음을
이제야 알아챈다. 혹여 문장이 매끄럽지 못해도, 내용에 오류가
있더라도 가톨릭 신앙의 축복을 어쩌지 못해 서둘러 보여 드리느
라 그리 된 것이라 너그러이 받아 주셨으리라 믿는다.

저
자
앨
범

유휴열 화백, 저자 초상

성지순례

1) 나바위 성지

한국 최초의 사제인 김대건 신부가 1845년 서해를 통해 귀국하여 첫발을 내디딘 곳이다.

(전라북도 익산시 망성면 화산리 1158)

김대건 성인 신부 동상

평화의 모후 동상

2) 갈매못 성지

병인박해 때 조선 교구장 다블뤼 주교를 비롯해 다섯 분의 성인이 치명한 슬프고도 아름다운 순교 성지이다.

(충청남도 보령시 오천면 영보리 산9-53)

예수 그리스도 상   순교성인 비(왼쪽), 순교복자 비(오른쪽)

3) 죽산 성지

한국 교회 4대 박해 중 가장 가혹했던 151년이 흐른 성지이다.

(경기도 안성시 일죽면 죽림리 703-6)

죽산 성지의 전경

십자가의 길 12처 상

4) 당고개 성지

기해박해 순교 성인 9위와 하느님의 종 이성례 마리아가 장엄하게 순교한 거룩한 성지다.

(서울시 용산구 신계동 1-57)

'하상회'(익산남성고등학교 8회 동기 가톨릭 모임)의 성지순례

이명박 대통령과 함께한 시간들

국무회의를 마치고 대통령과 함께 국무위원·수석들의 청와대 본관 촬영(2010년 2월 28일).
앞줄 왼쪽부터 윤진식 실장, 정정길 비서실장, 이명박 대통령, 정운찬 총리, 주호영 특임장관, 가운데 줄 왼쪽부터
이동관 홍보수석, 진동섭 교육과학문화수석, 진영곤 고용복지수석, 김백준 총무기획관(저자), 김인종 경호처장,
뒷줄 왼쪽부터 김성환 외교안보수석, 김두우 메시지기획관, 권재진 민정수석, 박재완 국정기획수석.

난상토의(爛商討議)하는 청와대 수석회의(2010년 8월 23일). 왼쪽부터 홍상표 홍보수석,
박인주 사회통합수석, 백용호 정책실장, 이명박 대통령, 정진석 정무수석, 김성환 외교안보수석,
김백준 총무기획관(저자).

대통령과 국무위원·청와대 수석들의 북악산 산행(2008년 8월 16일). 이명박 대통령, 한승수
총리, 정정길 비서실장, 맹형규 정무수석, 정동기 민정수석, 박재완 국정기획수석, 박형준
홍보기획관, 정진곤 교육과학문화수석, 강윤구 사회정책수석, 김백준 총무기획관(저자) 등.

교황청 평의회 의장단의 이명박 대통령 예방(2011년 5월 24일).
앞줄 왼쪽부터 정진석 추기경, 이명박 대통령, 장 루이 토랑 교황청 종교간대화평의회 의장,
정 추기경 바로 뒤부터 오른쪽으로 주한 교황청대사 오스발도 파딜랴 대주교, 김백준
총무기획관(저자).

청와대 총무기획관실 직원들과 함께 촬영한 청와대 녹지원 설경(2011년 1월).

금융기관 재직 때의 사진

국제종합금융(주) 정기주총 이사회(1987년 5월 10일). 왼쪽부터 이필석 감사, 박응서 사장,
김백준 부사장(저자), 디랄 알가님 회장, 자셈 알무사 부회장.

국제종합금융(주) 개업 10주년 기념(1987년 6월 10일). 왼쪽부터 김백준 부사장(저자),
김완수 부사장, 데릭 휴 영국 주주, 디랄 알가님 회장, 쿠웨이트 주주, 김성학 감사.

국제종합금융(주)의 최초 해외차관 알선 서명식(1987년 7월 24일).

가족사진

부모님의 회갑연(1968년 10월 28일)

아버님(뒷줄 오른쪽 끝)과 친구 분들의 개성 선죽교 탐방(1945년 광복 직전)

가족과 함께 설악산 여름휴가(1988년 8월 초)

아내와 함께
고려대학 입학 30주년 기념
모교 방문
(1989년 10월 21일)

청와대 근무시절
아내와 함께 기념촬영
(2009년 가을)

친인척 결혼식 날
두 아들과 함께 기념촬영
(2011년 10월)

태국 방콕에서
아내와 함께
여름휴가를 보내며
(1989년 여름)

중동지역 출장 중
이집트 가자(Gaza)에서
(1988년 10월)

지리산 천왕봉 정상에서
(1992년 가을)

성당 교우들과 체코 프라하 여행 중에(1998년 가을)

아내와 캐나다 로키산맥 여행 중에(2014년 7월)

두 손자(정윤, 현우)가 할머니 생일을 축하(2017년 2월)

최근 가족 단체사진(2017년 3월). 앞줄 왼쪽부터 큰손자 김정윤, 아내 이정원, 저자, 작은손자 김현우, 뒷줄 왼쪽부터 큰아들 김형찬, 큰며느리 박찬희, 작은며느리 심은수, 작은아들 김형석.

고등학교 친구들과의 우정 나누기

고등학교 시절의 죽마고우들과 전북 고산 산행(1956년 가을)

익산남성고등학교 동기 모임(YJC 클럽)의 청와대 녹지원 관람(2010년 6월). 왼쪽부터 저자,
이동석 약학박사, 신평제 주한 루마니아 명예영사, 박창배 전 한국증권거래소 이사장,
손량 변호사, 최용근 한성안전기업 회장.

모교 경제학과 교수 남촌 조동필 선생의 고희 기념 행사(1988년 초여름). 참석자는 앞줄부터 구연관, 저자, 오경희, 남촌 선생님, 사모님, 김두한, 박종신, 김원호, 최명규, 박언장, 김달제 등이다.

고려대학교 석탑라이온스 창립 기념(1988년 7월). 왼쪽부터 저자, 홍일식 총장,
제재형 교대교우회 고문, 김원호 사장, 윤익한 헤럴드신문 주필 등.

고려대학교 개교 105주년 기념 및 교우회 가족상 수상(2010년 5월). 왼쪽부터 큰아들 김형찬,
아내 이정원, 저자, 이기수 총장, 작은손자 김현우, 작은아들 김형석, 작은며느리 심은수.

입학 30 주년 기념
59学番母校訪問祝祭
주최 : 59학번 모교방문 축제준비위원회　후원 : 고려대학교 교우회　일시 : 1989년 10월 21일

모교 정경대학 59학번 입학 30주년 기념 모교방문 축제(1989년 10월 21일)

참고문헌

《가톨릭교리 1-24권》, 가톨릭교리신학원 편, 가톨릭출판사, 2006.

《가톨릭대사전》, 한국가톨릭대사전 편찬위원회 편찬, 한국교회사연구소, 2006.

《간추린 사회교리》, 교황청 정의평화평의회 편, 한국천주교중앙협의회, 2006.

《고백록》, 성 아우구스틴 지음, 최민순 옮김, 바오로딸, 2008.

《그래도 로마가 중요하다》, 요셉 라칭거 지음, 정종휴 옮김, 바오로딸, 1995.

《그리스도교 이야기》, 박승찬 지음, 가톨릭출판사, 2015.

《그리스도의 생애》, 풀톤 J. 쉰 지음, 강연중 옮김, 성요셉출판사, 1996.

《그리스도인의 비전》, J. 포웰 지음, 정홍규 옮김, 바오로딸, 2010.

《나를 이끄시는 분》, 월터 J. 취제크 지음, 성찬성 옮김, 바오로딸, 1997.

《나를 찾아 떠나다!》, 제임스 마틴 지음, 성찬성 옮김, 가톨릭출판사, 2004.

《나자렛 예수》, 교황 베네딕트 16세 지음, 정종휴 옮김, 바오로딸, 2012.

《내 삶을 변화시키는 치유의 8단계》, 마태오 린 지음, 김종오 옮김, 생활성서사, 2003.

《내 영혼의 리필》, 리차드 P. 존슨 지음, 한정아 옮김, 바오로딸, 2003.

《내적 치유를 위한 성서의 오솔길》, 빅터 M. 파라친 지음, 조규만 옮김, 바오로딸, 2001.

《너희와 모든 이를 위하여》, 김수환 추기경 지음, 도서출판 사람과 사람, 1999.

《다르소의 바오로》, 로마노 펜나 지음, 성염 옮김, 성바오로, 1997.

《단순한 기쁨》, 피에르 신부 지음, 백선희 옮김, 마음산책, 2001.

《마니피캇》, 피에로 코다 지음, 이연학 옮김, 도서출판 벽난로, 2015.

《마음을 열고 가슴을 열고》, 토마스 키팅 지음, 엄무광 옮김, 가톨릭출
판사, 2003.

《모든 것 안에서 하느님 발견하기》(*Finding God in All Things*), 제임스
마틴 지음, 성찬성 옮김, 가톨릭출판사, 2014.

《모세 상·중·하》, 정진석 지음, 가톨릭출판사, 2006.

《모세의 한 평생》, 닛싸의 그레고리오 지음, 최익철 옮김, 가톨릭출판
사, 2005.

《무지의 구름》, C. 월터스 지음, 성찬성 옮김, 바오로딸, 2008.

《바오로》, 요하힘 그닐카 지음, 이종한 옮김, 분도출판사, 2008.

《바오로 신앙의 기본사상》, 이영헌 지음, 바오로딸, 2011.

《바오로에 대한 101가지 질문과 응답》, 로널드 D. 위더럽 지음, 임숙희
옮김, 바오로딸, 2008.

《바오로의 열정과 복음 선포》, 리날도 파브리스 지음, 박영식 옮김, 성
바오로, 2000.

《바울로와 그의 서간들》, 허버트 J. 리챠즈 지음, 정승현 옮김, 생활성서
사, 1989.

《복음의 기쁨》, 교황 프란치스코 권고, 한국천주교중앙협의회, 2014.

《빛과 어둠의 순간들》, 체칠리아 벤투라 지음, 김홍래 옮김, 바오로딸,
1998.

《사도 바오로와 함께하는 7일 피정》, 로널드 D. 위더럽 지음, 강순구
옮김, 성바오로, 2009.

《사도행전 주해》, 조셉 A. 피츠마이어 지음, 박미정 옮김, 분도출판사,
2015.

《사해문서 1~4》, F. 마르티네즈·E. 티그셀라아르 편, 강성열 옮김, 나
남, 2008.

《생태 영성》, 찰스 커밍스 지음, 맹영선 옮김, 성바오로, 2015.

《聖과 性의 영성》, 로널드 롤하이저 지음, 유호식 옮김, 성바오로, 2006.

《세계 교회사》, 아우구스트 프란츤 지음, 최석우 옮김, 분도출판사, 2001.

《세상의 빛》, 교황 베네딕트 16세 지음, 정종휴 옮김, 가톨릭출판사, 2012.

《신앙의 빛》, 프란체스코 교황의 신앙에 관한 회칙, 한국천주교중앙협의회, 2013.

《영성 생활 길잡이》, 하나후사 류이치로 지음, 정구현 옮김, 가톨릭대학교 출판부, 2003.

《영성신학》, 조던 오먼 지음, 이홍근 옮김, 분도출판사, 1997.

《영성으로 읽는 성경》, 바바라 보우 지음, 박은미 옮김, 성바오로, 2013.

《영적 지도》, 박제만 지음, 가톨릭대학교출판부, 2001.

《예수》, 김형석 지음, 이와우, 2015.

《예수 그리스도》, 발터 카스퍼 지음, 박상래 옮김, 분도출판사, 1988.

《예수는 역사다》, 리 스트로벨 지음, 윤관희·박중열 옮김, 두란노서원, 2002.

《예언자들》, 아브라함 J. 헤셀 지음, 이현주 옮김, 삼인, 2004.

《오라 그리고 가라》, 빌리 람베르트 지음, 한연희 옮김, 빅벨출판사, 1995.

《완덕의 길》, 예수의 성 데레사 지음, 최민순 옮김, 바오로딸, 2008.

《왜 그리스도인인가?》, 한스 큉 지음, 정한교 옮김, 분도출판사, 1990.

《우리 주님의 생애》, 찰스 디킨스 지음, 박은식 옮김, 장은문화사, 1984.

《유대전쟁사 1~2》, 플라비우스 요세푸스 지음, 박정수·박찬웅 옮김, 나남, 2008.

《이 땅의 소금》, 요셉 라칭거 지음, 정종휴 옮김, 가톨릭출판사, 2000.

《이것이 가톨릭이다》, 차동엽 신부 지음, 가톨릭신문사, 2004.

《이방인의 사도 바오로》, 교황 베네딕토 16세 지음, 성바오로수도회 옮김, 성바오로, 2009.

《이야기로 배우는 모세 오경》, 박영식 지음, 생활성서사, 2003.

《인간은 섬이 아니다》, 토마스 머튼 지음, 장은영 옮김, 성바오로, 2011.

《인생 어떻게 살아야 하나?》, 더글러스 J. 브라우어 지음, 오영민 옮김, 성바오로, 2007.

《인생 피정》, 이제민 지음, 생활성서사, 1987.

《자비의 얼굴: 자비의 특별 희년 선포에 관한 칙서》, 교황 프란치스코 지음, 한국천주교주교회의, 2015.

《작고도 큰 만남》, F. 이오리오 로드리게스 지음, 이승덕 옮김, 성바오로, 1996.

《제 2차 바티칸 공의회 문헌》, 한국천주교주교회의(제 3판 2쇄), 2009.

《종교사회학의 이해》(개정 2판), 이원규 지음, 나남, 2015.

《주님이 내 마음에 말씀하시길》, 가스통 쿠루투아 지음, 이순희 옮김, 성바오로, 1998.

《주님이 쓰시겠답니다》, 손희송 지음, 생활성서사, 2002.

《주여, 왜?》, 카를로 카레토 지음, 김형민 옮김, 생활성서사, 2006.

《찬미받으소서》, 공동의 집을 돌보는 것에 관한 프란치스코 교황 회칙, 상동, 2015.

《참다운 제자》, 앙트완느 슈브리에 지음, 프라도회 옮김, 가톨릭출판사, 1990.

《천국과 지상》, 교황 프란치스코의 신앙, 가족, 삶에 대한 대담집, 율리시즈, 2010.

《천국의 열쇠》, A. J. 크로닌 지음, 신상웅 옮김, 청목출판, 1983.

《타르수스의 바오로》, 박태신 지음, 생활성서사, 2006.

《하나님, 당신께 실망했습니다》, 필립 얀시 지음, 김성녀 옮김, KPI, 2013.

《하느님과 세상》, 요셉 라칭거 추기경 대담, 정종휴 옮김, 성바오로사, 2004.

《하느님과의 친밀》, 토마스 키팅 지음, 엄무광 옮김, 성바오로, 1998.

《하느님의 길, 인간의 길》, 정진석 추기경 지음, 가톨릭 출판사, 2010.

저자 소개

김백준

전북 익산 출생 (1940)

익산남성고교 졸업 (1958)

고려대 경제학과 졸업 (1963)

ROTC 제1기 소위 임관 및 만기전역 (1965)

한국외환은행 경제조사부 조사역 및 런던지점 근무 (1977)

현대종합금융주식회사 부사장 (1990)

카이스트 최고경영자 과정 이수 (1996)

삼양종합금융주식회사 대표이사 사장 (1997)

동아시아경제연구원 원장 (2002)

제17대 대한민국 대통령실 총무수석 (2011)

전북대 명예경영학 박사 (2012)

전북대 석좌교수 (2012)

수상

제17대 대통령 황조근정 훈장 (2013)

고려대 교우회 가족상 (2010)